Transite

Die Gezeiten des Lebens

W0089678

Betty Lundsted

Transite

Die Gezeiten des Lebens

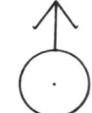

URANIA BLAUE REIHE 18

Titel der Originalausgabe:
Transits, The Time of Your Life
Erschienen bei *Samuel Weiser Inc., York Beach*
© der Originalausgabe *by Betty Lundsted*
Aus dem Amerikanischen übersetzt von Barbara Müller

1. Auflage 1987
1. bis 5. Tausend

ISBN 3-921960-18-5

© 1980 by Betty Lundsted
Alle Rechte der deutschen Ausgabe,
auch die des auszugsweisen Nachdrucks
und der fotomechanischen Wiedergabe,
bei Urania Verlag und Versand GmbH, 8029 Sauerlach

Gesamtherstellung: Schneelöwe, 8961 Haldenwang
Printed in Germany

Inhaltsverzeichnis

Alles hat seine Zeit

Ein jegliches hat seine Zeit, und alles
Vornehmen unter dem Himmel hat seine Stunde.
Geboren werden und sterben
pflanzen und ausrotten, was gepflanzt ist
töten und heilen
brechen und bauen
weinen und lachen
klagen und tanzen
Steine zerstreuen und Steine sammeln
Umarmungen und Zurückhaltung
suchen und verlieren
behalten und wegwerfen
zerreißen und reparieren
schweigen und reden
lieben und hassen
Krieg und Frieden hat seine Zeit.
    Der Prediger Salomon (3, 1–8)

Die Menschen sind sich sehr ähnlich und doch so verschieden. Wir
werden geboren und erleben die Stationen unseres Heranwachsens –
Kindheit, Jugend und Reife. Wir verlieben uns, bekommen Kinder oder
auch nicht und werden alt. Wir bestehen auf unserer Individualität. Die
Bildersprache des Geburtshoroskops zeigt uns das Potential der Unterschiede zwischen uns. Die Transite der Planeten geben die Möglichkeit
für die Wahl des richtigen Zeitpunkts. In der Beobachtung der Transite
kann man allgemeinere und persönliche Krisen erkennen, und mit
diesen besser umgehen, wenn man versteht, wodurch sie verursacht
werden. Die Transite lassen erkennen, wie lange der Druck andauern
wird und geben die Möglichkeit zu begreifen, inwiefern man diese
Energien konstruktiv für seine Lernprozesse verwenden kann.

Die Unkenntnis der dem Menschen innewohnenden, schöpferischen Kräfte läßt diese oft brachliegen. Manche Menschen sind nur mit dem Überleben beschäftigt, andere wieder setzen die Welt in Brand und verbringen ihr Leben damit, das Durcheinander zu ordnen, das sie geschaffen haben. Betrachtet man eine aufkommende Transitperiode mit Einsicht in das, was passiert, so bringt einen dieser freiere Umgang in Berührung mit der allen Menschen innewohnenden Kreativität. Die positive Anwendung der Transite ist wie ein Spaziergang im Regen mit Mantel und Schirm. Durch die richtige Bekleidung geschützt, belästigt der Regen nicht in dem Maße, als wenn man von ihm überrascht wird.

Grundsätzlich bezeichnen die Transite wichtige Phasen im Leben. Sie aktivieren das Geburtshoroskop. Ein Transit führt einem Teil der Persönlichkeit Energie zu und verursacht bei dem Menschen einen Bewußtseinswandel. Komplexe und Aspekte aus dem Geburtshoroskop treten durch den Transit hervor und richten die Aufmerksamkeit auf einen bestimmten Wesenszug. Die Intensität dieses Vorgangs ist unterschiedlich, das hängt sowohl vom Geburtshoroskop ab, als auch davon, wie man bis zu diesem Zeitpunkt damit umgegangen ist. Ein Jupiter Transit verkündet z. B. eine chancenreiche Zeit, aber es ist nicht leicht, seine Möglichkeiten zu erkennen, wenn zugleich ein Mars-Sonne Quadrat im Geburtshoroskop aktiviert wird. Solange man diese Aufgabe nicht verstanden hat, werden auch die Chancen des Jupiter Transits schwer erkannt.

Transite deuten auf Zeiten des Wachstums. Möchte man sie wirklich ausnützen, muß man dort beginnen, wo ihre Samen ausgesetzt sind. Zuerst ist es nötig, den Boden zu bereiten, dann werden die Samen gepflanzt – und selbst wenn wir nicht unbedingt Kartoffeln wollen, kann es sein, daß wir die Saat überwachen müssen. Viele Schüler versuchen, einen Transit zu interpretieren, wenn er schon so gut wie vorüber ist, denn sie beginnen mit der Arbeit erst dann, wenn die Früchte geerntet werden.

Mit den unangenehmen Ergebnissen aus einem schwierigen Transit wird man nur dann konfrontiert, wenn man sich nicht früh genug die Wirkungen eines Transits klargemacht hat.

Deswegen verwende ich zum Sichtbarmachen der zu erwartenden Transite einen Orbis von zehn Grad. Auf diese Art kann die Energie mit Einsicht und Verstand umgewandelt werden. Die Sextile und Trigone sind von sekundärer Bedeutung, da wir für gewöhnlich keine Hilfe im Umgang mit ihnen nötig haben. Was wir brauchen ist Hilfe bei den schwierigen Aspekten – denn diese sind es, die unser Wachstum fördern. In der Wachstumsperiode säubern wir unsere Pflanze, damit weder Würmer noch Fäulnis ihr etwas anhaben können. Die Wahl des rechten

Augenblicks kann bis zu einem gewissen Grad erlernt werden und führt dazu, sich nicht immer nur als Opfer der Umstände zu empfinden.

Dieses Buch hat sich aus der Zusammenarbeit mit meinen Schülern entwickelt. Sie wollten den konstruktiven Umgang mit den Transiten erlernen. Die Vorstellung, ihre Lebenserfahrungen in den Griff zu bekommen, begeisterte sie. Die Arbeit mit den Transiten kann man mit dem Autofahren vergleichen – wenn man es einmal kann, macht es Spaß. Dafür sind einige Voraussetzungen notwendig. Man muß die Verantwortung für sich selbst übernehmen und die Vorstellung, daß alles vorherbestimmt ist, aufgeben. Viele Astrologen lieben es, die Zukunft vorauszusagen. Aber wenn wir die Verantwortung für unsere Handlungen übernehmen, wird es schwierig, genaue Vorhersagen zu treffen. Trübsal und Verhängnis ereignen sich nur, wenn wir darauf bestehen, daß sie uns ereilen. Beschwerliche Transite sind ein bißchen wie ein verwilderter Garten, oder vielleicht wie eine Pflanze, von der man nicht weiß, wie man sie großziehen soll. Durch Einsicht in die Zusammenhänge kann man Ordnung in das Chaos bringen.

Das Verständnis für Progressionen und Transite erlernen Astrologieschüler mit Hilfe von Beispielen aus dem Leben berühmter Menschen. An Hand von Richard Nixons Horoskop kann man die zeitliche Berechnung seiner verschiedenen politischen Schritte zurückverfolgen. Es läßt sich erkennen, daß er unter diesem oder jenem Transit oder Progressionsaspekt promovierte, gewählt wurde u. ä. Wie kann man vorgehen, wenn man für einen ganz durchschnittlichen Klienten eine Deutung versucht? Wie läßt sich ein Blick in die Zukunft eines Bauarbeiters oder einer Sekretärin werfen? Und, nicht ahnend, daß es Richard Nixon war, was würde man ihm sagen? Angenommen, er käme zu Ihnen und stellte sich als Hans Dampf vor, könnte man aus seinem Horoskop die Wahl zum Präsidenten herauslesen? Ich glaube nicht.

Man kennt weder die Bildung, noch den Hintergrund oder die Arbeitssituation eines Menschen, auch nicht seine Entscheidungen bei vorangegangenen Zyklen und Transiten. Doch diese Entscheidungen verändern die Wirkungen gegenwärtiger Transite. Man weiß nicht, inwieweit ein Mensch seine Energien konstruktiv handhabt. Der Astrologe ist also, wenn er eine Deutung für einen fremden Menschen macht, in einer schwierigen Lage. Manche Astrologen besitzen das, was man intuitive Fähigkeiten nennt, und nehmen aufgrund dessen kein Blatt vor den Mund. Andere versteigen sich in Vermutungen, womit sie einen Klienten wirklich erschrecken können, oder sie sind so unglaubwürdig, daß viele Leute die Astrologie nicht ernst nehmen können.

Dieses vorliegende Transitsystem funktioniert, egal ob man den Klienten kennt oder nicht. Man kann mit einem völlig Fremden über sein

Leben sprechen und seine Entscheidungen für das kommende Jahr. Dazu ist es nicht nötig, seinen Beruf zu kennen, obwohl es eventuell eine Erleichterung der Kommunikation sein kann, wenn man ein wenig über Bildung und berufliche Ziele Bescheid weiß. Er kann das, was ihm gesagt wird, für sich interpretieren und auf zukünftige Lebenskrisen anwenden.

Als ich anfing Astrologie zu betreiben, fand ich die Vorstellung der Progressionen ziemlich beengend. Transite wurden im allgemeinen nicht beachtet, denn man verwendete sie nur in einem Wirkungskreis von ein bis drei Grad. Das bedeutet, daß ein Saturn Transit nur ein bis zwei Wochen galt, bestenfalls einen Monat. Ich lernte, daß alle Geschehnisse weitgehend vorherbestimmt seien, obwohl es andererseits auch hieß, daß »die Sterne nichts erzwingen«. Mich verwirrte dies alles, denn die metaphysischen Ideen, mit denen ich mich gleichzeitig beschäftigte, basieren auf der Fähigkeit, die Zukunft zu verändern. Unter dem Einfluß eines Saturn Transits, so lernte ich, könne man kaum etwas erwarten. Alle diese Vorstellungen verwirrten mich.

Gleichzeitig mit dieser negativen Betrachtungsweise der schwierigen Aspekte wurden mir die Transite nur in Bezug auf die Vergangenheit vermittelt. Dieser Vorstellung mußte ich mich widersetzen, denn ich wollte meine Deutungen in die Zukunft richten. Die Menschen, die zu einer Sitzung kommen, wollen nicht wissen, was sie bereits hinter sich haben – oder wenigstens war ich an dieser Art der Astrologie nicht interessiert. Ich wollte lernen, wie man mit einer positiven Einstellung jemandem einen Rat für die Zukunft geben kann.

Ich fing an mit der »Samen-Theorie« zu arbeiten, und benutzte dazu einen Zehn Grad Orbis für jeden transitierenden Planeten, der sich in einem schwierigen Aspekt befand. Die schwierigen Aspekte beinhalten eine größere Chance, die Persönlichkeit zu verändern, sie bringen mehr Energie als die leichten und enthalten deswegen mehr Wachstumspotential. Aufgrund der schnellen Bewegungen von Sonne, Mond und Merkur halte ich es für nicht besonders hilfreich, sie in den Vorgang der Individuation miteinzubeziehen. Auch die Venus steht der Sonne zu nahe, um wirklich mehr als nur eine Augenblicksstimmung wiederzugeben.

Mars bringt Ärger mit sich, er verleitet die Menschen zu unbesonnenen Handlungen. Wie soll man diese Energie transformieren? Die verschiedensten Philosophien lehren die Umwandlung von Ärger in Kreativität – die Alchemie der Persönlichkeit. Die Marsenergie könnte umgeleitet werden. Für die Entwicklung von Kreativität und den Prozeß der Individuation braucht es die konstruktive Wandlung der Marsenergie. In der Arbeit von Dr. Heber J. Smith – den Mitgliedern der

Amerikanischen Gesellschaft für Astrologie zugänglich – fand ich Anhaltspunkte dafür, wie man diesen Prozeß in Bewegung setzt. (Sein Werk lag in Manuskriptform vor. Es heißt »Transite« und ist immer noch durch die AFA zu beziehen.)

Die Umwandlung der Marsenergie ist nicht so einfach zu erlernen, denn sie aktiviert das Horoskop derartig, daß man leicht von dem Energiefluß mitgerissen wird. Meine Bemühungen um dieses Thema besprach ich mit allen meinen Freunden und gab ihnen auch Kopien ihrer Mars Transite. Ich brauchte das Feedback. Dann begannen meine Schüler und Klienten an der Umwandlung der Marsenergie zu arbeiten und empfanden diese transzendierende Erfahrung sehr aufregend.

Für die sich langsamer bewegenden Planeten benutzte ich einen Zehn Grad Orbis. Der Einfluß von Jupiter dauerte dementsprechend ungefähr zwei Monate, der von Saturn ein Jahr, bei Uranus zwei Jahre, und der Einfluß von Neptun und Pluto ungefähr fünf Jahre. Dadurch bleibt einem genügend Zeit an dem zu arbeiten, was diese Planeten repräsentieren und es ist eine echte Chance, sie zu verstehen. Damit kann man anfangen, die Energien, deren Ausdruck die Planeten sind, zu benützen. Statt das Opfer eines Transits zu werden, kann man mit dem höheren Aspekt der Energie arbeiten. Es ist eine Chance zu wachsen. Es ist die Möglichkeit, mit den Zeichen vorwärtszukommen und sich sein Leben entsprechend einzurichten.

Manche Astrologen fürchten sich vor einem Saturn Transit, oft in der Annahme, daß jeder Saturn Transit einen Verlust oder eine Beschränkung mit sich bringen würde. Aber Saturn hat vor allem eine klärende Wirkung. Er symbolisiert Verantwortung. Betrachtet man einen Saturn Transit unter diesem Blickwinkel, fängt man an, ihn als eine Zeit der Reife zu verstehen. Ein Saturn Transit ist eine Zwischenprüfung in der Schule des Lebens. Er fragt uns: »Wieviel weißt du? Wie gehst du aufgrund deines Alters und deiner Erfahrungen, diesem Sonnenzeichen und deinen Bedürfnissen jetzt, an diesem Punkt deines Lebens, mit dir um?« Dies ist Saturn, der Lehrer und Prüfer.

Das Glück des Helden oder der Prozeß der Individuation ist etwas, das verlangt geprüft zu werden. Wenn ein Indianer Krieger seines Stammes werden wollte, wurde er vor der Einweihung in die Einsamkeit geschickt. Ebenso werden Lebenserfahrungen und Reaktionen getestet, und es sind vor allem die Saturn Transite, die die verschiedenen Facetten unserer Persönlichkeit prüfen, damit man sich seiner Kenntnis bewußt wird. Dieser Prozeß dauert ungefähr ein Jahr. Verwendet man nur einen Orbis von drei Grad, erkennt man den Transit zu spät, wenn sich die Ergebnisse schon einstellen und der Lernprozeß nicht in dem Maß stattfinden kann.

Verwendet man hingegen für die Deutung einen Orbis von zehn Grad, lassen sich die Manifestation der Planetenergie, die Kraft, die Lernpotentiale, erkennen, und durch diesen Erkenntnisprozeß löst sich die Spannung. Der Einfluß eines jeden Transits ist am stärksten ungefähr drei Grad vor dem exakten Aspekt (Konjunktion, Quadrat oder Opposition). Zu der Zeit, zu der der Transit genau steht, ist der Druck vorbei, und wenn sich der Transit von dem Geburtsplaneten wegbewegt, hat sich seine Wirkung zerstreut. Hoffentlich entläßt er einen weiser, reifer und mit mehr Selbsterkenntnis.

Das System kann hilfreich sein und funktioniert gut, wenn man daran interessiert ist, das Leben einfacher zu gestalten und mehr Eigenverantwortung zu übernehmen. Für denjenigen, der sich Verständnis für sein Geburtshoroskop erarbeiten möchte, geben die Transite einen Einblick, bei welchem Teil der Persönlichkeit gerade der Wachstumsprozeß besonders betont wird. Dieses System gibt einem fortschreitende Erkenntnis über die Lernprozesse im Leben und die Notwendigkeit etwaiger Wandlungen. Keine Erfahrung im Leben ist umsonst und auch nicht willkürlich, sondern ist Teil des Bewußtseinsprozesses. Das Transitsystem erlaubt einem, sein eigener Ratgeber zu sein. Bevor das jedoch möglich ist, muß man sich mit dem System vertraut machen und sich lösen von der menschlichen Tendenz, der Zukunft mit Angst oder Besorgnis zu begegnen. Transite müssen auch in Hinblick auf das Lebensalter betrachtet werden, denn ein Zwanzigjähriger wird anders reagieren als ein Mensch von fünfzig.

Schüler, die gerade anfangen mit dem Transitsystem zu arbeiten, können zwar für andere deuten, aber wenn es um sie selbst geht, neigen sie dazu, aufkommende Veränderungen mit zuviel Schwermut und Untergangsstimmung zu betrachten. Wird ihnen jedoch die Theorie geläufiger, fangen sie an, dem Universum mehr zu vertrauen. Wir sind keine geborenen Verlierer. Wir wurden geboren, um mit dem, was uns mitgegeben ist, zu arbeiten. Dieses Buch kann und will nicht alle Antworten geben. Einige Transite sind vielleicht noch gar nicht vollständig erfaßt, denn das Material ist zum großen Teil eine Zusammenstellung meines Unterrichts – und manchmal konnten wir gar nicht an alle Verzweigungen eines Transits denken. Ich hoffe, daß Ihnen dieses Material hilft, die richtigen Fragen zu stellen.

Teil 1
Transite der Planeten

Sonnentransite

Mit den Transiten der Sonne über die Planeten des Geburtshoroskops arbeite ich nicht. Der Einfluß der Sonne ist jeweils nur von kurzer Dauer. Die Konzentration auf die Diagnose ihrer Transite beansprucht den Geist mit Details, statt daß man versucht, das Bewußtsein auf einen größeren, umfassenderen Entwurf zu richten. Beobachtet man die Sonnentransite, ist das so, als würde man Pflastersteine zählen – man hat keinen Blick für die hohen Gebäude, die wunderbare Architektur, das Licht der Sonne und die schönen Berge in der Ferne.

Ein transitierender Aspekt, der es wert ist, betrachtet zu werden, ist der Jahreszyklus der Sonne. Die Woche vor und nach dem Geburtstag ist oft eine depressive Phase, da das innere Selbst das vergangene Jahr auswertet. Die Zeit um den Geburtstag herum kann man verstehen als das ›Neujahr‹ eines jeden Menschen. Die Heiden der Vorzeit wußten, daß der Geist sich in dieser Zeit auf einem Tiefpunkt befindet, deshalb sollten Geburtstagsgeschenke und Festlichkeiten das Herz erfreuen und den Menschen ermutigen, weiterzuleben und zu wachsen. Es ist wichtig, diesen Tag erfreulich zu begehen.

Steht die Sonne genau in Opposition zur Geburtstagssonne, befindet man sich in einer sekundären Depression, denn jetzt ist das Jahr zur Hälfte vorüber. Jedes Vierteljahr, wenn die Sonne im Quadrat zur Geburtstagssonne steht, erfährt man ein geringfügiges Tief. Die Bedeutung dieses Jahreszyklus liegt vor allem in der Planung von Arbeitsbelastungen. Es ist ratsam, während dieser Perioden vorsichtiger mit sich umzugehen, auf gute Ernährung zu achten, sich genügend Schlaf zuzugestehen, anstrengenden Urlaub oder ein besonders großes Arbeitspensum zu vermeiden. Wenn die richtige Ernährung und Vorsorge für den Körper nicht eingehalten wird, erhöht sich die Anfälligkeit für Erkältungen, Grippe oder Virusinfektionen. Es liegt auf der Hand, daß man die Sonnentransite überlebt! Aber um der guten Gesundheit willen empfiehlt es sich, die Phasen dieses Zyklus zu beachten.

Mondtransite

In dem Prozeß der Bewußtseinsentwicklung oder Selbsterkenntnis wird auch der transitierende Mond von keiner großen Bedeutung sein. Alle zweieinhalb Tage wechselt der Mond das Zeichen. Häufig steht er im Horoskop in Konjunktion, Quadrat oder Opposition zu einem anderen Planeten. Der transitierende Mond ist von Wert für die Diagnose weltlicher Belange. In C.C. Zains ›Horary Astrology‹, herausgegeben von der Church of Light (Kirche des Lichts), werden die Zeichen und Aspekte des Mondes besprochen, um damit Angelegenheiten erfolgreich zu planen. Ich empfehle einem Klienten, nur dann die Mondtransite zu beachten, wenn er auf Vollmond besonders stark reagiert.

Der Mond ist ein Indikator für die Stimmung der Massen. Er regiert die Gezeiten in einem 28 Tage Zyklus und hat ebenfalls einen Einfluß auf den weiblichen Menstruationszyklus. Der Mond symbolisiert die materielle Manifestation der Fruchtbarkeit auf der Erde. Mondtransite sind keine Hilfe bei der Lösung langwieriger, persönlicher Probleme oder der Veränderung des Lebens auf tieferen, inneren Ebenen, sondern zeigen vor allem Stimmungen an.

Merkurtransite

Merkur bewegt sich ebenfalls zu schnell, um von Nutzen zu sein, es sei denn in Hinblick auf eventuelle Rückläufigkeiten. Läuft Merkur vorwärts, scheint die Kommunikation leichter zu gehen, die Menschen verstehen sich und Pläne werden schneller geschmiedet. Merkur Stimmungen reflektieren das Zeichen, in dem er sich gerade befindet. Geht er z.B. gerade durch den Widder, sprechen die Menschen offener und direkter, befindet er sich im Krebs, sind Liebe, Romantik und Erziehung die Hauptthemen, und die Wortwahl ist emotionaler.

Wenn Merkur rückläufig ist, oder sich im Zodiak scheinbar rückwärts bewegt, wird die Kommunikation unklar, Andeutungen werden mißverstanden, Pläne gehen schief, Briefe werden in Eile geschrieben, aufgegebene Briefe kommen nicht am richtigen Bestimmungsort an, der Verkehr ist chaotisch, Verträge werden falsch interpretiert, kurz, viele ärgerliche Unannehmlichkeiten ereignen sich. Die Kenntnis der Rückläufigkeit hilft, einige dieser Verwicklungen zu vermeiden. Ist man sich der potentiellen Mißverstädnisse bewußt, kann man sich bei allen Tätigkeiten bewußt mehr Zeit zugestehen.

Ähnlich wie auch der Mond, spiegelt Merkur die Stimmung vieler wider. Das kann man bei seinen Plänen berücksichtigen.

Venustransite

Die Venus bewegt sich schnell durch den Tierkreis, immer in der Nähe der Sonne. Ihr Einfluß ist, ähnlich wie beim Merkur, rasch vorübergehend und zeigt damit einen guten Tag, eine kleine Aufregung oder eine kleine Freude an. Für die Deutung der Transite braucht man sie nicht weiter zu beachten oder sich ihretwegen Sorgen zu machen, außer im Falle der Rückläufigkeit oder wenn sie, bei einem Wirkungskreis von zehn Grad, in einem schwierigen Aspekt zu einem anderen Planeten steht. Man kann schnell die Ephemeriden zu Hilfe nehmen und sich notieren, wo sich die Venus für die nächsten paar Wochen befindet. Ihr Einfluß wird sicher nicht verheerend sein.

Marstransite

Mars ist das aktive Prinzip im Geburtshoroskop. Er wird für Ärger, Verletzungen und sogar Krieg verantwortlich gemacht. Das Handlungsprinzip spiegelt unser Energiepotential wider. Die Stellung, die Mars im Horoskop innehat, zeigt an, auf welche Art man aktiv ist, wie man seine Sonnenenergie auslebt, ein berufliches Ziel anstrebt, mit seinen Freunden umgeht, wie man liebt, und wie stark die Libido ist. Mars steht für die Sexualität, die Lebenskraft im Menschen. Ein Marstransit symbolisiert die Energie des Universums, die Handlungsenergie, die Lebensenergie, die sexuelle Energie, die Libido.

Wenn Mars in Konjunktion, Quadrat oder Opposition zu irgendeinem der Geburtsplaneten steht, gibt er den Facetten der Persönlichkeit Energie und Leben, die von diesem Planeten symbolisiert werden. Die Energie der Sextile und Trigone ist mühelos, während die schwierigen Aspekte Energie mit sich bringen, die erst konzentriert und kanalisiert werden muß, damit sie positiv und schöpferisch wird.

Das Umprogrammieren der sexuellen Energie ist der Beginn der schöpferischen Erfahrung. Der Prozeß, die ungelenkte Energie schöpferisch einzusetzen, läßt den Ärger verschwinden und bringt positive Handlungen hervor.

Wenn man wirklich sein ›Schiff selbst steuern‹ möchte, muß man die Verantwortung übernehmen und seine Energien auf reife Art handhaben. Das ist einfach zu lernen. Denken Sie daran, bei der Deutung der Transite mit einem Orbis von zehn Grad zu arbeiten.

Im folgenden werden ein paar ›Kochbuch‹-Interpretationen angeboten, wie sich diese Energie im Horoskop manifestieren kann. Die weniger produktiven Energieformen können ganz klar in produktivere umgelenkt werden! Blickt man auf das Horoskop und ermittelt entsprechend der Marstransite die weniger angenehmen Verhaltensweisen, hält man damit sein Schiff noch nicht wirklich unter Kontrolle. Ich habe jedoch erfahren, daß jeder Versuch, die Wirkungen dieser Transite zu verändern, eine Erweiterung des Bewußtseins bedeutet. Die Energie fällt einem zu wie ein heißes Eisen. Tritt man beiseite und läßt es unbeachtet fallen, ist der erste Schritt zur Selbstverantwortung getan.

Mars in Konjunktion, Quadrat oder Opposition zur Geburtssonne

Hohe Energie. Die Betonung liegt auf dem Ich. Diese Phase bringt sehr viel Energie mit sich, allerdings oft in dem Maße, daß man sich überarbeitet, zu sehr auf die Pauke haut oder aufgrund der Hektik verstärkt zu Unfällen neigt. Während dieser Zeit ärgert man sich leichter, und wenn die Gefühle verletzt sind, ist man anfälliger für jede Art von Infektion. Man muß diese Periode beobachten, auch hinsichtlich Veränderungen in Beruf oder Geschäft. Die Aspekte der Geburtssonne spielen eine zusätzliche Rolle: Ist die Sonne im Geburtshoroskop von schwierigen Aspekten bestrahlt, wird der Marstransit diese noch verstärken. In diesem Fall ist Behutsamkeit angezeigt, um zu versuchen, Kontrolle darüber zu bekommen, wie man auf Druck reagiert.

Mars in Opposition, Quadrat oder Konjunktion zum Geburtsmond

Überempfindlichkeit. Dies ist der heftigste Marstransit, der im Horoskop möglich ist. Der Mond steht für die emotionellen Reaktionen, wie man sich fühlt, wie man auf das Leben um sich herum reagiert. Der Marstransit verbindet Ärger mit gefühlsmäßigen Erwiderungen, und dies führt oft zu überempfindlichen Reaktionen auf alles, was um einen herum vorgeht. Man ist sehr sensibel, empfindsam und schnell verärgert. Jeder Vorschlag, der das Privatleben oder den Beruf angeht, wird als irgendeine Form von Kritik mißverstanden. Der emotionelle Boden wird einem leicht unter den Füßen weggezogen, und man findet sich in derart überzogenen Reaktionen auf Situationen wieder, über die man eine Woche vor dem Transit nur gelächelt hätte. Die meisten der verletzten Gefühle existieren nur im Kopf, man trägt das Herz auf der Zunge und die Haut ist sehr dünn. Es ist keine gute Zeit für größere Entscheidungen, sei es in der Liebe oder im Beruf, denn man ist schlichtweg ein bißchen ›daneben‹. Die Neigung zu Unfällen ist größer als normal, deshalb sollte man besonders vorsichtig fahren. Ärger läßt sich auch durch körperliche Arbeit abreagieren.

Dieser Zyklus schien mich wirklich zu ›packen‹. Ich hatte Streitigkeiten in der Familie, mit Freunden und Mitarbeitern. Emotional war ich so außer mir, daß ich meine Arbeit kaum mehr bewältigen konnte. Als ich lernte, diese Energie zurückzuleiten, wurde dieser Zyklus bei weitem mein produktivster. Es ist schwierig, sich umzuprogrammieren, aber es ist möglich. Der Ärger wird verfliegen und man kann ihn anderweitig verwenden. So habe ich Fenster geputzt, Böden geschrubbt und gewachst, und eine Zeitlang hatte ich die sauberste Wohnung in ganz New York. Die ersten paar Minuten planvoller Arbeit waren schwierig, denn ich versuchte, den Anfang hinauszuzögern – nur noch eine letzte Zigarette, nur noch dieses Telefongespräch usw. Aber sobald ich mit der Arbeit richtig angefangen hatte, ging der ganze Ärger über auf den Boden oder zu den Fenstern hinaus, oder er setzte sich in gestrichene Wohnzimmerwände um. Inzwischen brauche ich das nicht mehr zu machen, und wenn ein Artikel geschrieben oder irgendeine Arbeit zu Ende gebracht werden muß, kann ich den Transit auf höchst produktive Art und Weise nützen.

Mars in Opposition, Quadrat oder Konjunktion zum Geburtsmerkur

Zuviel Gerede. Mars ist der Planet der Aktivität und wenn er den Geburtsmerkur aspektiert (der den Geist regiert, die Sprache, das Sehen, das Hören usw.), dann aktiviert das Mund und Ohren. Man neigt dazu, unvorsichtig zu sein mit dem, was man sagt und erwartet zuviel Verständnis von seinen Mitmenschen. Man hält andere für kompetenter als sie sind. In einer solchen Phase werden Anordnungen und Verträge sehr unklar formuliert und Anweisungen falsch ausgelegt. Vorgesetzte mißverstehen ihre Angestellten und umgekehrt – die Kommunikationsebene ist gestört. Durch besondere Achtsamkeit lassen sich unnötige Mißverständnisse vermeiden.

Der Intellekt arbeitet auf Hochtouren, das Ergebnis können u.a. auch hastig und ärgerlich geschriebene Briefe sein. Eine Rechnung, die zu begleichen ist, sollte möglichst auf später verlegt werden, wenn der Einfluß vorüber ist. Und weil die Gehirnwellen so schell funktionieren, entgehen einem leicht die wichtigen Punkte eines Vertrages, der zu unterzeichnen ist. Man sollte dabei nicht nur auf das Kleingedruckte achten, sondern auch das Großgedruckte nicht vergessen – kleine Dinge wie Fälligkeitsdatum, Gesamtkosten oder Produktionsbeginn!

Die Kommunikation wird schwierig. Im Falle einer Rückläufigkeit von Merkur ist es problematisch, an benötigte Informationen zu kommen. Steht Merkur im Transit zum Geburtsmerkur, scheint man alles mißzuverstehen. Entweder spricht man so schnell, daß Argumente völlig falsch aufgefaßt werden, oder man ist derartig in Eile, daß man nicht hört, was andere sagen. Ist eine Beziehung wichtig, ist dies der Zeitpunkt zu sagen: »Verzeihung, ich habe dich nicht ganz verstanden.« Und anstatt ärgerlich zu werden, weil das Gegenüber einen nicht gleich beim ersten Mal richtig verstanden hat, sollte man bereit sein, noch einmal zu wiederholen. Ebenso muß man bereit sein, andere zu bitten, etwas zu wiederholen, um sicher zu sein, das Gesprochene richtig verstanden zu haben. Diese Aspekte ereignen sich mehrmals im Jahr. Sie treffen jeden Menschen zu unterschiedlichen Zeitpunkten. Versteht man diese Energie, dann läßt man nicht zu, daß sie der Anfang vom Ende einer Beziehung ist, denn die Mißverständnisse werden nicht stattfinden.

Der lustigste Teil dieses Transits sind die dummen Mißverständnisse, als Folge davon, daß man sich für »heller« als alle anderen hält. Der Geist arbeitet so schnell, daß die meisten Menschen um einen herum mit den Gedankengängen nicht Schritt halten können. Deswegen werden die Freunde, die Familie und Mitarbeiter aufreizend langsam. Jeder Mensch geht ein paar Mal im Jahr durch diese Phasen, das sollte man nicht vergessen und sich auch in das Empfinden der anderen hineinversetzen.

Mars in Konjunktion, Quadrat oder Opposition zur Geburtsvenus

Verliebt in die Liebe / Ferien. Im Geburtshoroskop steht die Venus für die Sehnsüchte und Wünsche nach Unterhaltung und Freude, ebenso für die Liebesbeziehung, die man sich erträumt. Es ist mehr die verstandesmäßige Seite als die physische Realität, die die von Venus verkörperten Ideale und Erwartungen ausdrücken.

Der Mars-Venus Transit stellt die emotionale Natur in den Vordergrund und bringt die romantische Ader in jedem von uns zum Vorschein. Wir alle brauchen dann das Abendessen bei Kerzenschein, romantische Gefühle, Tanzen, Liebe, Zärtlichkeit. In einer Beziehung ist Liebe jetzt Thema Nummer eins, man möchte den Partner umwerben, mit ihm flirten. Ist man auf der Suche nach einem passenden Menschen, dann kann dies eine Phase sein, in der man zu stark Ausschau hält. Meine Mutter pflegte zu sagen: »Du bißt ja in die Liebe verliebt!« Man stellt vielleicht der neuen Beziehung ein Ultimatum, lange bevor man solche Dinge zur Sprache bringen sollte – z. B. so etwas wie: »Heirate mich, sonst...« Oder man verliebt sich einfach in die Liebe und projiziert dieses Empfinden auf einen Menschen, der gar nicht zu einem paßt. Meine Mutter sagte auch: »Zeig' deine Liebe nicht an der Gartentür, die Liebe ist zwar blind, aber die Nachbarn nicht!« In ihrer ländlichen Art meinte sie damit: Sei vorsichtig! – aber ich brauchte Jahre um das zu begreifen, denn ich nahm an, sie wollte, daß ich meine Gefühle nicht in der Öffentlichkeit zur Schau stellen sollte. Was sie aber eigentlich meinte war, daß die Nachbarn (oder die Menschen allgemein) sehen können, wofür man selber blind ist – daß sie erkennen, wenn man sich einen Menschen aufgegabelt hat, der einem nicht ebenbürtig ist, oder der lange nicht so viel Engagement zeigt, wie man selbst. Dieser Transit schwächt das Urteilsvermögen.

Eine meiner Klienten erzählte mir, wie töricht sie sich bei so einer Gelegenheit einmal verhalten hatte. Ehe sie ihre Handlungsweise ermessen konnte, hatte sie ihrem neuen Freund ein Ultimatum gestellt – sie wollte mit ihm zusammenziehen und trug sich schon mit dem Gedanken an Heirat. Sie kannten sich erst fünf Wochen, als sie mit ihm sehr eindringlich darüber sprach. Er fühlte sich verständlicherweise zu sehr gedrängt, da er aufgrund der erst kurzen Bekanntschaft noch nicht für eine solche Bindung bereit war. Als Mars sich von ihrer Venus wegbewegte, erkannte sie, daß er recht gehabt hatte, aber mittlerweile war die knospende Beziehung zu Ende. Sie nahm es mit Humor und beschloß, das nächste Mal etwas vorsichtiger zu sein. Weil Mars-Venus Transite auch Freude beinhalten, könnte es eine gute Zeit für Ferien sein. Venus zeigt unsere individuellen Vergnügen, und die Genußfreudigkeit verstärkt sich während dieses Transits. Unsere Vergnügen können von anderen Aspekten der Geburtsvenus eingeschränkt werden, aber wenn man versteht, wie diese wirken, kann man sich einen gesunden Blick für die Chancen dieser Energie erhalten.
Stehen im Geburtshoroskop z. B. Venus und Saturn in Konjunktion, aktiviert der Marstransit beide Planeten gleichzeitig, wobei man auch beide Energien zu spüren bekommt. Wenn man die Mars-Saturn Transite überprüft, entdeckt man, daß sie Hemmungen bringen. Im Hinblick auf einen Urlaub und in Kenntnis des hemmenden Beschränkungsfaktors ist es leicht, im voraus genügend Zeit für mögliche Hindernisse einzuplanen. Während dieser Zeit sollte man z. B. Anschlußflüge möglichst vermeiden, wenn einem etwas an angenehmen Ferienerinnerungen liegt.
Sollte Venus im Geburtshoroskop in einem schwierigen Aspekt zu

Jupiter stehen, wird dieser Transit die Wirkung von Venus mit der von Jupiter verbinden, was einen zur Verschwendungssucht neigen läßt. Die Ferien können dennoch genossen werden, besonders, wenn sie im voraus bezahlt sind – denn das wird den ausgabefreudigen Jupiter in Grenzen halten.

Mars in Konjunktion, Quadrat oder Opposition zum Geburtsjupiter

Vorsicht bei Einkäufen! Dieser Transit beeinflußt unsere Kaufkraft. Schaufenster ziehen einen magisch an und bringen einen in Versuchung Dinge zu kaufen, die man gar nicht braucht.

Tätigt man in dieser Zeit größere Einkäufe, stellt sich sicher heraus, daß es nicht nötig gewesen wäre, oder der Preis überhöht gewesen ist. Ein neues Gerät stellt sich als Fehlgriff heraus. Von einem Hauskauf oder Abschluß eines Mietvertrages ist in dieser Zeit abzuraten. Ein neues Auto sollte man sich nur zulegen, wenn man große Reparaturrechnungen liebt. Da ich von Haus aus skeptisch bin, kaufte ich mein erstes Auto während eines Transits, um die Theorie zu überprüfen. Das Auto war neu und eine Stunde, nachdem ich es gekauft hatte, wurde es von einem offiziellen Parkplatz abgeschleppt. Auf dem Parkschein standen sechs verschiedene Adressen, als ich es schließlich auf dem Polizeigelände wiedersah. Ich war mit einem Freund aus dem Haus gekommen um ihm das Auto zu zeigen, stattdessen stand da ein Lastwagen. Ich blickte unter den Laster, verzweifelt über die Möglichkeit, daß mein neues Auto gestohlen worden sei, als sich uns ein Mann auf der Straße näherte und fragte, ob wir nach einem kleinen, gelben Auto suchten. Er sagte uns, dieses wäre eben von der Polizei abgeschleppt worden.

Der erste Tank Benzin, den ich kaufte, war gemischt mit Wasser. Gott sei Dank war der Wagen nicht stark genug, um so schnell zu fahren wie die anderen Autos auf der Autobahn, die gewässertes Benzin getankt hatten. In dieser Nacht war die Connecticut Turnpike total verstopft. Mein Auto tuckerte an den Straßenrand und war in Sicherheit, aber die schnellen Wagen blieben schlagartig stehen, als das gewässerte Benzin die Motoren erhitzt hatte, und es gab so viele Unfälle, daß die Wagen über die Spuren der Autobahn geschleudert wurden. Ich brauchte elf Stunden von Darien, Connecticut bis in die Bronx in New York, wo der Wagen endgültig seinen Geist aufgab. Ich erneuerte die Batterien, die Benzinpumpe und den Tank. Von da an war der Wagen eine einzige Katastrophe – denn jedesmal, wenn der Marstransit bei mir auf Jupiter traf, kam der Wagen in die Werkstatt oder blieb auf der Autobahn wegen irgendeiner größeren Sache liegen.

Mein nächstes Auto suchte ich während des gleichen Zyklus aus! Ich erwarb es zwar nicht gleich, beschloß aber, es bei einem Mars-Jupiter Transit zu kaufen. Und natürlich kostete mich dieses Auto mehr als das erste. Klienten mit ähnlichen Erfahrungen begannen nachzuprüfen, wann sie ihre Käufe getätigt hatten, und berichteten mir, daß sie ihre Fehlgriffe unter dem Einfluß von Mars-Jupiter ausgesucht oder erstanden hatten.

Bei Menschen in kaufmännischen Berufen wirkt sich der Zyklus häufig so aus, daß sie über den Bedarf einkaufen, ihre Lager überreichlich eindecken oder unnötig Summen ausgeben. Dabei erweisen sich Artikel, die in dieser Zeit gekauft wurden, später oft als ungenügend. Das Eigenheim wird zu einem überhöhten Preis erworben, und die neue Mietwohnung zwingt einen, den Gürtel enger zu schnallen.

Auch Beziehungen werden von diesem Zyklus berührt. Jupiter im Geburtshoroskop zeigt, wie wir zu anderen stehen, unsere Bereitschaft, uns zu öffnen und auf andere zuzugehen. Der Marstransit bringt einen neuen Impuls in die Beziehungsfähigkeit, allerdings verbunden mit der Neigung, sich dabei zu übereifern. »Es ist mir egal, ich will es auf alle Fälle« oder »Es ist mir gleich, ich mache es auf jeden Fall«, sind typische Aussagen dafür. Die Zukunft ist vergessen, und es zählen allein die momentanen Bedürfnisse. Sie möchte zum Essen gehen und er nicht – so sagt sie: »Es ist mir egal was du willst, ich gehe.« Wenn wir anfangen zu denken »Es ist mir egal«, dann bewegen wir uns schon auf dem falschen Weg. Diese Energie sollte im Zaum gehalten werden. Man kann diese Periode durchleben und die Finanzen können vorsichtig gehandhabt werden. Wenn der Transit vorbei ist, haben wir noch Geld in der Tasche und nicht einen Haufen unerwünschter Kleider oder Geräte, und wir können bessere Kaufentscheidungen treffen.

Mars in Konjunktion, Quadrat oder Opposition zum Geburtssaturn

Probleme mit Männern, Autoritätspersonen, Rechtsangelegenheiten. Wenn ein Marstransit die Position des Geburtssaturn berührt, belebt das die Hemmungen, Ängste und inneren Autoritätsprobleme, die wir ausarbeiten müssen. Er zeigt auch Schwierigkeiten an, die wir im Umgang mit den Männern in unserem Leben haben. Als Mann kann man Schwierigkeiten mit männlichen Mitarbeitern, auf die man angewiesen ist, bekommen. Bei einer wichtigen Entscheidung ist es ratsam abzuwarten, bis der Transit vorüber ist.

Eine Frau mit diesem Transit neigt dazu, ihre männlichen Freunde schwieriger als üblich zu empfinden. Sie möchte vielleicht gerne mit einem Mann sprechen, sich über verschiedene Aspekte ihres Lebens auseinandersetzen – über ihre Pläne, ihre Hoffnungen – oder sie sucht einfach nur Gesellschaft. Aber die Männer in ihrem Leben werden nicht entsprechend reagieren. Es ist sinnlos deshalb mit dem Ehemann zu streiten oder mit dem Freund Schluß zu machen, denn zwei- oder dreimal im Jahr passiert das und muß mit anderen Methoden angegangen werden.

Autoritätspersonen stellen ein Problem dar, vielleicht wegen der aktivierten »Berührungsängste«, die unangenehme Reaktionen hervorrufen. Der Transit inspiriert zu guten Ideen, aber weil wir »recht haben«, handhaben wir die Situation wie ein Panzer und merken gar nicht, daß niemand mehr zuhört. Ratschläge, Genehmigungen u. ä. stehen unter keinem guten Stern. Eine Autoritätsperson kann während dieses Transits alles und jeder sein, der einem den Fortschritt durchkreuzt. So haben die Busse Verspätung, wir stecken im Stau, Flugzeuge und Züge kommen nicht rechtzeitig, Anschlußflüge klappen nicht. Wenn man weiß, daß das alles passieren kann, ist es weise, etwas früher loszugehen, etwas Spielraum in der Zeit zu haben, und so Frustrationen zu vermeiden.

Rechtliche Angelegenheiten nehmen meist kein gutes Ende, wenn sie unter diesem Transit begonnen werden. Jede Situation, die besonders dringend ist, wird irgendwie verzögert. Wenn es möglich ist, sollte man gesetzliche Angelegenheiten vor dem Transit regeln, oder dann, wenn er zu Ende ist.

Beispiel: Zurück zu meinem Auto! Als ich mein Auto in New York verkaufte, hatte es Nummernschilder aus Vermont. Die Gesetze in Vermont schreiben vor, daß man eine Kopie der Anmeldung aufbewahren muß. Im Staat New York bekommt man eine doppelte Zulassung, gleich auch für den neuen Eigentümer, mit der er den Wagen auf seinen Namen ummeldet – nicht so in Vermont. Ich rief in Vermont bei der Zulassungsbehörde an (kein so großes Unterfangen, oder?) um eine Kopie der Zulassung zu erhalten, Mars stand in dem Moment zehn Grad vor der Konjunktion zum Geburtssaturn. Die Zweitschrift traf nie ein. Der Mann, der das Auto kaufte, rief jeden Tag an – das Geschäft war nicht abgeschlossen, solange er seine Zulassung nicht hatte. Zwar hatte ich sein Geld, aber er konnte nicht fahren, das Auto nicht einmal zulassen. An dem Tag, an dem Mars meinen Saturn verließ, kam das Anmeldeformular! Keine große Verzögerung, und nicht einmal etwas, das ich für mich selbst brauchte, aber trotzdem – verlorene Zeit. Schüler, die in der Schule eine Leihgabe beantragen, Menschen, die behördliche Genehmigungen brauchen, haben es nur mit Vorbehalten und Verzögerungen zu tun. Das kann höchst frustrierend sein!

Das wichtigste, was wir vermeiden müssen, ist die Neigung »recht zu haben«, die wir alle so leicht entwickeln. Weil wir recht haben und weil wir eine gute Idee haben, neigen wir dazu, dies sehr anmaßend zu vertreten. Dadurch entfremdet man sich diejenigen, die einem ansonsten hilfreich wären.

Schreiben Sie die guten Ideen auf und bewahren Sie sie bis der Transit vorbei ist. Dann werden sie sicherlich akzeptiert werden. Es ist der Kristallisationsprozeß unter Einbezug des Geburtssaturn nötig, um die Ideen in etwas zu verwandeln, über das man sprechen kann. Der Transit hat auch seine guten Seiten.

Mars in Konjunktion, Quadrat oder Opposition zum Geburtsuranus

Überimpulsiv. Dies ist ein ungestümer Transit, denn er aktiviert den Geburtsuranus und legt Nachdruck und Energie auf den Teil von uns, der zu Überspanntheit neigt. Da Uranus für exzentrisches, individualistisches Verhalten steht, für Eigensinn oder Eigenwilligkeit, ist bei dem Marstransit Vorsicht geboten. Man neigt unter diesem Einfluß dazu, Warnungen in den Wind zu schlagen, und zu vergessen, was morgen, nächste Woche oder nächstes Jahr gut für einen wäre. Weitreichende Pläne werden über Bord geworfen um einer momentanen Befriedigung oder einer augenblicklichen schlechten Laune willen.

Besser ist es, sich zu überlegen, ob die Party auf die man z.B. heute abend gehen möchte, dazu führt, daß man morgen seine Arbeit verliert, weil man nicht in der Lage sein wird, wichtige Besprechungen durchzuführen. Ist es wirklich nötig, heute auf der Autobahn zu trampen, um das Fahrgeld für den Bus zu sparen – oder zeugt es von einem Drang »außer Kontrolle« zu geraten, und bringt uns damit in eine ungeschützte Lage? Das Leben hat viel Ähnlichkeit mit einer Partie Schach – jeder Zug spiegelt die Stellung unseres Königs wider.

Bei der Deutung dieses Transits sollte man auch die Stellung des Geburtsuranus im Auge behalten, seine Häuserplazierung und seine Aspekte. Weist das Geburtshoroskop ein Uranus-Mond Quadrat auf, wird es schwieriger sein, mit diesem Transit zu leben, als wenn er sich unaspektiert im vierten Haus befände.

Mars in Konjunktion, Quadrat oder Opposition zum Geburtsneptun

Verwirrung. Dieser Transit hat eine komische Note, denn unter seinem Einfluß weiß man oft nicht, was man tut. Navigationsprobleme um die Möbel zu Hause oder im Büro sind nicht selten. Eine Freundin von mir rammte gleich mehrere Autos früh am Morgen in einer ruhigen Straße, als sie unter diesem Transit stand. Normalerweise ist sie eine gute Fahrerin. Sie sagte, sie sei total nüchtern gewesen, hätte aber nicht gedacht, daß ihr Auto so breit sei! Es war kein größerer Schaden entstanden, aber es war ihr sehr peinlich.

In dieser Zeit kann sich der Klatsch gegen einen wenden, deshalb sollte man das Gerede im Büro möglichst vermeiden und in der Familie das ewige »Hast du schon gehört«. Spontane und unerwartete Reaktionen sind an der Tagesordnung. Man neigt dazu, Ernährungsvorschriften zu mißachten oder hat stärker als sonst das Verlangen nach Essen und alkoholischen Getränken. Jemand, für den zwei Drinks vor dem Abendessen eigentlich normal sind, ist schon von einem Glas Wein beschwipst.

Dies ist eine Zeit, wo wir vielleicht in der Lage sind, uns besser auf unsere Träume, Ziele oder Sehnsüchte einzustimmen. Es besteht aber auch die Gefahr zu großer Leichtfertigkeit. Meditation, Yoga, die Beschäftigung mit spirituellen Dingen erlauben dem Geist, sich auf eine höhere Schwingung einzustellen.

Mars in Konjunktion, Quadrat oder Opposition zum Geburtspluto

Ärger. Der Transit aktiviert Auseinandersetzungen. Er wühlt unbewußte Erinnerungen auf, man fühlt sich naiv und leichtgläubig. Pluto steht für unbewußte Motivationen, die Erinnerungen an frühe Kindheitserfahrungen, die man vergessen möchte. Er bringt einige unserer Machtspielchen ans Licht. Wenn Mars durch den Transit diesen Punkt aktiviert, fühlt man sich außer Kontrolle und deshalb gereizt. Ein zufällig mitangehörtes Wort macht einen ärgerlich, man fühlt sich verletzt und steigert sich, auch gegen den gesunden Menschenverstand, in Ärger hinein.

Die teilweise Aktivierung des Unterbewußtseins durch Mars ist eine ausgezeichnete Gelegenheit, sich der feineren Persönlichkeitsstrukturen bewußt zu werden. Vielleicht haben uns unsere Eltern einmal wegen einer Empfindlichkeit ausgelacht, und wir haben die Erinnerung daran begraben. Da taucht Mars auf und wir ärgern uns über ein Dia, das uns an einen alten Vorfall erinnert, den wir längst für vergessen hielten. Offensichtlich ist er von Bedeutung. Das Gedächtnis kann bewußt analysiert werden hinsichtlich der gegenwärtigen Bedürfnisse. Was brauchen wir? Worauf reagieren wir so empfindlich? Wenn es eine gerechtfertigte Sensibilität ist, dann muß sie erkannt werden. Jeder Mensch hat verschiedene Bedürfnisse, und wir alle neigen zu oft dazu, diese persönlichen Bedürfnisse und unsere Sensibilität zu unterdrücken.

Es ist wichtig, Plutos Aspekte im Geburtshoroskop zu erkennen, denn die Mars Energie wird jeden Geburtsaspekt aktivieren. Das könnte eine Zeit sein, in der man ungute Situationen anzieht, oder man nimmt an Aktivitäten teil, die Ausdruck der niederen Energieformen von Pluto sind.

Sollte dies der Fall sein und man versucht, die Energien umzulenken, ist es hilfreich, sich von allen Aufregungen zurückzuziehen.

Eine junge Klientin von mir hatte z.B. eine Mars-Pluto Opposition in Verbindung mit ihrem Geburtsmond. Während der Marstransite ging sie für gewöhnlich aus und trank jedesmal zu viel. Wenn sie betrunken war, lachte sie sich einen Fremden in der Bar an. Der nächste Morgen brachte ihr schreckliche Schuldgefühle und Selbsthaß. Im Laufe des Erkenntnisprozesses versuchte sie, sich die Ursachen dieser Verhaltensweise klarzumachen und mied in den entscheidenden Zeiten des Transits die Bars. Anhand ihres Tagebuchs konnten wir die Perioden herausgreifen, in denen sie dieses unverantwortliche Verhalten zeigte. Das Vermeiden dieser unangenehmen Erfahrungen verhalf ihr zu einem besseren Selbstwertgefühl.

Mars im Transit über die Achsen des Geburtshoroskops

Mars Transite aktivieren die Eckhäuser und heben bestimmte Lebensumstände hervor.

Erstes Haus: Wenn Mars über den Aszendenten geht (tatsächlich zehn Grad bevor er den Aszendenten erreicht), aktiviert er die Belange des ersten Hauses. Dies ist ein hervorragender Zeitpunkt aus sich herauszugehen und die Energie zu nutzen, um im Beruf voranzukommen und die gesellschaftliche Stellung weiterzuentwickeln. Selbst wenn man sich unwohl fühlt oder sogar unsozial vorkommt, kann der Transit für gute Vorsätze genutzt werden. Diese Kontakte sind nicht in den eigenen vier Wänden zu knüpfen, man muß herauskommen und auf den persönlichen Energiezyklus reagieren!

Viertes Haus: Wenn Mars zehn Grad von der Spitze des vierten Hauses entfernt ist, aktiviert er alles, was mit dem eigenen Heim zu tun hat. Entweder lädt man sich viele Gäste ein oder man fängt an zu putzen und umzuräumen. Man denkt ans Umziehen und plant Veränderungen im Heim. Die Energie steht nicht notwendigerweise für einen Umzug, aber für Veränderungen oder zumindest den Wunsch danach.

Siebtes Haus: Wenn Mars zehn Grad vor der Spitze des siebten Hauses steht, werden die Angelegenheiten dieses Feldes angeregt. Menschen, die wir gesellschaftlich kennen, auch Ehe- oder Geschäftspartner, werden Forderungen an unsere Zeit stellen. Dies muß nicht unbedingt Arbeit bedeuten, es kann auch heißen, daß jeder, den man kennt, einen zum Abendessen einlädt oder die Zeit mit einem verbringen möchte. Nach ein paar Tagen dieser Art von Aufmerksamkeit fangen einige an ärgerlich zu werden – denn so kommt man mit seiner Arbeit nicht voran, und außerdem sind wir gar nicht gefragt worden, ob wir das wirklich alles machen wollen. Doch haltet Frieden, denn die Energie dauert nur ein paar Wochen!

Zehntes Haus: Die Karriere wird angeregt, wenn Mars zehn Grad von der Spitze des zehnten Hauses entfernt steht. Im Büro läuft alles auf Hochtouren, für Urlaubspläne ist keine Zeit. Man muß jetzt an der Energie dranbleiben. Wenn man nicht berufstätig ist, verlangen öffentliche Angelegenheiten und ehrenamtliches Wirken Hilfe und Aufmerksamkeit. Es ist an der Zeit, aus sich herauszugehen und zu handeln.

Planvoller Umgang mit den Mars-Energien

Mars braucht ungefähr zwei Jahre um durch alle Zeichen des Tierkreises zu laufen. Das bedeutet, daß Mars zwei- oder dreimal im Jahr einen schwierigen Aspekt zu jedem Planeten einnimmt. Wenn Mars in Null Grad der Kardinalzeichen steht, bewirkt das die Aktivierung von Problemen, die in Zusammenhang mit einem Planeten in einem Kardinalzeichen (das sind Widder, Krebs, Waage, Steinbock) stehen. Begibt sich Mars in ein festes Zeichen, muß man die Wirkungsweise von Planeten in den Zeichen Stier, Löwe, Skorpion oder Wassermann beachten. In einem veränderlichen Zeichen aktiviert man jeden Planeten in Zwillinge, Jungfrau, Schütze oder Fische. Wir können eine Tabelle machen über die Art der Energie und die Zeit, wann sie sich manifestieren.

Für diejenigen Leser, die Astrologie erlernen, ist dieser Teil geschrieben, um ihnen bei der Auswertung der Mars Transite zu helfen. Für fortgeschrittene Schüler, die vollkommen vertraut sind im Umgang mit den Ephemeriden, ist dieses Kapitel überflüssig.

Wir nehmen das Musterhoroskop A und beginnen die Marszyklen auszuwerten. Es ist das Horoskop einer Klientin, deren Namen wir nicht nennen, einer jungen Frau, die in einem führenden New Yorker Verlag arbeitet. Sie trägt viel Verantwortung, neigt dazu, sich zu überarbeiten und möchte lernen, ihre Energien sinnvoller einzusetzen. Außerdem ist sie verantwortlich für die Erziehung ihres Kindes und die Beziehung zu ihrem Lebenspartner. Um ihre Zeit am ergiebigsten zu nutzen, wird ihr der Umgang mit den Marsenergien bei der Planung ihrer Termine von Nutzen sein. Auf diese Weise wird es ihr gelingen, so viel wie möglich in kürzester Zeit zu erledigen.

Die Herausgabe verschiedener Wirtschaftsmagazine pro Monat erlaubt nicht viel Zeit für private Mißverständnisse. Als gute Mutter möchte sie nicht, daß ihr Kind unter ihren überempfindlichen Phasen leidet. Um inmitten des Drucks ein Gefühl für sich selbst zu behalten, kann sie die Marszyklen auswerten und sich sowohl auf die schwierigen, als auch auf die entspannteren Zeiten einstellen. Es gibt Phasen, in denen Mars sich ruhig verhält, keinen schwierigen Aspekt in ihrem Horoskop bildet, und damit wenig Aufmerksamkeit erfordert. Dies sind die besten Zeiten für gesellschaftliche Aktivitäten oder vergnügliche Entspannung. Wenn die schwierigen Aspekte wirksam sind, schaffen sie Spannungen, die umgewandelt werden können in Energie zur Bewältigung komplizierter Arbeitskomplexe. Verfolgt man, wie wir ihre Aspekte auswerten, läßt sich das mit etwas Übung auf das eigene Horoskop anwenden.

Anhand der Ephemeriden für die Jahre 1979, 1980 und 1981 kann

Horoskop A

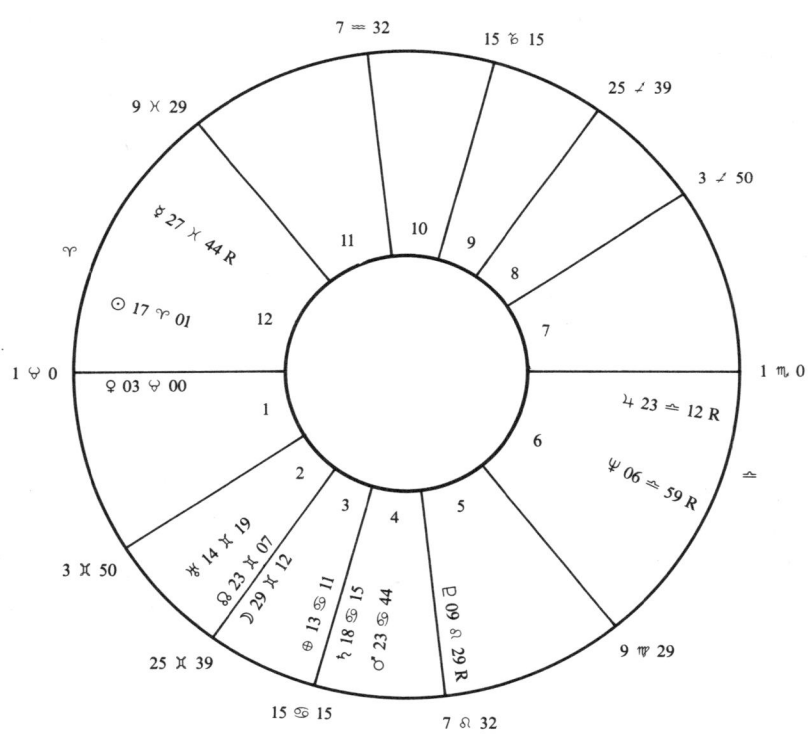

man der Darstellung folgen. Am 1. Januar 1980 steht Mars in 13 Grad Jungfrau. Aus dem abgebildeten Geburtshoroskop geht hervor, daß der Geburtsuranus in 14 Grad Zwillinge steht und damit ein Quadrat zum transitierenden Mars bildet. Blättert man zurück zum Dezember 1979, sieht man, daß Mars bereits damals im Transit in der Jungfrau stand, und noch weiter zurück, im November 1979, findet man Mars am 30ten des Monats in 4 Grad Jungfrau. Legt man einen Orbis von 10 Grad zugrunde, begann das Mars-Geburtsuranus Quadrat am 30.11.1979. Die Konstellation baut sich auf, bis sie am 8. Januar 1980 exakt ist. Mars läuft dann am 25. Januar zurück in 14 Grad Jungfrau und bleibt bis zum 29. Februar im Orbis, erneut in 4 Grad Jungfrau. Im März, April und Mai läuft er zurück in das Zeichen des Löwen. Am 17. Mai 1980 steht er erneut in 4 Grad Jungfrau und bleibt im Orbis des Quadrats bis zum 11. Juni 1980.

Ihr Geburtsmond steht in 29 Grad Zwillinge und Geburtsmerkur ist bei 27 Grad Fische, beides veränderliche Zeichen. Der Mars Transit in der Jungfrau steht im Quadrat zum Mond und in Opposition zum Merkur. Er betont auch das Geburtsquadrat zwischen den beiden. Von Natur aus fällt es ihr schwer, ihre Gefühle (Mond) mitzuteilen (Merkur). Weil Merkur im 12. Haus steht, behält sie ihre Probleme für sich und spricht über ihre emotionalen Sorgen oft erst dann, wenn sie gelöst sind. Diese Schwierigkeiten werden noch stärker hervortreten, solange Mars das Geburtsquadrat bestrahlt. Der Transit wird auch die Probleme aktivieren, die weiter vorne in den Abschnitten Mars-Mond und Mars-Merkur besprochen wurden. Wir können mit Sicherheit sagen, daß es eine empfindliche Phase sein wird, sowohl im Beruf, als auch im Privatleben, in den Beziehungen zu Mann und Kind.

Die Spannung nimmt am 15. Juni 1980 zu, wenn Mars in 17 Grad Jungfrau steht (10 Grad entfernt von einer Opposition zu ihrem Geburtsmerkur), und steigert sich an Intensität bis zum 10. Juli.

Mars wird nun zum Thema für das Kardinalzeichen Waage, und aktiviert damit gleichzeitig Neptun, Sonne, Saturn, Mars und Jupiter im Geburtshoroskop! Am 6. Juli 1980 steht Mars in 27 Grad Jungfrau (10 Grad entfernt von ihrem Neptun in 7 Grad Waage). Er bleibt bis zum 24. Juli im Orbis. Neptun steht im Geburtshoroskop im Quadrat zum Mond, deswegen leidet sie nicht nur unter der verdrängten Wahrnehmung, wie sie im Mars-Neptun Teil beschrieben wurde, sondern auch das Geburtsquadrat wird durch den Transit aktiviert. Es besteht eine große Opposition, die auch die Sonne miteinschließt. Dies kann eine Periode anzeigen, in der Ärger und Verlust an Unterscheidungskraft, die Beschäftigung mit Phantasien, Drogen, Alkohol oder Selbsttäuschungen ihre Entscheidungen beeinflussen. Diese sind in Zusammenhang mit ihren emotionalen Bedürfnissen (Mond) oder ihren spirituellen Bedürfnissen (Sonne) zu sehen. Da sie weiß, was auf sie zukommt, kann sie achtsamer sein – sie kann größere Entscheidungen bezüglich emotionaler und spiritueller Angelegenheiten vermeiden, bis ihr Kopf wieder klar ist.

Oder sie kann etwas langsamer machen und vorsichtiger denken. Der Neptun-Mars Transit ist eine gute Zeit für Meditation und Yoga, was ihr auch helfen wird, ihre Energien nach innen zu ziehen und sie positiv umzuwandeln.

Am 22. Juli 1980 tritt Mars in 6 Grad Waage und läßt damit ein doppeltes Quadrat im Geburtshoroskop hervortreten. Die Sonne in 16 Grad Widder steht in Opposition zu Jupiter in 23 Grad Waage und beide Planeten stehen im Quadrat zur Mars-Saturn Konjunktion in 18 Grad bzw. 23 Grad Krebs. Die Spannung steigert sich zum 19. August 1980. Sie wird lernen müssen, eine ganze Reihe unangenehmer Situationen zu meistern. Der Mars-Transit in Opposition zur Sonne bringt eine Menge Energie und Schwung. Das durch den Transit entstandene Mars-Saturn Quadrat deutet auf Probleme in der Auseinandersetzung mit Männern im allgemeinen, mit dem Ehemann im besonderen und überhaupt mit jeder Art von Autoritätspersonen. Der transitierende Mars steht in Konjunktion zum Geburtsjupiter und bringt die Neigung zu teuren Spontaneinkäufen und Schwierigkeiten in Beziehungen mit sich.

Der Transit hebt ebenso die Aspekte des Geburtshoroskops hervor, es wird deshalb eine spannungsreiche Zeit. Die hemmende Konstellation im Geburtshoroskop, Saturn/Mars im Quadrat zur Sonne, wird aktiviert. Die Opposition Jupiter/Sonne zeigt, daß sie nicht gewohnt ist, zu ihren eigenen Bedürfnissen zu stehen, und Jupiter im Quadrat zu Mars/Saturn weist darauf hin, daß sie keine einfachen Beziehungen zu Männern und Autoritätspersonen hat. Es ist anzunehmen, daß sie eher ihre eigenen Bedürfnisse zurücksteckt, um damit eine sexuelle oder eine Liebesbeziehung aufrechtzuerhalten. In Stichworten liest sich das so: »Ich handle (Mars) gegen (das Quadrat) mein spirituelles Selbst (die Sonne), oder das Ich-bin-Prinzip, wie es auch genannt wird.« Diese selbstzerstörerische Neigung bedeutet nicht, daß sie sich umbringen wird – es heißt vielmehr, daß sie sich ins eigene Fleisch schneidet!

Saturn im Quadrat zur Geburtssonne bedeutet Schwierigkeiten mit dem Vaterbild, möglicherweise ein tiefer Widerstand oder Angst vor Autoritäten. Der Aspekt fördert die Überzeugung, daß alle Autoritätspersonen ihre Handlungen mißbilligen. Es verursacht manchmal ein großes Maß an Enttäuschung oder unterdrückten Ärgers, denn die Verhaltensweisen wurzeln in unbewußten Kindheitserinnerungen, die lange unterdrückt oder verdrängt wurden.

Jupiter in Opposition zur Sonne im Geburtshoroskop weist auch darauf hin, daß sie von Natur aus keinen Bezug zu ihren eigenen Bedürfnissen hat. Als Kind wurde ihr vielleicht beigebracht, daß ihre persönlichen Bedürfnisse nicht wichtig sind, oder daß die Bedürfnisse von »Frauen« nicht von Bedeutung sind. Sie neigt dazu, sich selbst aufzugeben um in einer Beziehung aufzugehen, merkt dabei aber nicht, daß der Mann vielleicht Rücksicht auf ihre Bedürfnisse nehmen oder sie darin unterstützen würde, wenn sie offener wäre.

Alle diese Geburtsspannungen wirken fort, zusätzlich zu der Spannung, die durch den Mars Transit verursacht werden. Diese Phase (22. Juli – 19. August 1980) wird schwierig sein – aber sie hat es früher schon geschafft, denn es trifft sie ja jedes Jahr mehrere Male. Die Umwandlung dieser Energie wird ihr nicht auf Anhieb gelingen, aber erste positive Schritte zur Bewältigung des Problems können gemacht werden.

Man sollte nicht davor zurückscheuen, den Menschen über die von Transiten verursachte Spannung etwas zu erzählen. Aller Wahrscheinlichkeit nach haben sie schon gelebt, bevor man sie kannte und sind mit den Transiten auch fertig geworden, bevor man sie ihnen erklärt hat. Was auch immer man ihnen sagt macht es nur einfacher, mit einem Transit wie diesem hier umzugehen. Die Energie beginnt sich zu manifestieren, wenn Mars 10 Grad entfernt steht, die Spannung baut sich auf, je näher Mars an den exakten Aspekt herankommt und sie ist vorbei, wenn Mars die eigentliche Konstellation (Konjunktion, Quadrat oder Opposition) erreicht hat.

Jeder Durchgang von Mars über die Kardinalzeichen wird dieser Frau helfen zu verstehen, wie diese Energie wirkt, und wie sie damit umgehen kann. Möglicherweise wird sie nach einer Weile herausfinden, daß dies eine ihrer produktivsten Phasen ist.

Am 18. August 1980 steht Mars in 22 Grad Waage und damit 10 Grad entfernt von einer Opposition zur Geburtsvenus in 2 Grad Stier. Unter den Bedingungen, wie sie bereits oben besprochen wurden, ist der Druck der Mars-Venus Opposition vom 18. August bis zum 2. September 1980 zu spüren. Im Geburtshoroskop hat sie ein Quadrat zwischen Venus und Pluto, und dieser Aspekt wird während des Transits ebenfalls aktiviert.

Vom 28. August bis zum 13. September 1980 steht der transitierende Mars im Quadrat zu Pluto und bewirkt dadurch eine ständige Aktivierung des Venus-Pluto Quadrats, welches sich durch Ärger, dessen Ursprung schwer zu erkennen ist, bemerkbar macht. Während dieser Zeit wird sie überempfindlich sein, was ihre Einstellung zu Liebesbeziehungen betrifft. Unbewußt wird sie versuchen, Dinge zu manipulieren, was zu Verstimmungen führen kann.

Bis zum 18. Oktober ereignet sich weiter nichts, dann aber tritt Mars in 4 Grad Schütze und damit wieder in Opposition zum Geburtsuranus. Das Muster wiederholt sich. Jede »Runde Mars« ist eine Chance der Selbsterkenntnis und der Umlenkung grober Energien in feinere. In dem Maß, wie man sie verfeinert, entwickelt man sich in positiver Richtung und fühlt sich weniger unglücklich.

Die Zyklen wiederholen sich folgendermaßen in den nächsten anderthalb Jahren:

Hohe Energie
(Mars in Konjunktion, Quadrat oder Opposition zur Sonne)
1. – 23. Dezember 1980
25. März – 17. April 1981
28. Juli – 23. August 1981

Überempfindlichkeit
(Mars in Konjunktion, Quadrat oder Opposition zum Mond)
5. – 22. November 1980
1. – 17. März 1981
30. Juni – 18. Juli 1981
21. November – 15. Dezember 1981

Zuviel Gerede
(Mars in Konjunktion, Quadrat oder Opposition zu Merkur)
5. – 22. November 1980
1. – 17. März 1980
30. Juni – 18. Juli 1981
21. November – 15. Dezember 1981

Verliebt in die Liebe
(Mars in Konjunktion, Quadrat oder Opposition zur Venus)
21. Dezember 1980 – 3. Januar 1981
15. – 29. April 1981
21. August – 6. September 1981

Vorsicht bei Einkäufen
(Mars in Konjunktion, Quadrat oder Opposition zu Jupiter)
1. – 23. Dezember 1980
25. März – 17. April 1981
28. Juli – 23. August 1981

Probleme mit Autoritäten/Männern
(Mars in Konjunktion, Quadrat oder Opposition zu Saturn)
1. – 23. Dezember 1980
25. März – 17. April 1981
28. Juli – 23. August 1981

Impulsiv
(Mars in Konjunktion, Quadrat oder Opposition zu Uranus)
18. Oktober – 1. November 1980
12. – 26. Februar 1981
11. – 26. Juni 1981
28. Oktober – 16. November 1981
Verwirrung/Meditation
(Mars in Konjunktion, Quadrat oder Opposition zu Neptun)
19. November – 2. Dezember 1980
14. – 27. März 1981
14. – 30. Juli 1981
10. Dezember 1981 – 2. Januar 1982
Unbewußter Ärger
(Mars in Konjunktion, Quadrat oder Opposition zu Pluto)
30. Dezember 1980 – 12. Januar 1981
24. April – 8. Mai 1981
1. – 17. September 1981

Man wird feststellen, daß manche Transite gleichzeitig auftreten. Mars trifft z.B. in diesem Horoskop gleichzeitig auf Sonne, Mars, Saturn und Jupiter. Diese Phasen wurden oben in der Tabelle getrennt aufgeführt. Wenn verschiedene Transite zur gleichen Zeit auftreten, ist es gut, den Klienten über die sich überschneidenden Energien zu informieren, um sicher zu sein, daß jeder die Art und die Zeitdauer der Belastung versteht, der er ausgesetzt ist. Wenn man geschickt alle Transite zusammenfaßt, klingt es nicht so schwierig. Es könnte für den Klienten frustrierend sein, wenn er versucht, diese Energie zu kontrollieren.

Ein Mars-Zyklus wurde in diesem Teil nicht hereingenommen. Wenn Mars über seine Stellung im Geburtshoroskop wandert, ist es ein Zyklus und kein Transit. Eine neuere Publikation zu diesem Thema ist auch das Buch von Alexander Ruperti, »Cycles of Becoming« erschienen bei CRCS Publications.

Betrachten wir nun das Horoskop eines Mannes (Horoskop B), dann sehen wir, daß sich die Mars Energie hier etwas anders manifestiert. Ich habe ganz bewußt das Horoskop eines Menschen mit starker Betonung der Kardinalzeichen gewählt, damit man erkennen kann, daß nicht alle kardinalen Zeichen in gleicher Weise betroffen werden. Dieser junge Mann befindet sich mitten in einer Krise, verursacht durch die Notwendigkeit sein berufliches Fortkommen zu ändern. Er erklärte auch, daß er von Zeit zu Zeit unter starkem inneren Druck stehe. Ein Großteil davon wird wohl von den Mars Transiten über seinen Geburtsplaneten ausgelöst.

Am 1. Januar 1980 befindet sich der transitierende Mars in der Jungfrau. Wirft man einen Blick auf sein Horoskop, erkennt man einige Planeten in veränderlichen Zeichen, der dem transitierenden Mars am nächsten stehende ist Saturn. Da sich Mars 1980 rückläufig bewegt, ist es sinnvoll, weiter zurückzuschauen in das Jahr 1979. Man erhält dadurch ein genaueres Bild über den Ursprung der schwierigen Phase.

Saturn steht bei ihm in 14 Grad Jungfrau, Venus in 11 Grad Zwillinge und Jupiter in 7 Grad Fische. Solange sich Mars in einem veränderlichen Zeichen befindet, werden diese Planeten von dem Transit angeregt. November und Dezember 1979 waren spannungsreiche Monate, denn alle 3 veränderlichen Planeten wurden aktiviert. Zudem erstreckte sich die Energie auch noch auf ein doppeltes Quadrat in seinem Geburtshoroskop.

Betrachtet man seine Geburtsvenus, zeigt sich, daß er Gegensätze liebt (Zwillinge), und daß es für ihn schwierig ist, Gefühle wie Liebe und Zuneigung auszudrücken, da die Venus sowohl von Saturn als auch von Jupiter gehemmt wird. Das Quadrat Venus-Saturn weist darauf hin, daß ihm seine Eltern kein sehr gutes Vorbild waren in Bezug auf die Fähigkeit, jemanden zu lieben. Jedesmal, wenn er versucht, eine Liebesbeziehung aufzubauen, beschränkte Saturn (oder eine psychologische Blockade, verursacht durch seinen Vater in früher Kindheit) diese Fähigkeit. Da Jupiter der Venus ebenfalls im Wege steht, wird er das, was er liebt, über- oder unterbewerten und das kann eine Liebe-Haß-Polarität schaffen bezüglich seiner Sehnsüchte im Leben. Diese Sehnsüchte umfassen die Liebe zu einer Frau aber auch zu seiner Arbeit. Er kann launisch und leidenschaftlich sein, und sich gleichzeitig gehemmt und eingeschränkt fühlen. Seine Erwartungshaltung ist gering, denn das Saturn-Venus Quadrat ermutigte ihn in seiner Kindheit kaum, vom Leben viel zu verlangen. Der Mars Transit regt seine Persönlichkeitsentwicklung an, er möchte die Energien, die er verspürt, auch ausdrücken (vergleiche dazu die Abschnitte über Mars-Venus, Mars-Jupiter und Mars-Saturn).

Im November und Dezember 1979 bis hinein in das Frühjahr 1980 hat er es mit starken Spannungen zu tun. Er möchte seine Gefühle ausleben und spielen (Venus), aber er fühlt sich gehemmt aufgrund von Saturn. Die Jupiter-Mars Energie wiederum ermutigt ihn, alles über Bord zu werfen und sich keinen Pfifferling um irgendetwas zu scheren. Diese Reaktion kann sich sowohl auf sein Privatleben als auch auf seinen Beruf beziehen.

Die Tatsache, daß er die Sonne im Krebs hat, verstärkt den Transit, denn Krebs ist gefühlsbetonter als die meisten anderen Zeichen, was ihn den emotionalen Druck noch heftiger empfinden läßt.

Horoskop B

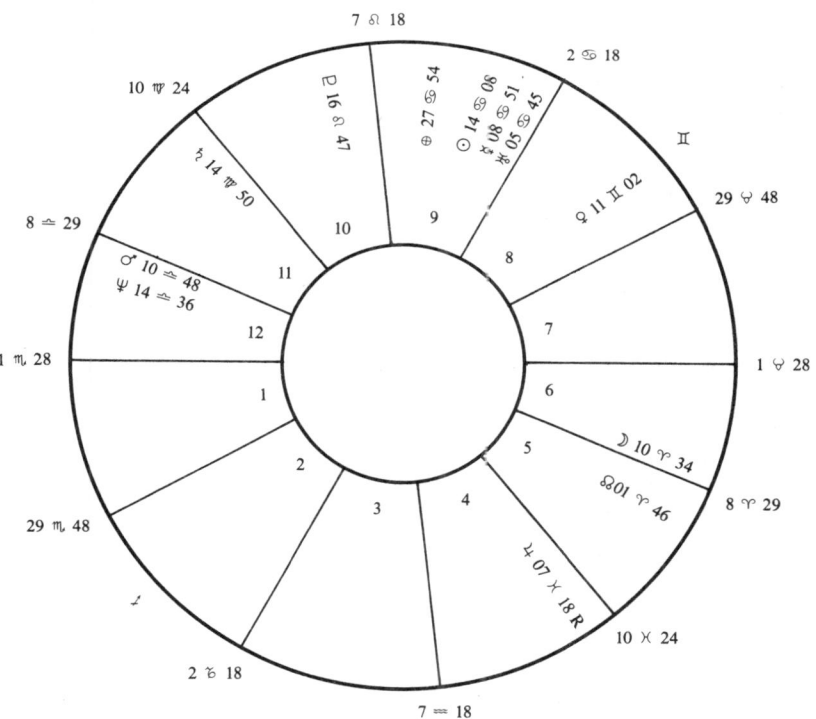

Da das Doppel-Quadrat sein 4., 8. und 11. Haus betrifft, werden das Heim, die Finanzen seines Partners, sein gesellschaftliches Leben und die Freundschaften in den Brennpunkt der Energie gezogen. Dieser Transit gibt ihm die Möglichkeit, sich über die Qualen und die Verwirrung in seinem Inneren bewußt zu werden. Wenn er die Hemmungen erkennt, kann er anfangen an ihrer Überwindung zu arbeiten. Er kann die Energie umwandeln und sie schöpferisch einsetzen.

Sobald er sich von den Transiten durch die veränderlichen Zeichen erholt hat, bewegt sich Mars in die Kardinalzeichen und verstärkt damit Uranus, Mars, Mond, Sonne und Neptun. Die Planeten stehen nicht weit voneinander entfernt und der Transit wird immer wieder zu inneren Lähmungen führen.

Da der Geburtsuranus in 5 Grad Krebs steht, wird der Mars Transit bei 25 Grad Jungfrau anfangen auf ihn einzuwirken. Dies findet am 2. Juli 1980 statt. Sein Geburtsuranus (Krebs) steht sowohl zum Mond (Widder), als auch zum Mars (Waage) im Quadrat. Für gewöhnlich ist ein Mensch mit solch einer Konstellation leicht erregbar, denn seine Gefühlswelt ist überempfindlich (Mond). Mars steht im Geburtshoroskop in Opposition zum Mond und verstärkt den Ärger noch. Der junge Mann ist Krebs, also von Haus aus ein launischer Typ, der auf seine Umgebung mit großer Sensibilität reagiert. Er spürt alles, was um ihn herum vorgeht und neigt zu Überreaktionen auf die Dinge, die der Alltag so mit sich bringt. Die ihn umgebenden Schwingungen nimmt er auf, kann aber nur schwer unterscheiden, ob die jeweilige Stimmung seine eigene ist oder die seiner Mitmenschen.

Uranus steht ebenfalls in Konjunktion zum Geburtsmerkur, dem Planeten, der unsere fünf Sinne symbolisiert. Unter einem Marstransit geht er leicht in die Luft, reagiert vorschnell und äußerst nervös. Dabei gerät er in Wut und sagt Dinge, die er später bereut. Da im Geburtshoroskop Merkur auch im Quadrat zu Mars steht, hört er nicht auf andere. In Gesprächen hört er nur mit halbem Ohr zu und zieht dann voreilige Schlüsse. Das kann zu allen Arten von überempfindlichen Reaktionen führen.

Zu dieser Spannung kommt noch hinzu, daß Mars sich rasch in ein Quadrat zu Sonne und Neptun begibt. Dadurch geschieht es, daß er nicht weiß was er tut (Neptun), gleichzeitig aber über sehr viel Energie verfügt (Sonne). Die Spannung kann unerträglich werden, sowohl für ihn als auch für seine Familie.*

---

* Anmerkung: Wenn Sie daran interessiert sind, mehr über die Deutung von Geburtshoroskopen zu lesen, vergl. Astrological Insights into Personality, hrsg. von dem Astro Computing Service, 1980.

Wenn diese Energie einmal umgewandelt ist, kann der Zyklus eine der schöpferischen Phasen im Jahr werden. Die gleichzeitige Bestrahlung von Merkur und Neptun enthält ein großes kreatives Potential. Schreiben wäre für ihn das richtige Betätigungsfeld, denn das würde ihm helfen, seine Energie zu steuern und ruhiger zu werden. Seine Wutanfälle in der Familie und bei Mitarbeitern lassen dann sicherlich nach. Er wird erstaunt sein, was er alles vollbringen kann.

Wenn Sie Ihre Ephemeriden mit der Liste der Marszyklen vergleichen, werden Sie merken, daß ich einen Orbis von 10 Grad für alle Kardinalplaneten benutzt habe. Je bewußter und selbstverantwortlicher man mit der Zeit wird, umso früher spürt man die Planeten, die von dem Transit belebt werden. Die Phase, in der Mars von 25 Grad eines veränderlichen bis in 14 Grad eines Kardinalzeichens wandert, bleibt ständig das Doppel-Quadrat. Viele schöpferische Möglichkeiten!

Horoskop B hat nur einen fixen Planeten, nämlich Pluto. Wenn Mars in 6 Grad eines fixen Zeichens steht, wird dies die, in diesem Falle fließenden, Aspekte von Pluto beleben. Es ist eine sensible Zeit in Bezug auf Anerkennung und Achtung (Löwe). Da Pluto unsere unbewußten Beweggründe symbolisiert, schwelen verletzte Gefühle auf einer schwer zugänglichen Ebene. Plutos gute Aspekte zeigen eine Phase der Offenheit und Freude gegenüber der Familie an. Seine Zielsetzungen wird er zeitgenössischen Tendenzen anpassen. Er möchte geliebt werden, denn Venus steht im Sextil zu Pluto, ebenso auch Mars und Neptun.

Da die Geburtsplaneten zusammengefaßt sind, durchlebt dieser Mensch jährlich Phasen großer Spannungen. Horoskopkonstellationen dieser Art hinterlassen auch am Körper ihre Spuren in Form von Verspannungen. In dem Maße, wie er lernt, mit dem Druck umzugehen, kann er sich davon lösen und sich schöpferisch betätigen. Wenn er beginnt, mit seiner Marsenergie zu arbeiten, lösen sich auch die körperlichen Spannungen so weit, daß er damit beginnen kann, die Geburtsaspekte zu bewältigen und sie positiv anzunehmen.

Man braucht vor diesen Transiten keine Angst zu haben. Von Geburt an durchlebte er diese Spannungen jedes Jahr ein paar Mal. Er wird sie bis an sein Lebensende verspüren. Wie man unten erkennen kann, wiederholen sich die Transite ein paar Mal im Laufe der Jahre 1980 und 1981. Jeder von uns hat so ein Muster.

Hohe Energie
(Mars in Konjunktion, Quadrat oder Opposition zur Sonne)
18. Juli – 15. August 1980
28. November – 11. Dezember 1980
23. März – 5. April 1981
25. Juli – 9. August 1981

Überempfindlichkeit
(Mars in Konjunktion, Quadrat oder Opposition zum Mond)
8. Juli – 29. Juli 1980
20. November – 6. Dezember 1980
15. – 31. März 1981
16. Juli – 3. August 1981

Zuviel Gerede
(Mars in Konjunktion, Quadrat oder Opposition zu Merkur)
8. – 29. Juli 1980
20. November – 6. Dezember 1980
15. – 31. März 1981
16. Juli – 3. August 1981

Verliebt in die Liebe
(Mars in Konjunktion, Quadrat oder Opposition zur Venus)
23. November – 22. Dezember 1979
8. Februar – 8. März 1980
8. Mai – 5. Juni 1980
14. – 28. Oktober 1980
9. – 22. Februar 1981
7. – 24. Juni 1981

Vorsicht bei Einkäufen
(Mars in Konjunktion, Quadrat oder Opposition zu Jupiter)
20. Februar – 24. März 1980
21. April – 27. Mai 1980
9. – 23. Oktober 1980
4. – 17. Februar 1981
1. – 16. Juni 1981

Probleme mit Autoritäten/Männern
(Mars in Konjunktion, Quadrat oder Opposition zu Saturn)
1. Dezember 1979 – 8. Januar 1980
24. Januar – 29. Februar 1980
17. Mai – 11. Juni 1980
18. Oktober – 1. November 1980
12. – 25. Februar 1981
11. – 26. Juni 1981

Impulsiv
(Mars in Konjunktion, Quadrat oder Opposition zu Uranus)
2. – 21. Juli 1980
16. – 29. November 1980
11. – 24 März 1981
11. – 27. Juli 1981

Verwirrung/Meditation
(Mars in Konjunktion, Quadrat oder Opposition zu Neptun)
18. Juli – 5. August 1980
28. November – 11. Dezember 1980
24. März – 5. April 1981
25. Juli – 9. August 1981

Unbewußter Ärger
(Mars in Konjunktion, Quadrat oder Opposition zu Pluto)
8. – 23. September 1980
8. – 21. Januar 1981
4. – 18. Mai 1981
12. – 29. September 1981

Die Hauptsache, die man aus der Arbeit mit den Marstransiten lernen kann, ist, daß wir, solange wir von den Transiten hin- und hergerissen werden, keine Herrschaft über unsere Persönlichkeit haben. Unser Charakter kann von einem vollkommen vorhersagbaren Transit beeinflußt werden. Wir werden in Ärger und Leidenschaften oder kleinliche Handlungen getrieben, nur weil Mars in Bezug zu einem Planeten steht, der einem Teil unserer Persönlichkeit entspricht. Die Marsenergie muß bewußt gehandhabt werden, wenn wir je selbstverantwortlich im Leben stehen wollen.

Jupitertransite

Jupiter ist der Planet der Beziehungen. Er zeigt an, wie wir uns öffnen, wie wir unser Bewußtsein ausweiten, neue Informationen und Angelegenheiten aufnehmen und auf Chancen reagieren. Die Sextile und Trigone zwischen Jupiter und einem Geburtsplaneten bezeichnen die Phasen, in denen Beziehungen leichtfallen. Jupitertransite bringen generell günstige Gelegenheiten für Planeten mit guten Geburtsaspekten. Andernfalls bedeutet der Jupitertransit **kein** Glück!

Jupiter-Sonne Transite

Wenn Jupiter in Konjunktion zu unserer Geburtssonne steht, dann prophezeien Astrologen oft, daß etwas Wunderbares geschehen wird. Das ist nicht wahr, denn der transitierende Jupiter in Konjunktion zur Geburtssonne wird alle ihre Aspekte im Horoskop beleben. Er wird die Eigenschaften des Sonnenzeichens betonen und die Angelegenheit hervorheben, die der entsprechenden Häuserplazierung entsprechen. Jupiter bringt immer Ausdehnung – er kann also stehen für übermäßigen Genuß, Leichtsinn oder eine übertriebene optimistische Einstellung. Er kann Chancen bieten, aber wenn die Geburtssonne schwierig aspektiert ist, sieht man sie womöglich gar nicht, weil Jupiter die schwierigen Aspekte ebenso belebt.

Eine Klientin von mir hat z.B. die Sonne im Quadrat zum Mars, der in Konjunktion zu ihrem Mond steht. Wenn Jupiter vorbeizieht und ihre Sonne aktiviert, sagte ihr ein Astrologe, würde es ihr sehr gut gehen, und es wäre dies eine sehr chancenreiche Zeit für sie, bedingt durch die Erweiterung ihres Horizonts. Meine Klientin fühlte sich in dieser Zeit jedoch extrem lebensmüde. Ihre Sonne war aktiv, aber sie fühlte sich zu elend, um darauf Bezug nehmen zu können, denn sie mußte sowohl mit einem Sonne-Mond Quadrat als auch einem Mars-Sonne Quadrat fertigwerden. Dies führte bei ihr zu selbstzerstörerischen Neigungen. Da sie auf diese negativen Gefühle mit Depressionen nicht vorbereitet gewesen war, warf sie der Transit wirklich um. Sie hatte sich auf eine wunderbare Zeit eingestellt, so wie sie ihr der Astrologe prophezeit hatte. Auf die Möglichkeit an einem intensiven Geburtsaspekt zu arbeiten, war sie nicht vorbereitet gewesen.

Eine gut aspektierte Geburtssonne erhält durch die Jupiterkonjunktion eine Chance, das Bewußtsein zu erweitern und neue Möglichkeiten wahrzunehmen. Es ist eine gute Zeit, jemanden um einen Gefallen zu bitten, einflußreiche Unterstützung zu erhalten, die Ansichten über die Liebe oder das Leben im allgemeinen auszuweiten. Auch wenn die Sonne zum Zeitpunkt der Geburt nicht gut aspektiert ist, kann diese Zeit trotzdem fruchtbar sein. Man muß jedoch wissen, wie damit umzugehen ist.

Wenn man weiß, daß ein schwieriger Geburtsaspekt betont wird, und seine Auswirkungen erkennt, kann man die Schwierigkeiten sozusagen von außen betrachten und die Chancen nutzen. Das bedeutet nicht, daß man seine Gefühle unterdrücken soll, aber man sieht sie mit anderen Augen.

Hat man im Geburtshoroskop z.B. ein Sonne-Mars Quadrat und Jupiter geht in Konjunktion zur Sonne und damit in Quadrat zum Mars, dann weiß man im voraus, daß man in dieser Zeit dazu neigt, gegen die eigenen Interessen (Sonne) zu handeln (Mars). Zeigen sich dann Depressionen, Ärger oder ein Verlangen nach unguten Dingen, sollte man darüber nachdenken, warum man das nötig hat, warum man sich wünscht, erfolglos zu bleiben, warum man sich selbst »verletzen« möchte. Nachdem dieser Aspekt durchlebt ist, hat man genügend Zeit, sich mit erfolgversprechenden Dingen zu beschäftigen. Schließlich kann man mit ein bißchen Übung den transitierenden Jupiter immer schöpferischer einsetzen.

Quadrat und Konjunktion des transitierenden Jupiter zur Sonne manifestieren sich ähnlich wie die Konjunktion. Das Quadrat kann Ursache für größere Enttäuschungen oder exzessives Verhalten sein. Die Opposition kann den Handlungen einen Anstrich von Verlustgefühl geben. Manche Menschen drängen während dieser Phasen darauf, endgültige Entscheidungen zu fällen. Es ist jedoch zu empfehlen, damit zu warten, bis der Transit vorüber ist. Sowohl die schwierigen, als auch die fließenden Aspekte können in Chancen umgewandelt werden, zunächst muß man allerdings die Einstellung aufgeben, daß jetzt schon alles egal ist und man unbesorgt »einen draufmachen« kann. Jeder Transit von Jupiter über einem Geburtsplaneten wird von dessen Aspekten und seiner Häuserstellung gefärbt sein. Jeder Transit von Jupiter bringt Weite und Ausdehung, eine Chance, sich neuen Gedanken zu öffnen, neue Erfahrungen, neue Einsichten über Beziehungen zuzulassen.

Jupiter-Mond Transite

Jupiter steht für Aufgeschlossenheit oder für ein zu starkes Suchen nach einer Beziehung, auch Nachlässigkeit wird ihm zugeschrieben. In Konjunktion zum Mond neigt man zu übersteigerten emotionalen Reaktionen. Die Konjunktion, das Quadrat oder die Opposition machen einem schmerzhaft bewußt, welche emotionalen Schwierigkeiten man hat. Darüber lernt man den Aspekt wahrzunehmen. Dieses Bewußtsein hilft uns, Einstellungen zu verstehen, die sich früh in unserer Kindheit gebildet haben, so daß wir uns von den unangenehmen und sinnlosen Prägungen lösen können.

Wenn der Mond gut aspektiert ist, kennzeichnet dieser Transit emotionale Erfüllung. Der Mensch ist dann für Beziehungen aufgeschlossener als gewöhnlich – eine gute Zeit für eine neue Liebe. Für einen schwierig aspektierten Mond ist es eine gute Chance, einige Dinge in Ordnung zu bringen.

Als Jupiter über meinen Geburtsmond ging (der belastet ist), wurde mir schmerzhaft bewußt, wie schwierig es für mich ist, einen Zugang zu meinen Mitmenschen zu finden, auf ihre Bedürfnisse eingehen zu können und mich auch bewußt auf meine eigenen, emotionalen Bedürfnisse einzustellen. Wenn wir unsere eigenen Bedürfnisse nicht kennen, wie können wir wirkliches Verständnis für jemand anderen haben? Während dieser Art von Transit kann jeder von uns geistige Rückschau halten und seine Beziehungserfahrungen aus der Kindheit aufarbeiten. Wie reagierte die Familie auf unser Verhalten in gefühlsbetonten Situationen? Wenn einem Kind das Wort abgeschnitten, oder es ausgeschlossen wird, muß das nicht dazu führen, daß dieses Kind als Erwachsener sehr verschlossen sein wird? Und wenn dem so ist, wann lassen wir die alten Muster endlich los? Man sollte diesen Transit dafür verwenden.

Jupiter-Merkur Transite

Dies ist kein allzu heftiger Transit. Ein paar Wochen lang werden impulsive Sprach- und Gedankenmuster vorherrschen. Wenn der Geburtsmerkur unbelastet ist, kann dieser Transit die Möglichkeit anzeigen, durch die Medien zu wirken – etwa durch Schreiben, oder Gespräche mit wichtigen Personen etc. Die Chancen können besser interpretiert werden, wenn man weiß, welche Art von Beruf der Klient hat.

Bei einem belasteten Merkur besteht die Gefahr, daß Worte mißbraucht oder mißverstanden werden, oder man die falschen Dinge zu den falschen Menschen sagt. Kommunikationsprobleme werden überbetont, deswegen kann man in dieser Zeit Ängste oder Mängel in Bezug auf seine Kommunikationsfähigkeit analysieren.

Die Geburtsaspekte eines belasteten Merkur werden durch den Jupitertransit belebt. Dies kann ein Gefühl der Nachlässigkeit mit sich bringen oder mangelndes Interesse an Beziehungen. Es ist egal, wie man mit seinen Worten auf andere wirkt. Die Häuserplazierung von Merkur und den aspektierten Planeten wird ebenfalls hervorgehoben. Mit etwas Vorsicht lebt man ganz gut durch diesen Transit!

Jupiter-Venus Transite

Jupiter in Konjunktion zur Geburtsvenus läßt einen dazu neigen, sich in die Liebe zu verlieben. Man ist sehr offen für neue, emotionelle Erfahrungen. Wenn der Transit ein Quadrat oder eine Opposition bildet, reagiert man überempfindlich in Beziehungen zu geliebten Menschen. Man ist versucht, die zarten Triebe einer Beziehung abzubrechen oder den Freund / die Freundin durch ein Ultimatum zu bedrängen. Die Aspekte zur Geburtsvenus sollten bei der Deutung des Transits miteinbezogen werden, da diese ebenfalls aktiviert werden. Wenn es irgend möglich ist, sollte man nicht versuchen, Situationen voranzutreiben, die wahrscheinlich schlecht ausgehen.

Eine Frau z.B., die in ihrem Geburtshoroskop ein Venus-Uranus Quadrat hat, wird möglicherweise von dem transitierenden Jupiter veranlaßt, eine Beziehung zu beenden, denn das liegt ihr von Natur aus. Wenn sie zu dieser Zeit eine Beziehung hat, die ihr sehr wichtig ist, mag es ihr eine Warnung sein, nicht zu stark zu drängen. Der Einfluß von Jupiter fördert Ausschließlichkeitsansprüche, und sie muß vorsichtig sein, daß sie nicht das Wesentliche mit dem Unwesentlichen in ihrer Beziehung verwechselt. Doch wenn sie auf den herannahenden Transit vorbereitet ist, kann sie sich bewußt entscheiden, ob sie die Gelegenheit nützen möchte, in der Beziehung voranzukommen oder nebensächliche Dinge überzubewerten.

Jupiter-Mars Transite

In diesem Transit liegt die Gefahr einer Überbetonung der Marsenergie. Die Folge davon können leichtsinnige Handlungen oder sexuelle Beziehungen sein. Die Phase kann eine heftige Kauforgie mit sich bringen, oder man bricht die Diät ab und verfällt auf den Zucker-, Alkohol- oder Drogenkonsum. Mars ist das Handlungsprinzip, und Jupiter hat eine mitreißende Energie, die einen zu verwegenen Handlungen verleitet. Der Transit wird jeden Aspekt von Mars im Geburtshoroskop entzünden, so daß diese Zeit schwierig werden könnte. Man kann den Transit konstruktiv verwenden um seinen Handlungsradius auszudehnen und im Beruf (im Bereich des Möglichen) weiter aufzusteigen. Er läßt einen die Sexualität mehr genießen, und man kann nur hoffen, daß der Partner jemand ist, den man schließlich mit nach Hause »zu Muttern« bringen kann!

Hilfreich ist der Transit auch bei der Aufarbeitung der schwierigen Geburtsaspekte von Mars, da er diese hervortreten läßt. Jupiter lädt uns ein, unsere Geburtsaspekte zu fühlen, einen Bezug dazu zu bekommen. Wenn man ein Mars-Venus Quadrat hat, ist dies eine gute Zeit, sich damit auseinanderzusetzen, wie wir unseren Partner zu bestimmten Reaktionen zwingen. Wenn wir die innere Angst, diesen Kampf, einmal wirklich angenommen haben, dann können wir beginnen, ihn zu heilen.

Jupiter-Jupiter Transite

Dies ist an und für sich kein Transit, sondern ein Zyklus, so wie alle Planeten Zyklen zu sich selbst haben. Die Planetenzyklen sind in einem anderen Werk behandelt: »Planetenzyklen«, erschienen im Urania Verlag, Sauerlach, 1987.

Jupiter-Saturn Transite

Dies ist ein erstaunlicher Transit, denn er gibt uns die Chance, mit seiner Energie unsere Ängste und Übervorsicht wenigstens zum Teil loszulassen. Saturn steht für das, was wir mit Vorsicht betrachten, wovor wir Angst haben, auch für den Einfluß des Vaters auf die Entwicklung unserer Psyche in den ersten drei Lebensjahren. Er macht deutlich, welche Einstellung man in Autoritätsfragen hat. Der Jupitertransit in Konjunktion, Quadrat oder Opposition zum Saturn ist eine Chance, an diese Ängste und Abgrenzungen heranzukommen.

Saturn in der Jungfrau kann bedeuten, daß man von Haus aus den eigenen, intellektuellen Fähigkeiten gegenüber skeptisch ist, man hält sich für nicht gut genug und traut sich die Fähigkeit der Detailanalyse nicht zu. Ganz allgemein steht man der Menschheit eher kritisch gegenüber. Hinsichtlich ihrer »männlichen Kritikfähigkeit« kann es für eine Frau schwierig sein, in einer Liebesbeziehung mit einem Mann ganz sie selbst zu sein. Ein Mann mit diesem Aspekt wird wahrscheinlich Schwierigkeiten haben, sich bei seinen Freunden und Arbeitskollegen offen auszudrücken. In jedem Fall kann das Problem während des Transits genau festgelegt werden. Wahrscheinlich wird es nicht gleich vollständig gelöst, aber man hat sich bewußt damit beschäftigt. Schritt für Schritt lernt man den Einfluß zu verstehen und positiv umzusetzen. Saturn wird unser Freund und Lehrer, aber wir müssen zunächst seine Stellung beachten und ihm bewußte Aufmerksamkeit schenken.

Während diesen Zeiten ist es nicht ungewöhnlich, finanzielle Schwierigkeiten zu haben. Oft ist es eine gute Zeit, im Beruf zusätzliche Verantwortung zu akzeptieren, auch wenn das Gehalt dies nicht zu rechtfertigen scheint. Schließlich wird sich das doch auszahlen, man wird für die getane Arbeit auch bezahlt werden. Vielleicht nicht unbedingt von der Firma, bei der man jetzt beschäftigt ist, aber ein anderes Unternehmen wird, sobald der Transit gebrochen ist, für die Arbeitserfahrung zahlen.

Jupiter-Uranus Transite

Wenn Jupiter in Konjunktion, Quadrat oder Opposition zum Geburtsuranus steht, bringt dieser Transit viele Ausdrucksmöglichkeiten mit sich. Uranus symbolisiert den Teil unserer Persönlichkeit, der am exzentrischsten, eigenwilligsten und widerspenstigsten ist. Ein gut aspektierter Geburtsuranus wird eine Veränderung im Verhalten bewirken. Dieser Wandel wird sich positiv auswirken. Wenn Uranus bei der Geburt belastet ist, wird der Transit die Probleme hervorheben, die in Verbindung mit den Geburtsaspekten stehen. Da Jupiter Ausdehnung symbolisiert, trägt der Transit eine Neigung zum Risiko in sich; ebenso betont er übertriebenes, exzentrisches und eigenwilliges Verhalten. Kann einem diese Energie schaden? Bringt sie etwas für die Persönlichkeitsentwicklung?

Wenn Uranus im Geburtshoroskop z.B. im Quadrat zur Sonne steht, würde Sie dieser Transit dazu bringen, Ihre Anstellung zu kündigen? Würde er ein Bedürfnis zu besonderen Risiken bestärken – wie z.B. an den Strand zu trampen, um das Busgeld zu sparen? Würde man unter dem Einfluß dieses Transits vielleicht nicht mehr bedenken, daß man in dem Auto eines Fremden mehr erwarten kann, als nur eine Mitfahrgelegenheit? Hier bietet sich die Chance, den Gang des Lebens zu verändern, denn man hat die Möglichkeit, die geeigneten Zeitpunkte herauszugreifen.

Jupiter-Neptun Transite

Das Zeichen und die Stellung, in der sich unser Geburtsneptun befindet, verraten uns etwas darüber, wie wir träumen – was wir uns erträumen zu sein oder zu tun, welche unsere schwachen Punkte sind, wie unsere Illusionen, Phantasien und schöpferischen Ideen unser Leben beeinflussen. Während des Jupitertransits haben die schwierigen Aspekte (Konjunktion, Quadrat oder Opposition) den meisten Einfluß auf das innere Wachstum. Jupiter bringt Ausdehnung und eine leichtsinnige Grundstimmung. Unsere Beziehungsfähigkeit färbt unsere Träume. Wir nehmen die Wirklichkeit vielleicht anders war, als die Menschen um uns herum – vielleicht lassen wir unseren Phantasien freien Lauf, vielleicht verfolgen wir ein Ideal, das hoffnungslos und unmöglich zu realisieren ist, vielleicht verlieben wir uns in die Liebe, oder sind blind für das, was getan werden müßte.

Eine Klientin z.B. hat in ihrem Geburtshoroskop ein Mond-Neptun Quadrat. Immer, wenn Jupiter dieses Quadrat durch einen Transit verstärkt, verliebt sie sich. Sie interessiert sich für Männer, die kein wirkliches Interesse an ihr haben. Sie öffnet sich emotional, und wenn der Transit vorbei ist, fällt sie mit einem großen Knall auf den Boden der Tatsachen zurück. In dem Maße wie sie lernt, mit dieser Energie umzugehen, wird sie vorsichtiger sein während ihrer »anfälligen« Phasen, denn die Erfahrung hat sie gelehrt, daß diese Zeiten keine Erfüllung bringen. Ihr Blick wird klarer sein in neuen Begegnungen, vor allem wenn Mond-Neptun unbelastet ist. Der einzige Transit, der für Beziehungen günstig ist, ist der von Saturn, doch bringt er eine ganze Reihe anderer Probleme mit sich. (C.G. Jung sagte einmal, wenn wir einen größeren Transit nicht überwinden können, müssen wir ihn durchleben.)

Ein Jupiter-Neptun Transit läßt vieles gleichwertig erscheinen. Wenn das Geburtshoroskop es zuläßt, wird man aufgeschlossener für Meditation und schöpferische Innenschau. Vor allem fließende Aspekte von Neptun zu Mond oder Merkur sind sehr günstig.

Jupiter-Pluto Transite

Jupitertransite bringen immer eine exzessive, leichtsinnige Einstellung mit sich. Die schwierigen Aspekte sind aktiver, als die fließenden. Pluto ist ein Generationsplanet, so daß der Transit sich nicht unbedingt persönlich auswirken muß, außer Pluto ist in einen anderen Geburtsaspekt einbezogen. Ein Sextil oder Trigon von Pluto zu einem anderen Planeten wirkt sich unter dem Transit günstig auf den Kontakt mit Menschen aus, v. a. in großen Kreisen, z. B. bei Diskussionen.

Wenn Pluto im Geburtshoroskop schwierig aspektiert ist, verstärkt der Jupitertransit diese Konstellation. Es zeigt, daß dieser Mensch vielleicht dazu neigt, auf Lebensanreize übersensibel zu reagieren, sich dessen aber möglicherweise gar nicht bewußt ist. Seine Überreaktionen sind ihm nicht klar. Der springende Punkt ist, daß die Stellung von Pluto auf das hinweist, was im Unterbewußtsein verborgen wird und nur in zeitweiligen Reaktionen hervorblitzt. Um die Überreaktion auf zeitweilig auftretende Reize einzudämmen, müssen die Erinnerungen aus der frühen Kindheit aufgearbeitet werden.

Pluto in der Jungfrau deutet eine unbewußte Reaktion an, die mit einem Gefühl der Unsicherheit hinsichtlich der intellektuellen Fähigkeiten zusammenhängt, oder einer unbewußten Reaktion auf Kritik. Was passiert, wenn dieser Mensch während eines Jupitertransits ein zufälliges Wort im Büro mithört – wird er dazu neigen, zu heftig zu reagieren? Ist er sich über seine Fähigkeiten im Klaren? Hat er schon alles erreicht, was ihm an beruflichem Aufstieg möglich ist? Hat er ein gutes Selbstwertgefühl? Wenn nicht, dann ist es jetzt an der Zeit, sich darüber klarzuwerden.

Wenn Pluto noch dazu in einem schwierigen Aspekt zu seinem Geburtsmond stünde, wird er dann überempfindlich auf das reagieren, was Frauen von ihm halten? Wird er die Notwendigkeit empfinden, seine emotionellen Reaktionen zu überprüfen, oder vielleicht sogar seine emotionellen Beziehungen? Pluto im Quadrat zum Mond verweist oft auf eine beherrschende und manipulierende Mutter. Ein Mann wird eine tiefsitzende Angst davor haben, in der Beziehung zu einer Frau seine Freiheit zu verlieren, und dieses Empfinden kann dazu führen, daß er in seinen Beziehungen versucht, seine Partnerin zu beherrschen. Diese Mechanismen sind ihm vielleicht nicht bewußt, aber er fühlt sich möglicherweise in der Defensive – so, als müsse er ständig seine Stellung innerhalb der Beziehung verteidigen.

Wenn ein Jupitertransit dazukommt, wird dieses Empfinden verstärkt. Es kann so intensiv werden, daß er Widerstand vermutet, wo keiner ist, oder einen Angriff, der nicht stattgefunden hat. Weiß man um das Potential dieser Erfahrungen, dann ist es ein hervorragender Transit, um wenigstens einen Teil der Probleme anzugehen.

Jedesmal, wenn der Transit wieder auftritt, kann er verwendet werden, um uns weiter zu befreien von den Energieblockaden, die zwischen uns und der Erfüllung guter und reifer Beziehungen stehen.

Jupitertransit über die Eckhäuser

Die stärksten Winkel im Geburtshoroskop bilden das erste, vierte, siebte und zehnte Haus. Jupiter gibt uns die Möglichkeit der Ausdehnung, wenn er über die Eckhäuser geht. Wenn man einen Orbis von 10 Grad ansetzt, kann man anfangen, die Zeit der besten Chancen zu bestimmen, und diese in Bezug auf Zeiten und Häuser, die damit in Verbindung stehen, zu deuten.

1. Haus. Wenn Jupiter über den Aszendenten geht, bringt dies die Möglichkeit, die Lebensqualitäten, die durch den Aszendenten symbolisiert werden, zu steigern. Der Aszendent (oder das erste Haus) im Geburtshoroskop zeigt an, wie wir Dinge anfangen, wie wir auf andere wirken, wie wir uns selbst darstellen. Die Konjunktion wird diese Handlungen intensivieren, ebenso auch die Eigenschaften des Zeichens, welches das erste Haus regiert. Auch die schwierigen Aspekte des Aszendenten zu Planeten des Geburtshoroskops werden belebt. Wenn der Aszendent überhaupt nicht, oder nur gut aspektiert ist, kann dies eine hervorragende Zeit sein, um im Beruf weiterzukommen, Beziehungen aufzubauen, oder auch beides.

Wenn der Aszendent belastet ist, können die Interessen im Beruf und in Beziehungen entwickelt werden, aber gleichzeitig mit der Möglichkeit der Ausdehung besteht die Notwendigkeit, die Einstellung zum Geburtsaspekt in Ordnung zu bringen. Wenn z.B. Mars im Quadrat zum Aszendenten steht und ihn im Transit bestrahlt, wird man sowohl die Chancen der Jupiter Konjunktion empfinden, als auch die Belebung von Mars im Quadrat zum Aszendenten und das Quadrat des transitierenden Jupiters zum Mars. In Stichworten lautet das folgendermaßen: Das Mars Quadrat zum Aszendenten zeigt an, daß man gegen (das Quadrat) die Impulse zu einem neuen Anfang (Aszendenten) handelt (Mars). Wenn sich also eine gute Gelegenheit bietet, neigt man dazu, dem ›geschenkten Gaul ins Maul zu schauen‹! Wenn man jedoch seine Neigung für diese Art von Verhalten kennt, kann man sich darin üben, solche Reaktionen zurückzuhalten, zumindest bis der Jupiter Transit vorbei ist! Da Jupiter gleichzeitig im Quadrat zu Mars steht, wenn er über den Aszendenten geht, wird man dazu neigen, eine gleichgültige

Einstellung zu haben und möglicherweise auf gegebene Chancen in Beruf und Geschäft nicht richtig reagieren. Vielleicht ist man so ärgerlich und außer sich, daß man jede Chance, die einem an die Tür klopft, außer acht läßt.

Diese Transite sind wichtig, denn wenn man in das Geburtshoroskop schaut und sieht, wie der Aszendent aspektiert ist (ebenso die Stellung von Mars), dann bemerkt man, daß man jedesmal, wenn man eigentlich Veränderungen planen sollte, emotional so außer sich ist, daß man die Energien nicht konstruktiv nützen kann. Man kann sich darin üben, diese sensiblen Phasen bewußt zu durchleben, und in ein paar Jahren fängt man an, den Unterschied in der Lebenserfahrung zu erkennen. Selbst, wenn man seine emotionalen Probleme nicht sofort lösen kann, beginnt man berufliche Veränderungen durchzuführen, was sich auch auf die Entwicklung des Selbstwertgefühls auswirkt. Und wenn das Selbstbewußtsein steigt, und man seine Entscheidungen bezüglich des beruflichen Fortschritts zuversichtlich betrachten kann, entwickelt man eine nie gekannte Selbstsicherheit. Die Arbeit an der Persönlichkeitsentwicklung und die positive Umsetzung der Jupiter- und Marstransite lohnen sich.

Wenn Jupiter in Quadrat oder Opposition zum Aszendenten zu stehen kommt, beginnt noch eine andere Energie sich zu manifestieren. Unter dem Einfluß des Quadrats empfinden wir gewöhnlich Frustration. Jedesmal, wenn wir etwas Neues anfangen, stoßen wir auf Widerstände oder rennen gegen Mauern. Gewöhnlich neigen wir dazu, die schlechtesten Eigenschaften dieses Zeichens zu projizieren, wenn Jupiter den Aszendenten belebt. Die Menschen reagieren dann negativ auf einen, weil man ihnen mit einer negativen Einstellung begegnet. In welchem Zeichen auch immer sich der Aszendent befindet, die negativen Eigenschaften stehen im Vordergrund.

Steht der Aszendent im Löwen, und bildet Jupiter ein Quadrat zu ihm im Transit, entweder vom Stier oder vom Skorpion ausgehend, sind die wichtigtuerischen Eigenschaften des Löwen, der heftige Wunsch nach Anerkennung und das Verhalten, das damit einhergeht, für die ganze Welt deutlich sichtbar. Und für gewöhnlich akzeptiert die Welt dieses kindische Verhalten nicht. Steht der Aszendent im Skorpion, wird man zu dieser Zeit anderen sagen, was sie zu tun haben, und wie sie es machen sollen. Skorpion neigt dazu, seine Rechtschaffenheit zur Schau zu stellen und anderen vorzuschreiben, wie sie leben und sich verhalten sollen. Während des Jupiter Quadrats neigen diese Menschen dazu, jedermann zu nahe zu treten. Ein Schütze Aszendent wird unter einem Jupitertransit sein »allwissendes« Verhalten überbetonen. Er wird versuchen, bis zum ›geht nicht mehr‹ über alles zu philosophieren. Wenn er von anderen angezweifelt wird, antwortet er mit einem »so steht es geschrieben«.

Von den Jupitertransiten können wir sehr viel lernen. Steht er in einem Sextil oder Trigon zum Aszendenten, haben wir meistens eine gute Phase, besonders wenn der Aszendent auch von Geburt an gut aspektiert ist. Diese Energie kann man sinnvoll einsetzen, wenn man weiß, wonach man sucht. Für die Karriere ergeben sich gute Chancen, ebenso für persönliche Beziehungen, wenn man eine Vorstellung von seinen Zielen hat. Die meisten Menschen brauchen keinen Rat wegen der fließenden Aspekte und Transite, denn sie gehen automatisch richtig damit um.

4. Haus. Wenn Jupiter das vierte Haus transitiert, belebt dies alles, was mit dem Heim zu tun hat. Man verspürt vielleicht den Wunsch umzuziehen, oder eine Veränderung in der Wohnungseinrichtung oder ihrer Verwendung vorzunehmen. Wenn man sich Gedanken über eine neue Ausgestaltung macht, ist es ratsam, auf Jupiter zu warten, wenn er sich schon in unmittelbarer Nähe befindet, denn unter seinem Einfluß möchte man vielleicht wieder alles ändern. Man betrachtet den Rahmen seiner häuslichen Umgebung mit anderen Augen. Stammt man z.B. aus einer Familie, die nie viele Gäste hatte, empfindet man es vielleicht an der Zeit, es anders zu gestalten.

7. Haus. Ein Jupitertransit über dem siebten Haus belebt die Beziehungen zu Partnern, sowohl im geschäftlichen, als auch im privaten Bereich.

Man bekundet Interesse an einer Ehe, wenn diese Art der Beziehung gerade zur Debatte steht. Es kann auch bedeuten, daß sich das Interesse an dem Partner intensiviert, man mehr mit ihm teilen möchte, oder daß die Partnerschaft sich in einem Prozeß der Ausdehung befindet, und man konstruktive Veränderungen vornehmen möchte.

10. Haus. Wenn Jupiter sich zehn Grad vor der Spitze des zehnten Hauses befindet, gewinnen berufliche Belange an Bedeutung. Es kann eine Beförderung oder Ehrung bedeuten, die in irgendeinem Zusammenhang mit dem Beruf steht. Für eine neue Stellung wären der Zeitpunkt und die Bedingungen günstig. Es ist eine gute Zeit, seinen Horizont zu erweitern. Man ist offen für neue Ideen, Anregungen und Möglichkeiten von seiten eines Menschen, dessen Autorität man achtet. Ferienpläne sollte man auf später verschieben, denn es ist wichtig, präsent zu sein, wenn man gebraucht wird. Jupiter kann nur das bringen, was man verdient hat. Hat man seine Pflichten im Beruf gut erfüllt, bekommt man dafür mehr Anerkennung, als man sich erwartet hat.

Saturntransite

Die Transite von Saturn können die produktivsten von allen sein. Saturn ist der große Lehrer und Prüfer. Er testet unsere Fähigkeiten, unsere Werte, unsere Philosophie, unser ganzes Sein. Wenn wir den Grund für diese Prüfung verstehen – es geschieht, damit wir bewußter werden – dann ist der Transit wirklich bemerkenswert. Genauere Vorstellungen kristallisieren sich heraus, und man wird langsam reifer und bewußter, wer man ist und was man sein kann. Man entwickelt Selbstsicherheit und ein starkes Charakterempfinden als Grundlage für die Entwicklung einer Persönlichkeit, auf die man sich auch in schwierigsten Zeiten verlassen kann.

Saturn repräsentiert den Teil in uns, den wir mit Vorsicht betrachten. Verwendet man für die Berechung der Transite einen Orbis von zehn Grad, dann kann man im Laufe eines Jahres einen Teil seiner Persönlichkeit weiterentwickeln. Saturn ist häufig rückläufig, geht dann wieder vorwärts und bleibt schließlich mindestens ein Jahr auf einem Planeten. Ich habe festgestellt, daß bei einem größeren oder schmerzhafteren Transit, Saturn über diesen Punkt mehrere Male rückläufig ist, um die Erfahrung wirklich einprägsam zu machen! Der erste Gang über den Geburtsplaneten gibt einem die Möglichkeit, Klarheit zu gewinnen. Der zweite und dritte Durchgang bedeuten, daß man mit einem bestimmten Teil seiner Persönlichkeit ins reine kommen muß. Wenn man überhaupt noch nicht an sich gearbeitet hat, wenn man sich weigert, reifer zu werden, wenn man sich sträubt, Verantwortung zu übernehmen, dann können der zweite und dritte Durchgang wirklich schmerzhaft sein. Z.B. wird einem die Stellung gekündigt, die einem eigentlich sehr zusagt, oder man verliert etwas, woran man sehr gehangen hat.

Als Präsident Nixon in die Watergate Affäre verwickelt war, stand Saturn in Opposition zu seiner Sonne. Er hätte eine derartige Paranoia nicht entwickeln müssen, die ihn veranlaßt hatte, Akten und Tonbänder über Menschen aufzubewahren, um die Informationen dann gegen diese zu verwenden – aber er wählte diesen Weg, sich zu schützen. Sein unreifes »Schutzbedürfnis« kostete ihn sein Amt. Viele Steinbock Menschen hatten zur gleichen Zeit Saturn in Opposition zu ihrer Sonne, doch wer positiv mit dieser Energie umging wurde nicht bestraft, verlor weder Stellung noch seine Lieben. Für sie war es eine Phase ernsthafter Weiterentwicklung.

Wir alle haben die Möglichkeit zu wählen – wir können in die Schule des Lebens gehen und lernen, oder wir können schwänzen. Wir können unsere Hausaufgaben machen, oder auch nicht – das Universum kümmert sich nicht darum. Saturn ist der kosmische Polizist, und wenn uns auch die hiesigen Männer in Grün nicht erwischen, Saturn entkommen wir nicht – auch wenn wir die Art und Weise, wie er uns einholt, vielleicht nicht erwarten.

Das größte Geschenk von Saturn ist die Kristallisation der Persönlichkeit. Unter den Saturntransiten wird einem klar, wieviel man wirklich weiß. Das sind persönliche Wahrheiten, und für jeden Menschen lauten sie anders. Um in sich selbst zu ruhen und Selbstverantwortung zu erlangen, muß man erkennen, was man weiß. Das ist eine innere Einstellung, ein persönlicher, innerer Prozeß, den man nur mit jemandem teilen kann, der sich auf gleicher Ebene befindet.

Saturn-Sonne Transite

Der Einfluß dieses Transits dauert ungefähr ein Jahr. Während dieser Zeit hat man Gelegenheit zur Bestandsaufnahme – wer man ist, was man ist, warum man ist. Die Konjunktion ist besonders hinsichtlich des beruflichen Erfolgs von Bedeutung. Im Geburtshoroskop steht die Sonne für das »ich bin« Prinzip und das sollte man während dieser Zeit stärker bewerten. Wir sollten uns genau überlegen, wohin wir gehen und was wir mit dem anfangen, was wir vom Leben bekommen. Schwierige Geburtsaspekte zur Sonne erschweren den Transit.

Das Quadrat wirkt etwas anders, denn es belebt hauptsächlich Schwierigkeiten, die mit dem Sonnen*zeichen* zu tun haben. Wenn man das noch nicht in den Griff bekommen hat, und immer noch in die unreifen oder schöpferischen Eigenschaften des Sonnenzeichens verwickelt ist, werden sich diese derart unangenehm äußern, daß man von seinen Mitmenschen abgehalten wird, mit diesem Muster fortzufahren. Saturn im Quadrat zur Sonne läßt einem die freie Entscheidung: man kann bitter und negativ gegen seine Mitmenschen werden, weil einem niemand das verwöhnte Verhalten mehr abkauft, oder man kann die Erfahrung verwenden, um zu erkennen, was man für sein weiteres Wachstum lernen muß.

Unter dem Einfluß dieses Transits ist eine Widder Sonne vielleicht zu gedankenlos und rücksichtslos gegen andere; eine Stier Sonne zu selbstbezogen, zu weich, und hängt zu sehr an denen, die sie liebt; ein Zwilling experimentiert zuviel, neue Beziehungen fesseln ihn so sehr, daß er die Familie ignoriert, bis diese sich wehrt; die Krebs Sonne spielt zu sehr das kleine Mädchen/den kleinen Jungen und kann eine gute Stellung verlieren; der Löwe ist zu streng, zu selbstgefällig, zu pedantisch; die Jungfrau zu kritisch und analytisch, etc. Der Rest der Welt akzeptiert diese Verhaltensweisen nicht. Partner verlassen einen, Arbeitgeber raten einem, sich zusammenzunehmen, oder sich eine andere Stellung zu suchen. Das ist ein Teil von Saturn.

Man kann sich während des ganzen Transits bitter, voller Groll und depressiv fühlen, und schließlich wird er auch wieder vorbeigehen. Oder man schaut sich die Mauern an, gegen die man rennt und betrachtet sie aus einem anderen Blickwinkel. (Die Mauer zeigt sich meistens da, wo man eine falsche Haltung einnimmt.) Auf diese Art können wir unsere Ziele aufrecht erhalten und die notwendigen Veränderungen vornehmen, die unser Wachstum fördern. Saturn trifft alle sieben Jahre die Sonne, und er versucht nachdrücklich, uns aus den eingefahrenen Geleisen zu holen. Wir verändern uns, weil wir müssen. Das alte Sprichwort »Not macht erfinderisch« ist hier sehr zutreffend, denn Saturn steht für die Notwendigkeit zu Veränderungen.

Bei der Opposition empfindet man Verlustgefühle. Wenn man auf seine Geschäfte nicht achtgegeben hat, wenn man sich nicht ehrlich bemüht hat, weiterzukommen, wenn man sich über andere hinwegsetzt, um nach vorne zu gelangen, wenn man sich vor Verantwortlichkeiten drückt, dann wird Saturn einen zwingen, dafür zu zahlen. Wenn man nicht versucht, auf irgendeine Art reif zu handeln, muß man seine Stellung neu überdenken und planen, wie man die Karriere oder geschäftliche Entscheidungen ändert, um den Horizont zu erweitern.

Im Prozeß der Selbsteinschätzung kann es von Wert sein, die Saturntransite zu beachten. Erfährt man eine Konjunktion, ein Quadrat oder eine Opposition zur Sonne, beginnt man zu verstehen, wie man auf die kosmischen Gesetze reagiert. Wenn man fähig ist, ohne Unmut Veränderungen vorzunehmen, und ein Saturntransit einen nicht aus dem Sattel wirft, ist das eine Bestätigung, daß man auf dem richtigen Weg ist. Saturn verletzt einen nicht, wenn man bereit ist zu lernen, wie man sich ändern und sich dem Prozeß des Reiferwerdens stellen soll. Menschen, die mit einem Saturntransit gut umgehen können, sind selbstverantwortlich und geben nicht dem Universum die Schuld für ihre Krankheiten.

Wenn Saturn die Sonne durch einen Transit aspektiert, zeigt dies eine

Phase der Selbsteinschätzung an. Während dieser Zeit kann man sich darüber bewußt werden, wer man ist und was man zu geben hat. Oft ergibt sich eine bedeutsame Wende in der beruflichen Laufbahn. Die betroffenen Menschen lassen sich um ihrer selbst willen auf Geschäfte ein; sie erhalten neue Stellen mit mehr Verantwortung. Der Transit bedeutet eine neue Art Selbstwertgefühl. Ehen werden unter diesem Transit geschlossen, neue Geschäftsunternehmen aufgebaut. Es ist gut, einer offensichtlich konstruktiven Entscheidung zu folgen.

Einige Klienten haben mir erzählt, daß manche Astrologen den Rat geben, unter einem Saturntransit nichts Entscheidendes zu unternehmen, denn es sei keine gute Zeit für neue Risiken. Ich habe jedoch herausgefunden, daß Saturn-Sonne Transite mit die besten Zeiten sind, da wir uns selbst ernst genug nehmen und damit Mut und Entschlossenheit haben, etwas zu tun, woran wir wirklich glauben.

Wenn die Geburtssonne belastet ist, müssen die schwierigen Aspekte zugleich mit der Arbeit am Sonne-Saturn Transit beachtet werden. Diese Situation fordert einen ganz besonders, denn man muß schwierige Aspekte bewältigen, sich seiner Energiemuster bewußt werden und sie in neue, positive Bahnen lenken. Alle sieben Jahre erfahren wir einen schwierigen Saturn-Sonne Transit. Alle sieben Jahre haben wir eine Chance uns einzuschätzen und unsere Standpunkte neu zu beurteilen. Das kann ein aufregendes Angebot sein.

Saturn-Mond Transite

Wenn Saturn den Mond im Transit aspektiert, ist das eine hauptsächlich deprimierende Erfahrung! Der Mond im Geburtshoroskop zeigt, wie man zum Leben steht, wie man emotional eingestellt ist, welche emotionalen Bedürfnisse man hat. Letztere können entsprechend dem Mondzeichen gedeutet werden. Unsere Reaktionen auf emotionelle Bedürfnisse werden durch die Aspekte und die Häuserstellung des Mondes bezeichnet. Der Mond spiegelt die Haltung der Mutter wider, als man ein kleines Kind war, und er steht für einige der Vorstellungen, die man generell über Frauen hat.

Saturn ist der Lehrer, der einen prüft. Der kosmische Polizist und sein Transit erinnern, daß es an der Zeit ist, emotional erwachsen zu werden. Im natürlichen Tierkreis regiert der Mond den Krebs und das vierte Haus. Saturn regiert Steinbock und das zehnte Haus. Das vierte Haus steht gegenüber dem zehnten Haus und verursacht damit immer wieder einen Ausgleich. Wenn wir in Krebs den mütterlichen Aspekt der Natur und in Steinbock den väterlichen Aspekt sehen, dann bedeutet die

Opposition zwischen den beiden Häusern die Übereinkunft der beiden. Man kann es interpretieren als die Notwendigkeit, reife, gefühlsmäßige Antworten zu entwickeln. Saturn wird die Entfaltung einer Lebensart verhindern, bei der man davonrennen möchte und sich in unreife Gefühle und emotionelle Reaktionen flüchtet, die dem kosmischen Gesetz nicht entsprechen.

Alle großen Philosophen setzen sich mit dem kosmischen Gesetz und damit, wie wir Menschen es verstehen können, auseinander. Saturn hat zu tun mit Vater und Mutter Natur, und in der astrologischen Zeichensprache steht Saturn für den Lernprozeß, das kosmische Gesetz in sein Leben einzubauen. Selbst wenn wir einen heldenhaften Kampf führen um unwissend zu bleiben, oder Mutter Natur beherrschen wollen und versuchen, sie zu zwingen, sich unserem Willen unterzuordnen, behält das kosmische Gesetz dennoch seine Gültigkeit. Wir machen uns zu wenig klar, daß, selbst wenn es den Anschein hat, als würden wir die Sieger sein, der Mond, unser physischer Körper, auf keinen Fall dabei gewinnt, wenn wir zu lange die Regeln mißachten.

Wir bekommen Herzleiden und alle möglichen Krankheiten der inneren Organe. Wir werden schwach und sterben, die Natur jedoch lebt weiter. Die Bäume wachsen und die Vögel singen, trotz all der Umweltverschmutzung und der Versuche die Erde, die uns ernährt und trägt, zu vergiften. Vater Natur, oder Saturn, auch bekannt als der »Sensenmann«, mäht uns alle nieder.

Wenn Saturn den Geburtsmond transitiert, lernen wir unsere Emotionen kennen. Wenn wir nicht bereit sind, von Mutter Natur und dem kosmischen Gesetz zu lernen, werden wir es sicher am eigenen Leib zu spüren bekommen. Während der Konjunktion, dem Quadrat oder der Opposition, werden wir uns plötzlich unseres Körpers bewußt. Manche verspüren den Drang, die überflüssigen Pfunde loszuwerden, die Ernährung umzustellen, andere beschließen, mit dem Rauchen aufzuhören oder nachts mehr zu schlafen. Manche merken, daß sie nicht mehr über diese körperlichen Kräfte verfügen, um mit ihrer Gesundheit weiterhin Raubbau treiben zu können, daß drei Stunden Schlaf einfach zu wenig sind, oder sie der Arbeitsbelastung nicht mehr gewachsen sind. Saturn sagt: Tretet ein bißchen langsamer und – lebt länger.

So wie der Mond unser Gefühlsleben anzeigt, so bedeutet diese Zeit die Notwendigkeit der Klärung und bewußten Neubewertung der Gefühlswelt. Es ist dies eine Zeit um zu bestimmen, welche Bedürfnisse man hat, und ob sie erfüllt werden oder nicht. Aller Wahrscheinlichkeit nach ist dies nicht der Fall. Das Bedürfnis nach Liebe ist von größter Bedeutung – nicht Sex, sondern Liebe, gefühlsmäßige Geborgenheit, der Arm um die Schulter, das Verständnis für die persönlichen Hochs und Tiefs. Wenn man mit jemandem zusammenlebt, fühlt man sich vielleicht ziemlich mürrisch, man empfindet eine tiefe Unerfülltheit. Jetzt ist es wichtig, anzufangen miteinander zu sprechen. Obwohl man wenig Energie hat auf andere zuzugehen, sucht man nach Zeichen der Zuneigung von seinen Mitmenschen. Man kann es bezeichnen als den »ich tue mir ja selbst so leid« Transit. Freunde scheinen kaum helfen zu können. Wenn man ein Gespräch bräuchte, sind sie zu beschäftigt, oder es scheint so, als ob sie sich gar nicht um unsere Bedürfnisse kümmern. Man ist vielleicht sogar versucht, Freundschaften zu beenden. Aber man sollte sich dabei vergegenwärtigen, daß es während dieses Transits wichtig ist, neue Bekanntschaften zu schließen, zusätzlich zu denen, die man schon hat. Wenn wir jung bleiben wollen, voller neuer Ideen, voller Geist, dann müssen wir neue Menschen in unser Leben einlassen, denn sie helfen einem zu wachsen. Ansonsten fahren wir in alten Geleisen fest, sehen am Samstag abend immer nur die gleichen, alten Gesichter, und wenn diese Menschen sterben, bleiben wir alleine und einsam zurück. Wenn wir uns in dieser Zeit unseres Lebens öffnen, können wir neue Einsichten erlangen und neue Freundschaften schließen. Der Lebensstrom fließt stärker, die Menschen, die wir kennenlernen, sind vielseitiger, und wir versinken nicht in nutzlose, starre Verhaltensmuster.

Wir werden jedoch unsere Freunde während dieses Transits in jedem Fall begutachten. Von einigen werden wir uns vielleicht lösen, da sie unsere Ansprüche an eine Freundschasft nicht mehr befriedigen. Vielleicht entdecken wir, daß einige unserer alten Freunde uns nie richtig gemocht haben. Das passiert manchmal. Wir werden unter diesem Transit etwas über Liebe lernen. Eine der Hauptlektionen über Liebe hat mit platonischer Liebe zu tun, einer Liebe, wie man sie für einen Verwandten oder guten Freund empfindet. Das ist nicht das gleiche wie gefühlsbetonte, körperliche Liebe oder die Liebe für ein Kind, aber es ist nichtsdestoweniger eine wertvolle Form der Liebe. Weil wir etwas über diese platonische Liebe lernen müssen, erleben wir vielleicht in diesem Jahr des Saturn-Mond Transits einen Verlust in irgendeiner Form. Es gibt keine Garantien für das, was passieren wird, aber im Folgenden seien ein paar Möglichkeiten angeführt:

Man verliert eine Freundin. Das kann auf viele Arten geschehen. Vielleicht zieht sie in einen anderen Teil des Landes, und die Nähe zueinander geht durch die große Entfernung verloren. Man kann eine Freundin verlieren, weil sie sich entschieden hat, einen ohne ersichtlichen Grund fallenzulassen. Sie mag so gleichgültig sein, daß sie den Grund für die Trennung nicht erklären will, und bleibt sich mit ihren Gefühlen selbst überlassen. Vielleicht stirbt eine liebe Freundin plötzlich und man bleibt allein zurück und muß lernen, mit dem emotionellen

Verlust fertigzuwerden. Es kann auch eine ältere Verwandte sterben während dieser Zeit – die Mutter, eine Tante oder Großmutter. Das heißt nicht, daß die Mutter sterben muß, lieber Leser, da sie nur einmal sterben kann und ihre Zeit vielleicht noch nicht gekommen ist. Aber wenn ihre Gesundheit angegriffen ist, wäre es gut, sie in diesem Jahr öfter zu besuchen. Und wenn sie dahingeht, hat man das gute Gefühl, in ihrer Nähe gewesen zu sein. Auch wenn dies nicht der Fall ist, braucht sie wahrscheinlich die emotionale Unterstützung, denn der Saturn-Mond Transit deutet an, daß die Mutter vielleicht in einer Depression steckt, bei der man ihr beistehen kann. Das gleiche gilt für die Lieblingstante oder die Großmutter.

Der Transit will uns etwas über die Liebe lehren – wieviel sie uns bedeutet, wie sehr wir sie brauchen, wie wichtig es ist, die Gefühle mit denen zu teilen, die wir liebhaben, solange sie noch am Leben sind. Ein Großteil der Schuld, die wir empfinden, wenn wir mit dem Tod eines lieben Menschen konfrontiert sind, ist dadurch verursacht, daß wir nicht genügend Zeit für Wärme und Für-einander-Dasein gehabt haben. Viele Menschen haben Angst, über den Tod zu sprechen, weil wir nichts damit zu tun haben wollen. Der Tod ist jedoch ein Teil der Lebenserfahrung, denn Leben und Tod sind für immer miteinander verwoben. Wenn man diesen Transit erläutert, hängt viel von der Verantwortung und dem Einfühlungsvermögen des Astrologen ab, festzustellen, wieviel der Klient bereit ist zu hören. Sehr oft reagieren Klienten übermäßig stark auf die Worte eines Astrologen, denn oft werden diesem übernatürliche Fähigkeiten zugeschrieben. Dieser Transit muß nicht einen Todesfall in der Familie bedeuten, aber er weißt auf einen emotionalen Verlust hin.

Unsere emotionellen Bedürfnisse wollen befriedigt werden. Wir lernen unsere Rückzugstendenzen einzuschätzen und bestimmen, in welchem Maße wir uns in Zukunft zurückziehen wollen. Dieser Aspekt des Transits ist wirklich wunderbar, denn wir können mit einem großen Teil der Tolerierung von schlechten Verhaltensweisen aufräumen, wenn sie gegen uns gerichtet werden. Wenn wir Menschen kennen, die uns schlecht behandeln, neigen wir dazu, sie aus unserem Leben zu entfernen. Wenn wir unter unhaltbaren Bedingungen arbeiten, neigen wir jetzt dazu, dies offener mit unserem Arbeitgeber zu besprechen. Wenn Geschäftspartner uns ohne Grund unhöflich begegnen, dann werden sie es während dieses Transits zu hören bekommen!

Ein ausgesprochen scheuer Klient von mir war unter einem Saturn-Mond Transit von sich selbst überrascht. Normalerweise war er sehr zurückhaltend und hatte Angst, sich gegenüber Autoritätspersonen zu behaupten. Er war es gewohnt, alles hinzunehmen und war zudem ein geheilter Alkoholiker. Immer, wenn im Beruf alles schief gegangen war, hatte er zur Flasche gegriffen. Er bewarb sich um eine Stellung, die ihn interessierte und war bei der Vorstellung sehr vorsichtig gewesen, da ihm an einer Dauerstellung gelegen war. Es war ihm klar, daß für ihn – er war schon weit in den Vierzigern – die Arbeitsmarktsituation immer schwieriger würde. Man gab ihm schließlich nicht den Arbeitsbereich, für den er angestellt worden war. Er hatte vielerlei Begabungen, und als man in seiner Firma bemerkte, daß er auch auf anderen Gebieten Fähigkeiten hatte, wurde er in diese Position versetzt. Da ging er ins Personalbüro und gab bekannt, daß er kündigen würde. Er erzählte mir, daß er innerlich nicht ärgerlich gewesen war, er hatte keinen Knoten im Magen wie sonst, wenn er Vorgesetzten begegnen mußte, aber er wollte die Stelle nicht, die man ihm gegeben hatte. Der leitende Angestellte war schockiert, und da die Firma ihn nicht verlieren wollte, gaben sie ihm die Position, für die er ursprünglich angestellt worden war. In seiner Hochstimmung rief er mich an, um diese völlig neue Erfahrung zu erzählen.

Der Saturn-Mond Transit zeigt an, daß wir dabei sind, unsere emotionalen Bedürfnisse ernster zu nehmen. Wir können ohne Ärger mit unseren Bedürfnissen umgehen, ohne Feindschaft zu empfinden, können wir auf Menschen zugehen wie nie zuvor. Einige Frauen haben mir erzählt, daß untragbar gewordene Liebesbeziehunbgen unter diesem Transit beendet wurden – ohne Groll, ohne Erbitterung, es war einfach Schluß. Normalerweise ereignet sich so etwas dann, wenn sich eine Beziehung schon jahrelang ohne rechte Erfüllung hingezogen hatte. Es ist dies kein Transit, bei dem man jemandem ohne Grund etwas aufzwingt, sondern er befähigt einen, auf ein Ziel geradewegs zuzusteuern und seine Bedürfnisse, die man erkannt hat, einzulösen. Das Fehlen jeglicher Gefühle des Ärgers oder der Frustration ist eine wunderbare Erfahrung. Das Gefühl, seine eigenen Bedürfnisse annehmen zu können, gibt einen völlig neuen Bezugsrahmen.

Wenn man nicht versteht, wie die Energie des Transits wirkt, kann dies eine Phase der Depression, Einsamkeit, des Elends sein, verbunden mit einem Mangel an Lebenskraft, der sich auch in Krankheiten äußert. Man kann den Transit überstehen und diese Gefühle beibehalten. Niemand zwingt einen, irgendetwas über sich selbst zu lernen, wenn man lieber depressiv ist. Und irgendwann ist der Transit auch wieder vorüber. Aber man vergibt so eine Chance, mehr und tiefere Einsicht in seine Bedürfnisse zu erhalten, in sein Wesen, in sein Selbstbildnis. Es ist ein schöner Transit, denn er verschafft Klarheit und hilft einem zu mehr Selbstdisziplin. Man wird ihn lieben, wenn man sich auf seine Bedingungen einläßt. Viele Klienten und Schüler haben mir gesagt, daß sie ihn sich zurückwünschen, nachdem sie gelernt haben, damit umzugehen. Und es ist wahr – es ist eine sehr gute Erfahrung.

Konjunktion, Quadrat und Opposition wirken alle auf ähnliche Art und Weise. Die Konjunktion ist vielleicht die direkteste der Saturn-Mond Erfahrungen. Das Quadrat bringt häufig Frustrationen und Schwierigkeiten mit sich. Es scheint einige unserer schlechten Gewohnheiten zu verstärken. Es intensiviert emotionale Reaktionen, die negativ sind und gebrochen werden müssen. Die Mitmenschen werden mehr Schwierigkeiten haben, einen zu akzeptieren, da man unter diesem Transit dazu neigt, sich über alles und jeden zu beklagen. Sie bringen einen dazu, sich seiner emotionalen Vorstellungen bewußter zu werden. Verstimmungen können uns ein Anhaltspunkt sein, denn wir fangen an zu grollen, wenn wir mit Energien konfrontiert werden, die nicht in unser Schema passen. Vielleicht sollte man seine Haltung einer Überprüfung unterziehen.

Die Opposition intensiviert entsprechend ihren Eigenschaften den Aspekt. Wir erleben Verluste, Launenhaftigkeit oder Entbehrungen. Vielleicht wird man von Saturn noch härter angefaßt, wenn man nicht bereit ist zu lernen, was der Transit von einem verlangt. Das könnte emotionellen Verlust bedeuten, eventuell den Bruch einer Beziehung. Möglicherweise ist man mit ihr nicht achtsam genug umgegangen. Saturn als der kosmische Polizist wird dafür sorgen, daß man bekommt, was man verdient hat. Mir scheint es, daß Verluste, die man unter einer Satur-Mond Opposition erleidet, notwendig sind. Entweder verdient man den Verlust, weil man emotional zu unreif war, zu geben, als es nötig war, oder man verliert eine Situation, die man nicht länger braucht, und weil man nicht gehen kann, kommt es zu einem Ende, ohne daß man gefragt wird. Wenn man nach einer Antwort sucht, werden die Zeit und Selbstanalyse sie bringen.

Saturn-Merkur Transite

Wenn der transitierende Mond beginnt, die Stellung des Geburtsmerkurs zu beleben, scheint die Hauptwirkung Kälte zu sein. Wir fangen an, verbale Auseinandersetzungen ernster zu nehmen, was in der Folge zu Schwierigkeiten bei Gesprächen führen kann. Sowohl äußere, als auch innere Einflüsse spielen eine Rolle. Autoritätspersonen, Menschen, deren Achtung und Anerkennung wir suchen, Arbeitgeber, Kollegen, Freunde und Partner scheinen Erwartungen in Gesprächen zu stellen. Gleichzeitig stimuliert der saturnische Einfluß uns, unsere Kommunikationsfähigkeit in Frage zu stellen.

Wir werden von Selbstzweifeln geplagt und legen andererseits jedes Wort auf die Goldwaage. Unsere Freunde halten uns für kühl und abweisend, während wir nach dem Wort suchen, das den Umstand, den wir meinen, adäquat beschreibt. In jedem Fall müssen wir eine neue Ausdrucksweise, einen neuen Wortschatz, neue Wege uns verständlich zu machen, lernen.

Wenn wir die Energie, die dies verursacht, nicht verstehen, können starke Veränderungen stattfinden. Wir verbringen ein Jahr damit, Menschen solange zu nahe zu treten, bis sie sich von uns abwenden. Weil wir so »ernsthaft« werden und jedes Wort uns etwas bedeutet, weil wir die Kommunikation als schwierig empfinden, denken unsere Mitmenschen vielleicht, daß wir kein Interesse mehr an ihnen haben. Worte kommen schroff über die Lippen und klingen bitter und kalt. Wir meinen es gar nicht so hart, aber andere spüren das Gift und die Kälte. Wenn es wichtig ist, Freundschaften und Beziehungen zu bewahren, sollten wir während dieses Zyklus einmal inne halten und auf die Worte achten, die wir verwenden. Wenn wir uns auf irgendeine Art mißverstanden fühlen, wenn uns nicht so zugehört wird, wie wir das gerne hätten, hören wir vielleicht mit jedem Versuch einer Auseinandersetzung auf, ziehen uns in Schweigsamkeit zurück und sind überzeugt, daß uns überhaupt niemand versteht. Das sind einfach saure Trauben!

Dies ist eine schwierige Phase für Schüler jeden Alters. Wenn man ein Kind in der Schule oder auf dem Gymnasium hat, werden seine Leistungen nicht optimal sein. Wenn man auf der Universität ist oder ein Graduiertenstipendium erhält, wird die Arbeit härter sein, als man sich das vorgestellt hat. Das kann selbst einen erfahrenen Studenten erschüttern, denn neue Studiengebiete müssen erlernt werden, die Konzentration ist schwierig, und ältere Aufzeichnungen müssen überarbeitet werden. Wenn man weiß, daß man unter diesem Transit eine Schule besuchen muß, ist es wichtig, sich darauf einzustellen, daß es eine schwierige, arbeitsintensive Zeit werden wird. Man muß härter arbeiten und darauf vorbereitet sein, mehr Zeit zu investieren und auch wissen, daß der Transit nicht ewig dauern wird. Wenn man eine schwierige Anforderung zu erfüllen hat, sollte man sich viel Zeit dafür nehmen oder versuchen, den Kurs zu verschieben, bis der Transit vorüber ist. Mehr als einer, an und für sich guter Student ist deswegen an der Universität durchgefallen. Das ist unnötig.

Der Transit kann verwendet werden, um sich neue Arbeitstechniken, neue Gedankenmuster, neue Ausdrucksformen zu erarbeiten. Es kann ein Jahr ernsthaften Austauschs bedeuten mit denjenigen, auf die es ankommt. Am Ende dieses Zyklus wird sich jede konstruktive Anstrengung, die man hinsichtlich seiner Kommunikationsfähigkeit unternommen hat, auszahlen, denn man wird über neue Beziehungen, tieferes Verständnis und vielleicht einige neue Gedankenmuster verfügen.

Unter dem Saturn-Merkur Transit kann man Veränderungen in seinen Sinneswahrnehmungen feststellen. Da Merkur die fünf Sinne regiert, ist es nicht ungewöhnlich, daß Menschen unter diesem Transit über Seh- oder Hörstörungen klagen, oder über einen Verlust des Geschmacks- oder Geruchsempfindens. Jeder von uns muß entscheiden, ob er eine medizinische Behandlung während des Transits möchte oder nicht, oder ob er denkt, daß sich das Problem von alleine lösen wird, wenn Saturn die Beschränkung aufhebt. Wenn eine Sehschwäche kurz vor Ende des Transits diagnostiziert wird, könnte es interessant sein, die Theorie zu überprüfen und abzuwarten, ob sich die Symptome legen, wenn der Transit weiterzieht. Einer meiner Schüler bekam während des Transits eine Brille verschrieben und am Ende des Zyklus stellte sich heraus, daß die Verordnung nicht richtig gewesen war.

Die Konjunktion ist der schwerwiegendste Transit, denn wir nehmen neue Einsichten bereitwilliger auf. Viele der neuen Muster, die wir lernen, folgen der eigenen Eingebung.

Das Quadrat bringt Wachstum aufgrund von Spannungen, Autoritätspersonen, Menschen, die für uns wichtig sind, werden die mangelhafte Wortwahl, die unreife Art seine Gedanken auszudrücken, den Mangel an klarem Denken, nicht akzeptieren.

Die Opposition kann zu Verlusten führen, denn wenn man nicht bereit ist zu lernen, wird man etwas verlieren. Der Verlust kann mit Prestige zu tun haben oder man hat das Gefühl, keine Worte mehr zu finden! Neue Kommunikationsmöglichkeiten sollten aufgegriffen werden, damit eine Entwicklung stattfinden kann. Auf spiritueller Ebene ist mehr Raum für Stille gegeben, man hat das Bedürfnis, sich weniger durch Worte auszudrücken.

Saturn-Venus Transite

Venus zeigt an, was wir uns vom Leben erwarten, unsere intellektuelle Vorstellung von Liebe, wie wir geliebt werden möchten, in welchem Maße wir Gefallen an Schönheit und Kunst finden, womit wir uns gerne umgeben. Wenn Saturn die Venus transitiert, müssen unsere Werte neu eingeschätzt werden, unsere Vorstellung von Liebe wird neu bewertet werden, wir halten erneut Ausschau nach dem, was wir vom Leben erwarten. Allgemein gesprochen ist das keine sehr glückliche Zeit. Wenn wir einen Orbis von zehn Grad anlegen, steht Saturn ungefähr ein Jahr in Konjunktion, Quadrat oder Opposition zur Venus. Mit ein bißchen Glück bekommt man mehrere Runden Saturn, denn er ist nett genug, immer wieder rückläufig zu sein und gibt uns damit mehrere

Phasen, um an der Venus zu wachsen, besonders wenn sie im Geburtshoroskop auch noch anderweitig aspektiert ist.

Die einzige Art, wie ich diese Zeit im Leben betrachten kann, ist mit einer gewissen Portion Humor. Saturn Aspekte im Transit zur Venus schmerzen. Wir werden uns unserer Vorstellung über die Liebe nicht bewußt, weil wir sie vermissen. Es ist eine günstige Gelegenheit, konstruktiv mit der Energie zu arbeiten, denn Saturn ist eine klärende Energie und wir fangen an, Selbstsicherheit zu entwickeln, wenn wir unsere grundlegenden Bedürfnisse im Leben zu verstehen beginnen. Da gesellschaftliche Aktivitäten unter keinem günstigen Stern stehen (Venus hat einiges mit dem sozialen Umfeld zu tun), ist es eine ausgezeichnete Zeit, in der beruflichen Laufbahn voranzukommen, denn irgendetwas anderes werden wir kaum genießen können!

Und so sieht es aus: Wenn Saturn in einen Orbis von zehn Grad in Konjunktion, Quadrat oder Opposition zur Geburtsvenus eintritt, merkt man, daß man Mann, Frau, Geliebte, Freunde und Familie plötzlich mit anderen Augen sieht. Man fängt an, depressiv zu werden, denn es sieht so aus, als würde man seine Liebesbedürfnisse nicht erfüllt bekommen. Isabel Hicky sagt von dem Geburtsaspekt, »daß man lernen müsse zu gehen«. Als ich anfing mit dem Transit zu arbeiten, schien mir ihr Rat der beste weit und breit. Wenn die eigenen Bedürfnisse nicht erfüllt sind, wie kann man dann an andere Fröhlichkeit weitergeben? Im alltäglichen Leben wird alles kompliziert – wenn man eine Bluse oder ein Hemd im Schaufenster sieht, gibt es das sicher nicht in der passenden Größe. Das gleiche gilt für alle Bedürfnisse. Anschaffungen aller Art scheinen schwierig zu sein, und die unbedeutendsten Besorgungen erweisen sich als verwickelt.

In Liebesbeziehungen wird die körperliche Seite ausgeschaltet. Der Transit hat viele, eigentlich gute Beziehungen auseinandergebracht, besonders, wenn zuviel Wert auf sexuelle Übereinstimmung gelegt wurde. Die Frau schaltet ab. Sie hat wenig oder gar kein sexuelles Empfinden, und selbst wenn sie gefühlsmäßig lieben möchte, reagiert ihr Körper nicht so wie früher. Frauen, die mutig genug sind zu masturbieren, werden feststellen, daß eine normale sexuelle Empfindung in keinster Weise sinnlich für sie ist.

Männer haben Probleme mit Erektionen oder ihrer Potenz. Sie zeigen wenig Interesse an Sex. In einer Zeit, in der der Sexualität soviel Bedeutung zugemessen wird, kann ein ganzes Jahr, in dem man so wenig dafür übrig hat, einen Menschen sehr erschrecken. Wenn einen der Transit im Alter zwischen zwanzig und dreißig trifft, geraten viele Menschen in Panik, denn sie haben Angst, daß vor ihnen eine Zukunft voller sexueller Probleme liegt. Bei Paaren, die unter einem solchen

66

Transit zusammenleben, fragt sich der primär betroffene Teil, ob der Partner ihn oder sie überhaupt noch liebt. Der Mensch, der mit dem »Saturn-Venus Partner« zusammenlebt, zweifelt daran, ob sie noch zusammenpassen, oder ob die Liebe vorbei ist und der Partner bereits anderweitig engagiert ist. In dieser angespannten Situation kann nur ein Gespräch helfen. Wenn man verstanden hat, daß der Körper während eines Transits nicht wie gewohnt reagiert, kann man sich darauf einstellen. Man sollte dem Partner erklären, daß der Zyklus vorübergehen wird und sich dann die Beziehung wieder normalisiert. Und wenn die Liebe tief genug ist, wird sie den Transit auffangen. Unter seinem Einfluß wird man emotionelle Vorstellungen neu bewerten. Welches Bild macht man sich von der Liebe? Was erwartet man sich von einer Beziehung? Ist ein Orgasmus die einzige Art jemandem zu zeigen, daß man ihn liebt?

Der Transit wird auch andere Veränderungen mit sich bringen. Die Gestaltung der Wohnung wird sich ändern, man kleidet sich in einem anderen Stil und trägt eine neue Frisur. Man sieht sich selbst mit anderen Augen. Der Geschmack an Musik, Kunst und Unterhaltung ganz allgemein wandelt sich. Man möchte vielleicht in eine andere Umgebung ziehen und man zieht sich von Freunden zurück, die den Ansprüchen, die man an eine Freundschaft stellt, nicht mehr genügen.

Die Einkünfte aus neuen Projekten sind vielleicht nicht so groß, wie man es sich erwartet hat, aber jede Investition in beruflicher Hinsicht wird sich auf lange Zeit gesehen auszahlen. Harte Arbeit und ernsthafte Anstrengungen werden sich lohnen. Die Aufgaben, die man zu erfüllen hat, werden oft undankbar sein, denn die Anerkennung folgt den Bemühungen nicht auf dem Fuß. Weder Freunde noch Partner sind sehr ermutigend. Unter diesem Transit lernt man mit einem Minimum auszukommen. Vielleicht räumt man alle Schränke aus und trennt sich von all den nutzlosen Dingen, die sich über die Jahre angesammelt haben.

Das gesellschaftliche Leben schleppt sich dahin. Den Partner empfindet man als langweilig und die Mitmenschen erscheinen oberflächlich, man findet bei ihnen nicht die Ernsthaftigkeit, nach der man sucht. Das bedeutet nicht, daß man sich für immer aufs Einsiedlerdasein zurückzieht, aber die Zeit, die man auf Parties und in Gesellschaft verbringt, ist vergeudet. Das einzige, was einen wirklich interessiert, ist die Bestätigung des eigenen Selbstverständnisses. Das läßt einen oft hart und wählerisch anderen gegenüber erscheinen. Doch mit der Zeit wird man weicher und toleranter gegenüber seinen Mitmenschen. Der Transit prägt einen so sehr, daß für Vergnügen oft kein Raum mehr bleibt.

Für Frauen ist es ein bedeutsamer Transit. Es wird Zeit, dem Körper mehr Aufmerksamkeit zu schenken. Venus kann anzeigen, daß im weiblichen Körperhaushalt Probleme auftauchen, deswegen ist der Besuch beim Gynäkologen unter einem Saturn-Venus oder Saturn-Mond Transit zu empfehlen. Man sollte eventuell auftretende Beschwerden nicht unterschätzen. Vielleicht ist es eine Zeit für ein neues Ernährungsbewußtsein, denn man achtet auf sein Aussehen.

Wenn Saturn im Sextil oder Trigon zur Geburtsvenus steht, bedeutet dies eine zwar ernsthafte, aber auch sehr schöpferische Phase. Es ist eine Zeit der Ernte, wo sich die Ergebnisse zeigen von dem, was man gelernt hat. Jetzt wird das eingebracht, was man in schwierigen Zyklen gepflanzt hat. Man erhält Anerkennung und Bestätigung von seinen Vorgesetzten.

Saturn-Mars Transite

Mars verkündet im Horoskop das Handlungsprinzip. Die Stellung und das Zeichen von Mars zeigen an, wie wir versuchen, die Bedürfnisse des Sonnenzeichnens auszudrücken. Das »ich bin« Prinzip kann Erfüllung nur über die Stellung von Mars erlangen, denn Mars läßt erkennen, auf welche Art wir handeln. »Ich handle um mich auszudrücken«, sagt Mars. Gute Gedanken und große Träume gehen erst in Erfüllung, wenn Mars gelernt hat, sich auszudrücken. Wenn Saturn in Konjunktion, Quadrat oder Opposition zum Geburtsmars steht, erleben wir ein Jahr der Klärung, denn dieser Transit lehrt uns, unsere Handlungsfähigkeit bewußt wahrzunehmen. Da der Einfluß von Saturn oft als hemmend empfunden wird, werden auch unsere Handlungen in dieser Zeit oft behindert werden. Autoritätspersonen scheinen im Weg zu stehen, oder wir empfinden unsere Handlungen in jeder Hinsicht frustierend.

Da Mars auch für Sexualität steht, wird der Geschlechtsakt für uns eine ernsthafte Angelegenheit. Im Leben eines jungen Menschen kann dies einen Wendepunkt bedeuten, denn »freie Liebe« und häufig wechselnde Partner kann man nicht länger akzeptieren. Wenn jemand sehr beschränkte sexuelle Erfahrungen gehabt hat, entschließt er sich vielleicht, während des Transits alte Einstellungen zu ändern. Man ist nicht länger bereit, sich in sexuellen Dingen vom Partner bestimmen zu lassen. Der Transit dauert ein Jahr, und in dieser Zeit kann man Veränderungen in seiner Handlungsweise vollziehen. Saturn wird unsere Aktivitäten hemmen, was zu übersteigerten Versuchen, die marsischen Eigenschaften zu klären, führen kann.

Einer meiner Klienten z.B. ist Skorpion mit Mars in der Jungfrau. Dieser bildet ein Sextil zur Sonne, die in Konjunktion zu Jupiter steht. Als der Saturntransit in Konjunktion zu seinem Geburtsmars trat, wurde er in beruflicher Hinsicht achtsamer und beschloß, in ein anderes Geschäft einzusteigen, das lukrativer und eventuell auch interessanter zu sein schien. Er wendete sich an seinen Vater, um die nötigen Mittel dafür flüssig zu machen. Obwohl er ein Sextil zwischen Mars und Sonne mit Konjunktion zu Jupiter hatte, fiel es ihm, bedingt durch den Saturntransit, ziemlich schwer, sich an seinen Vater zu wenden. Er scheute davor zurück, ihn direkt zu fragen, denn er fürchtete sich vor einer Ablehnung. Saturn steht gewöhnlich für Autoritätspersonen, in diesem Fall war es der Vater. Mein Klient empfand es so, als würde sein Vater zwischen ihm und seinen Handlungszielen stehen. Wir sprachen über seine Einstellung, und schließlich faßte er sich ein Herz und bat den Vater um Hilfe, der sich zu seinem großen Erstaunen als sehr entgegenkommend erwies. Skorpione haben keine außerordentlich begeisterten Eltern, aber: »Wer nicht wagt, der nicht gewinnt.« Ein sehr praktisch veranlagter Stier erzählte mir einmal, daß die Antwort immer »nein« sein wird, wenn man nicht fragt. Man hat nichts zu verlieren, auch wenn man ein »nein« zu hören bekommt.

Aber sollte die Antwort »ja« lauten, dann ist man einen ganzen Schritt vorwärts gekommen.

Während dieses Transits wird die Sexualität wichtig, denn man muß eine Einstellung dazu finden, egal wie alt man ist. Für gewöhnlich wird der Transit alle sieben Jahre aktuell. Alle sieben Jahre müssen wir unsere Handlungsweisen überdenken und entscheiden, in welche Richtung wir weitergehen wollen. Junge Menschen neigen unter diesem Transit dazu seßhaft zu werden. Nach jeder Saturn-Mars Begegnung macht man sich daran, sich konstruktive, persönliche Werte zu schaffen. Oft werden wir von gegenwärtigen gesellschaftlichen Ansichten über Sexualität unter Druck gesetzt. Junge Frauen möchten als leidenschaftlich gelten, junge Männer werden gerne als sexuelle Superstars angesehen. Beide Geschlechter lassen sich mehr von einem gesellschaftlichen Schema prägen, als von ihren eigenen Bedürfnissen. Wenn wir reifer werden, ändern sich unsere Ansichten und man fängt an, individueller die Dinge zu tun, die einem Spaß machen. Gesellschaftliche Normen und Strömungen verlieren an Wichtigkeit.

Saturn im Sextil oder Trigon zu Mars kündigt an, daß man bei seinen Aktivitäten mit der Unterstützung von Vorgesetzten oder anderen hilfreichen Menschen rechnen kann. In dieser Zeit kann man viel für den beruflichen Aufstieg errreichen.

Saturn-Jupiter Transite

Saturn in Konjunktion, Quadrat oder Opposition zu Jupiter bringt Veränderungen in der Einstellung Beziehungen gegenüber. Im Geburtshoroskop symbolisiert Jupiter, wie man zu seinen Mitmenschen steht, wie man auf sie zugeht, inwieweit man sich selbst in der Beziehung zu Partnern, Familie oder Freunden aufgibt. Jupiter zeigt an, wie man neue Informationen und neue Lebenserfahrungen aufnimmt. Das Jahr, in dem Saturn über den Geburtsjupiter transitiert, wird in der Hauptsache der Klärung von Beziehungen gewidmet sein. Es ist an der Zeit, auf diesem Gebiet reifer zu werden, und sich Klarheit über seine Art von Beziehungen zu schaffen. Vielleicht wird es schwierig in dieser Zeit sein, neue Menschen näher kennenzulernen. Männern gegenüber kann es besonders schwierig werden. Zudem werden auch die Geburtsaspekte von Jupiter belebt, was den Transit noch umfassender macht.

Wenn man z. B. im Geburtshoroskop Jupiter im Quadrat zum Mond stehen hat, wird der Saturntransit sowohl Jupiter und Mond, als auch das Quadrat zwischen den beiden beleben. Man wird nicht nur mit dem Saturn-Mond Transit umgehen müssen, sondern auch ein Bewußtsein dafür entwickeln, inwiefern man seine emotionellen Reaktionen in einer Beziehung hemmt oder unterdrückt. Man fängt an zu erkennen, welche Schwierigkeiten man damit hat, seine persönlichen emotionellen Bedürfnisse zu artikulieren. In dieser Zeit sind diese Bedürfnisse noch mehr unterdrückt und zurückgestellt als gewöhnlich. Dadurch staut sich mit der Zeit sehr viel Ärger an, der entweder nach außen oder, was schlimmer ist, nach innen gerichtet wird. Die Unterdrückung legitimer Bedürfnisse erlaubt einem nicht, sich spontan jemandem zuzuwenden. Diese Spannung wirkt sich auch auf den Körper aus, der, wenn es zuviel wird, mit Krankheit reagiert. Dieser Transit löst Krankheiten aus, die nur darauf gewartet haben, sich zu manifestieren, um zu signalisieren, daß man etwas ändern muß. Es ist wichtig, diese Signale zu beachten und ihnen zu folgen.

Wenn Jupiter keine Aspekte zu den persönlichen Planeten im Geburtshoroskop hat, zeigt dieser Transit lediglich an, wie man in Beziehungen Grenzen setzen sollte. Vielleicht übertreibt man zu sehr, entsprechend dem Zeichen, in dem sich Jupiter befindet. Steht Jupiter z. B. in der Jungfrau, einem sehr kritischen und analytischen Zeichen, läßt der Saturntransit alle Beziehungen in einem noch kritischeren Licht erscheinen. Man neigt dazu, jede Erfahrung zu stark zu analysieren und kritisiert jeden, den man kennt. Die Menschen um einen herum werden sich ganz offen dagegen wehren, denn niemandem gefällt es, wenn er ständig analysiert und kritisiert wird. Man wird feststellen, daß die

Menschen positiver reagieren, wenn man beginnt, die konstruktiven Eigenschaften des Zeichens einzusetzen.

Der Saturntransit wird einem helfen, sich bewußter zu machen, wie man diesen Charakterzug schöpferischer nutzen kann. Es ist an der Zeit, das Bewußtsein auszudehnen, um reifere Eigenschaften und Charakterzüge zu entwickeln.

Der Saturn-Jupiter Transit scheint einige Wirkung auf Bargeld zu haben. Jupiter symbolisiert unsere Anstrengungen, etwas zu erreichen, doch der Saturntransit durchkreuzt immer wieder die Ergebnisse. Es hat oft den Anschein, als würde man für seinen, oft erheblichen Einsatz, unzureichend bezahlt. Manchmal geschieht es, daß das Geld einfach nicht rechtzeitig kommt, das ist besonders für Selbständige von Bedeutung. Da der Transit ungefähr ein Jahr andauert, ist es ratsam, das Budget vorsichtiger zu verwalten und unnötige Ausgaben zu vermeiden, bis der Transit vorüber ist. Ich habe nie von jemandem gehört, der während dieses Transits plötzlich ohne einen Pfennig in der Tasche dastand, denn wenn das Geld auch nur langsam fließt, wird es schließlich doch kommen. Und diejenigen, die unterbezahlt wurden, fanden, nachdem der Transit vorbeigezogen war, eine weitaus besser bezahlte Stelle.

Saturn-Saturn Transite

Dies ist an und für sich kein Transit, sondern ein Zyklus, so wie alle Planeten Zyklen zu sich selbst haben. Die Planetenzyklen sind in einem anderen Werk behandelt: »Planetenzyklen«, erschienen im Urania Verlag, Sauerlach, 1987.

Saturn-Uranus Transite

Im Geburtshoroskop zeigt die Stellung von Uranus ein bestimmtes Verhaltensmuster an. Wie man es mit seiner Generation aufnimmt hängt davon ab, wie Uranus zu den persönlichen Planeten aspektiert ist. Wenn Saturn in Konjunktion, Quadrat oder Opposition zum Geburtsuranus zu stehen kommt, wird das Verhalten angesprochen. Verhält man sich auf eine Art und Weise, die in Widerspruch zu Mars, Sonne oder Aszendent steht, könnte es eine schwierige Phase werden. Wie ein Bumerang ereilen einen nun die früheren Fehler. Es ist an der Zeit, mit seiner »Tour« aufzuhören. Dieser Transit kann leicht erkannt werden. Uranus steht für unser bestimmtes Maß an Eigenwilligkeit, Exzentrik und Hartnäckigkeit. Inwiefern lebt man diese Eigenschaften aus? Welches Bild gibt man von sich, an dem v.a. Männer, Vorgesetzte und die Mitmenschen Anstoß nehmen? Wie kann man das ändern? Saturn wird eine Klärung bewirken.

Es liegt auf der Hand, daß der Transit schwieriger ist, wenn noch dazu, von Uranus aspektierte, Geburtsplaneten mit einbezogen werden müssen. Wenn Sonne, Mond oder Aszendent daran beteiligt sind, lernt man gleichzeitig etwas über uranische Verhaltensweisen und ist z.B. mit einem Sonne-Saturn Transit konfrontiert. Eine Klärung hat sicherlich viel mit dem Prozeß des Erwachsenwerdens zu tun.

Eine Klientin von mir wurde während eines Saturn-Uranus Transits beinahe umgebracht. Aber bevor man dies falsch versteht muß man wissen, daß sie Uranus im ersten Haus hat mit einem Quadrat zum Mond. Die Klientin wurde von ihrem Geliebten fast getötet, da zwischen ihnen kein Gespräch mehr möglich war. Er war aufgrund seiner eigenen Transite so frustriert, daß er nicht mehr fähig war zu sprechen. Ein anderer Astrologe hatte sie gewarnt und ihr geraten, die Stadt in der Zeit zu verlassen, in der Saturn rückläufig war, da dieser im Begriff stand, ihren Geburtsuranus mit seinen Aspekten erneut zu beleben. Diese Frau wollte jedoch etwas lernen und deshalb die Stadt nicht verlassen. Außerdem verstand sie nicht, was für einen Sinn es haben sollte, wegzulaufen, denn wenn ihr Tod wirklich vorherbestimmt wäre, könnte sie dem sowieso nicht entkommen. Sie lief nicht davon, sondern blickte der Situation ins Auge. Bei einem Gespräch mit ihrem Freund entschuldigte sie sich für ihre früheren unberechenbaren und selbstsüchtigen Entscheidungen (Entscheidungen, die nur ein Mensch treffen kann, der von Geburt an mit einem Uranus-Mond Quadrat belastet ist). Sie wurde nicht nur nicht getötet, sondern lernte auch noch eine emotional reife Verhaltensweise an sich kennen. Saturntransite helfen einem, sich selbst zu verstehen und zu wachsen.

Nicht jeder Mensch wird unter einem Saturn-Uranus Transit mit dem Tod konfrontiert. Selbst bei einem Uranus-Mond Quadrat muß es nicht zu einer solchen Situation kommen. Dieser bestimmte Fall hatte vor allem etwas mit dem ersten Haus zu tun. Wenn die gleichen Geburtsplaneten im zweiten oder sechsten Haus gestanden wären, hätte sich der Transit in einem ganz anderen Lebensbereich ausgewirkt. Saturn kann nur da disziplinierend eingreifen, und das ist der springende Punkt, wo eine solche Maßnahme gerechtfertigt ist. Verhält man sich fair und aufgeschlossen, ohne übertrieben exzentrische Neigungen, ermutigt einen Saturn zu weiterem Wachstum. Ein Astrologe ist in einer prekären Lage, wenn er die Transite von einem fatalistischen Standpunkt aus interpretiert. Astrologen sollten sich immer daran erinnern, daß wir alle über einen freien Willen verfügen. Bei einem sich ankündigenden, spannungsreichen Transit ist es seine Aufgabe, über die potentiell positive oder negative Nutzung der Energien zu beraten. Der Klient ist erwachsen genug, selbst zu entscheiden, wie er damit umgehen möchte.

Eine solche Beratung ermöglicht es einem Klienten wiederzukommen, und im Gespräch mehr über die Bewältigung des momentanen Transits zu erfahren.

Saturn-Neptun Transite

Dieser Transit ist sehr schwierig zu bewältigen. Neptun symbolisiert unsere Wunschbilder, das was wir gerne wären, unsere Träume von einer vollkommenen Karriere, einem vollkommenen Leben etc. Seine Vorstellung von Ruhm ist verschwommen. Er steht für die Welt der Phantasie, unserer kühnsten Träume und Wünsche. Wenn Saturn in Konjunktion, Quadrat oder Opposition zu Neptun steht, findet eine Klärung unserer Träume statt.

»Soll das schon alles sein«, ist eine zutreffende Bezeichnung für das, was sich im Innern abspielt. Wenn dieser Transit einen jungen Menschen trifft, werden berufliche Ziele und Antriebe ziemlich gebremst. Wenn man auf der Hochschule ist, wechselt man vielleicht das Hauptfach oder zweifelt daran, ob man die richtige berufliche Entscheidung getroffen hat. Enttäuschungen stellen sich ein, und der Drang vorwärtszukommen ist merklich zurückgegangen.

Trifft einen dieser Transit in der Lebensmitte, kommt zu der normalen Durchschnitts-midlife-Krise noch eine furchtbare Hoffnungslosigkeit hinzu. Menschen, die jahrelang in der Industrie tätig waren und sich schließlich emporgearbeitet haben, sehen mit einem Mal, was es damit auf sich hat. Saturn zerstört den Blick durch die rosarote Brille und die Realität wird einem bewußt. Für gewöhnlich ist das mit Enttäuschungen verbunden. Dieser Mensch blickt zurück und erkennt, wohin ihn all die vergangenen Jahre mit ihren Kämpfen gebracht haben. Dies erscheint ihm wenig aufregend und erfüllend zu sein. Manche Menschen verlassen ihren Weg und schlagen eine neue Laufbahn ein. Doch das ist eigentlich nicht notwendig. Perspektive lautet das Schlüsselwort für diesen Transit. Man muß eine neue Perspektive entwickeln. Die Vizepräsidentschaft ist nicht die »Walhalla«, die sie zu sein schien. Aber wenn es das nicht ist, was dann? Welche Ziele und Erwartungen hat man? Wäre es nicht an der Zeit, sie zu ändern? Ist man nicht schon klüger geworden? Könnte man nicht eine neue Anschauung, neue Interessen, eine neue Perspektive entwickeln?

Wenn wir »es« erreicht haben, was auch immer das ist, sind wir enttäuscht. Unser Traum stammt aus einer Zeit, als wir noch jünger waren und nicht soviel wußten wie jetzt. Man vergißt oft, daß Wachstum, erwachsen werden, bedeutet, die Dinge differenzierter zu sehen.

Der Transit berührt ältere Menschen anders als junge, da sie über mehr Lebenserfahrung verfügen. Solange man an der Hochschule ist, möchte man die Welt im Sturm erobern. Trifft einen der Transit im Alter zwischen vierzig und fünfzig, hat man eine bestimmte Position erreicht und weiß, daß die Welt sich längst nicht so verändert hat, wie man es sich erhofft hatte. Es könnte eine Zeit sein, in der sich »ältere« Menschen für spirituelle Philosophien öffnen, denn meistens sehen sie, daß die Welt sich nicht verändert. Mutter Natur und die kosmischen Gesetze behalten ihre Gültigkeit, auch wenn die Menschen enttäuscht sind.

Die Vorstellungen von Neptun sind verschwommen und wir glauben, wenn wir »es« endlich erreicht haben, müssen wir nie mehr leiden, nie wieder enttäuscht sein und dürfen feststellen, daß sich der Kampf gelohnt hat. Saturn zwingt die Verschwommenheit von Neptun zur Klärung. Der vage Traum, dem wir gefolgt sind, hat plötzlich einen Namen. Und immer noch empfinden wir Schmerzen und Enttäuschungen.

Ein Sextil oder Trigon von Saturn zu Neptun verursacht keine derartigen Reaktionen. Jeder Aspekt wird andere Energien im Horoskop bestärken. Wenn die übrigen Aspekte gut sind, können einem Transite helfen, die Ziele (Neptun) zu klären (Saturn).

Saturn-Pluto Transite

Jetzt ist es an der Zeit, etwas über unbewußte Motivationen zu lernen. Pluto steht für die unbewußten Motivationen, die jeder in sich trägt. Er stellt auch das Wertesystem für eine ganze Generation dar. Wenn man die Plutoenergie nicht positiv nutzt, neigt man dazu, sie dafür zu verwenden, das Spiel des Lebens zu kontrollieren und zu manipulieren. Dynamische Aspekte von Pluto zu den persönlichen Planeten im Geburtshoroskop geben einem Auskunft darüber, auf welche Art man seine Welten beherrschen gelernt hat. Starke Plutoaspekte können ein Hinweis auf Angst vor dem Leben sein. Man hat Angst davor, seine Stellung nicht behaupten zu können, wenn man nicht seine ganze Umgebung unter Kontrolle hat. Diese Kontrollmechanismen sind nicht unbedingt böse gemeint, sondern zeugen von einer tiefsitzenden Unsicherheit, deren Wurzeln wohl in der frühen Kindheit liegen.

Wenn der Saturntransit zu Pluto eine Konjunktion, ein Quadrat oder eine Opposition bildet, ist es an der Zeit, die Verantwortung für unsere Motive, unsere Bedürfnisse zu herrschen und andere zu beeinflussen, zu übernehmen. Man sollte nach innen schauen und sich ein paar dieser dummen Spielchen bewußt machen. Es ist an der Zeit, diese Energie zu klären, damit sie positiv werden kann. Es könnte an der Zeit sein, endlich einmal loszulassen. Und wenn einem das schwer fällt, hilft vielleicht ein Meditationskurs oder die Beschäftigung mit metaphysischen Fragen. Schwimmen oder Wassertreten zu lernen, kann von großem symbolischen Wert sein, denn es zeigt uns, daß wir das Wasser nicht beherrschen können, sondern lernen müssen, damit umzugehen. Eine große, innere Erneuerung von Wertvorstellungen kann in dieser Zeit stattfinden. Es ist interessant, daß erfolgreiche Geschäftsleute unter diesem Transit häufig einen Aspekt ihres Unternehmens ändern. Entweder vergrößern sie es, oder sie übertragen einen Teil der Verantwortung auf jemand anderen. Es ist als wüßten sie, daß man nicht überleben kann, wenn man alles selbst machen will – das Prinzip des Teilens und der Zusammenarbeit wird lebendig.

In dieser Zeit werden Tränen nichts Ungewöhnliches sein. Im täglichen Leben tun Menschen Dinge, die mit der eigenen Schmerzgrenze verbunden sind. Irgendetwas geschieht, und schon findet man sich in Tränen aufgelöst, oder zumindest nahe daran. Diese Geschehnisse können Erinnerungen erhellen, die tief vergraben liegen, Erinnerungen, die man betrachten muß, um sich davon zu befreien. Wunde Punkte müssen geheilt werden, nicht geschützt. Sie müssen betrachtet und benannt werden, damit man sie loslassen kann. Der Transit kann uns helfen, uns von lang vergessenen Kindheitserinnerungen zu befreien, die tief im Unterbewußtsein ruhen und uns an bestimmte Umgebungen und Haltungen gebunden halten.

Saturn im Transit über die Hauptachsen

Wenn Saturn sich um das Horoskop bewegt, wird eine zyklische Energie in den Mittelpunkt gebracht. Grant Lewi hat die Saturntransite in ihren Wirkungen auf die Eckhäuser im Horoskop besprochen. Ich glaube, die Saturntransite zum ersten Haus sind die wichtigsten. Der Saturntransit über die Hauptachsen verlangt jedoch in jedem Fall, daß wir auf die Stimmen hören, sowohl von außen (von unseren Freunden) als auch auf die inneren – und sie flüstern »Veränderung«.

1. Haus. Der Aszendent symbolisiert, wie wir uns von unserer besten Seite zeigen. Er zeigt an, wie wir mit unserer Arbeit umgehen und wie wir auf andere wirken, ebenso auch, wie wir von anderen behandelt werden. Der Aszendent symbolisiert die Person, die Hülle, die uns schützt, wenn wir umhergehen und damit beschäftigt sind, die Verwundbarkeit unseres Sonnen- und Mondzeichens zu verstecken.

Wenn Saturn über den Aszendenten geht, bringt er eine klärende Energie mit sich, die uns von unserem hohen Roß holt, wie es so schön heißt. Legt man einen Orbis von zehn Grad zugrunde, umfaßt die Zeit, bis zur exakten Saturn-Aszendent Konjunktion ungefähr ein Jahr. Im Verlauf dieses Jahres merkt man, daß man immer dann gebremst und zurückgehalten wird, wenn unsere »beste Seite« unterentwickelt ist. Saturn ist ein ernsthaftes Symbol und verleiht jedem neuen Anfang etwas Ernstes. Er zeigt an, daß man das, was man sagt und tut jetzt ernst nehmen kann, und vielleicht fängt man an Dinge zu tun, an die man wirklich glaubt.

Wenn man noch sehr unreif ist, wird Saturn die Rolle des kosmischen Polizisten einnehmen und das Tempo etwas drosseln. Besonders, wenn Saturn in Quadrat oder Opposition zum Aszendenten steht, wird einem alles Erdenkliche »hochkommen«. Wenn man lernt, auf die Botschaft von Saturn zu hören, kann man jedes mögliche Unglück abwenden, denn er ist sowohl Symbol für den Lehrer als auch den Sensenmann. Der Kosmos ist nicht sadistisch, nur realistisch, und wenn man gewisse Ansätze zeigt, auf Vater und Mutter Natur zu lauschen, kann man durch den Saturn-Aszendent Transit eine Menge lernen.

Wenn man sich treiben ließ, oder an der Vergangeheit festhält, oder wenn man sich in Beruf und Privatleben unverantwortlich gezeigt hat, wird Saturn eine Botschaft bringen. Der Transit fängt vielleicht damit an, daß man auf Ärger, Hindernisse, Mauern und Menschen stößt, die wenig hilfsbereit sind. Man sollte auf derartige Probleme mit der Frage zugehen: »Was soll ich daraus lernen?« Dann wird man verstehen, wie notwendig gerade diese Situation für eine Veränderung ist. Wenn man bereit ist zu lernen, werden die Mauern höher, die Hindernisse größer, bis man aufgehalten wird.

Saturn im Transit über den Aszendenten ist eine Chance, sich von innen heraus neu zu orientieren, sich selbst ernst zu nehmen. Er kann eine Veränderung in der beruflichen Laufbahn, in der Lebenseinstellung bringen, eine Möglichkeit, Vorstellungen, Ziele und Einstellungen neu zu bestimmen. Vielleicht ist es der Beginn eines neuen Interesses. Der Transit kann eine sehr ernsthafte Veränderung im Lebensstil bedeuten. Manche Menschen heiraten, andere werden Eltern, wieder andere trennen sich von ihrem Partner. Es ist eine aufregende Zeit, doch weniger im oberflächlichen als im ernsthaften Sinn. Positive Entscheidungen, wie z.B. zu heiraten, braucht man nicht zu vermeiden, da man sich selbst ernst nimmt. Menschen, die in dieser Zeit heiraten, nehmen ihre Gelöbnisse nicht auf die leichte Schulter oder lassen sich zu diesem Schritt aus einer momentanen Laune heraus verleiten.

4. Haus. Wenn Saturn im Transit zur Spitze des vierten Hauses steht, gibt einem das die Möglichkeit, den Stoff, den man in den letzten sieben Jahren gelernt hat (als Saturn über den Aszendenten ging), in die Praxis umzusetzen. Aller Voraussicht nach wird dieses Wissen den beruflichen Interessen zugute kommen. Vielleicht gefällt einem seine Umgebung nicht mehr und man plant umzuziehen. Oder man entschließt sich ein Haus zu kaufen, das Heim den erweiterten Interessen anzupassen. Es kann auch an der Zeit sein, sich ernsthaft mit den frühen Kindheitserlebnissen und ihrem Einfluß auf die Entwicklung der Persönlichkeit zu beschäftigen. Möglicherweise ist eine Therapie dabei hilfreich. Man hat kein Interesse daran, den Eltern die Schuld für das zu geben, was aus einem geworden ist, sondern man möchte die Bedingungen analysieren um zu verstehen, was man erreichen möchte oder welche Faktoren man mitbringt, die einen vielleicht davon abhalten, das Leben in seiner ganzen möglichen Fülle auszuschöpfen.

7. Haus. Wenn Saturn in einen zehn Grad Orbis zur Spitze des siebten Hauses tritt, steht einem der Sinn nach Heirat. Manche Menschen betrachten ihre Ehe oder Partnerschaft mit einer zu ernsten Einstellung. Man möchte lieber wieder alleine sein, wenn sich der Transit nähert. Manche möchten heiraten, weil sie den tieferen Sinn einer Ehe ernsthafter betrachten. Dies zeigt sich manchmal bei einem Klienten, der auf Biegen und Brechen heiraten möchte, seinen potentiellen Partner damit aber so unter Druck setzt, daß er ihn schließlich vertreibt.

Beide, Männer wie Frauen sind dazu fähig. Männer halten dann schon bei der zweiten Verabredung um die Hand der Dame an, und Frauen verfolgen einen armen, ahnungslosen Jungen wie ein Geier sein Opfer. Die Ehe wird sehr ernst genommen! Das ist solange in Ordnung, solange man versteht, was man tut.

Es ist eine Zeit, in der man Partnerschaften ernst nimmt. Man sollte sich mit dem Partner über seine Erwartungen aussprechen. Es könnte auch ratsam sein, auf andere beteiligte Menschen zu hören. Wir müssen lernen das Gleiche zu geben, wenn wir angehört werden wollen. Wenn wir nicht wollen, daß man sich über unsere ernsten Augenblicke lustig macht, müssen wir selber aufhören über andere zu scherzen. Der Saturntransit gibt Partnerschaften eine neue Bedeutung.

Manche Menschen heiraten unter diesem Transit, das ist auch ganz in Ordnung, vorausgesetzt, man fängt sich nicht jemanden mit dem Schmetterlingsnetz auf der Straße ein. Andere dagegen widersetzen sich unter dem Transit einer Ehe, denn wenn Saturn das siebte Haus transitiert, steht er für gewöhnlich in Opposition zum Aszendenten. Vielleicht hat man das Gefühl, daß eine Partnerschaft einen einengen würde, oder man wünscht sich einen neuen Anfang und eine neue Partnerschaft.

10. Haus. Wenn Saturn zehn Grad entfernt von der Spitze des zehnten Hauses steht, fängt er an, das öffentliche und berufliche Image von einem zu beeinflussen. Die einen dürfen besondere Ehrungen entgegennehmen, andere entwickeln eine besondere Taktik, die ihrer Karriere zugute kommt. Weil Saturn der kosmische Polizist ist, kann es sein, daß Leute, die im Beruf gerne mal alle fünf gerade sein lassen, sich auf der Straße wiederfinden. Eine Klientin rief mich an und erzählte mir, daß ihr genau da gekündigt wurde, als Saturn in exakter Konjunktion auf der Spitze des zehnten Hauses stand. Weil sie angefangen hatte, sich selbst richtig zu beurteilen und die Verantwortung für ihre Handlungen zu übernehmen, erkannte sie, daß dies die eine Stellung gewesen war, aus der zu fliegen sie nicht verdient hatte. Bei allen früheren Stellungen wäre es gerechtfertigt gewesen, nur nicht bei dieser. Doch sie konnte das »Karma« annehmen, daß sie jetzt für vergangene Schulden bezahlen mußte. Ich weiß nicht, ob ich dem zustimmen kann, aber ich hörte mir ihre Geschichte an und gab ihr den Rat, alles einzusetzen um eine andere Arbeit zu finden. Das tat sie auch, und es ging ihr dort besser als je zuvor. Dazu muß ich erklären, daß diese Klientin in der Vergangenheit unfähig gewesen war in einer Stellung zu bleiben. Sie war von einer zur anderen gewechselt und jedesmal davongelaufen, wenn sie das Gefühl gehabt hatte, die Kollegen könnten ihr zu nahe kommen.

Saturn im Transit über das zehnte Haus zeigt an, daß man anfängt, berufliche Ziele ernstzunehmen. Das wirkt sich natürlich, je nach dem Alter, unterschiedlich aus. Für einen jungen Menschen mag es eine ernsthafte Hingabe an ein Berufsziel sein. Für den älteren Menschen bedeutet es vielleicht eine berufliche Veränderung. Wenn Saturn in das zehnte Haus tritt, bringt uns das die Anerkennung, für die wir bis dahin gekämpft haben. Ein Fünfzigjähriger wird ganz anders reagieren als ein Zwanzigjähriger. Der Transit sollte in keinem Fall unheilverkündend gedeutet werden, denn das entspricht ihm keineswegs. Er steht symbolisch für all das, was wir bis jetzt in unserem Leben angefangen haben.

Uranustransite

Uranustransite bringen Freiheit und tragen die Möglichkeit einer Art Wiedergeburt in sich. Sie symbolisieren Stufen der Befreiung und der Freiheit. Die Energie eines Uranustransits hilft einem, eingefahrene Muster, die man tief einprogrammiert hat, aufzubrechen. Er beleuchtet unsere Problembewältigung. Dieser Transit bringt Veränderungen, die wir lernen müssen anzunehmen, ansonsten werden wir die Konsequenzen tragen müssen!

Nichts geht wie geplant, auf nichts scheint man sich verlassen zu können. Auf der anderen Seite winken uns Chancen, wir bekommen neue Ideen, neue Unternehmen neue Denkmodelle angeboten. Irgendwann muß jeder einmal lernen, sich zu beugen – dieser Transit will es einem beibringen. Doch wenn wir uns nicht beugen, werden wir gebrochen.

Manche Menschen verschlafen ganz erfolgreich diesen Transit, aber sie bringen sich damit um eine Chance zu wachsen. Sie verpassen neue Menschen und neue Standpunkte. Sie verpassen neue Einsichten und Wege, mit alten Problemen fertig zu werden. Jeder hat einmal offene, interessante ältere Menschen kennengelernt, in deren Gesellschaft man sich wohl fühlt. Und jeder kennt wohl auch die grießgrämigen alten Leute, die von allen Verwandten gemieden werden. Das sind diejenigen, die senil werden und im allgemeinen als stocklangweilig gelten. Hier zeigt sich der Unterschied, ob man mit seinen Uranustransiten offen oder eigensinnig umgegangen ist. Zwei Jahre hat man Zeit, denn Uranus wird bei einem Orbis von zehn Grad diesen Zeitraum brauchen für jeden Geburtsplaneten. Entweder bleibt man eigensinnig und ändert sich nicht, oder man schlägt sich auf die Seite des Erfolgs und genießt diesen Übergang.

Uranus-Sonne Transite

Dieser Transit ist zugleich aufregend und kräftigend. Man weiß nie, was im nächsten Augenblick geschehen wird. Der Arbeitstag wird wahrscheinlich völlig unorganisiert verlaufen, das gesellschaftliche Leben ist ein einziges Chaos. Aber es gibt daran etwas zu lernen. Zu Beginn empfand ich die Uranus Opposition sehr schwierig. Ich ging am Morgen zur Arbeit und habe nie das fertigbekommen, was ich mir vorgenommen hatte. Am laufenden Band passierte irgendetwas, irgendwo brannte es ständig, und am Nachmittag häufte sich noch derselbe Berg auf meinem Schreibtisch wie am Morgen. Es frustrierte mich immer mehr, bis ich anfing zu verstehen, daß es für mich an der Zeit war zu lernen, diese Herausforderung anzunehmen. Ich war daran gewöhnt gewesen, mir die Woche und die tägliche Arbeit genau einzuteilen. Unterbrechungen und Abwechslungen liebte ich gar nicht. Uranus aber sagte, es sei an der Zeit zu lernen, solche Ereignisse zu bewältigen. Für mein Empfinden verlangten Managementpositionen die entsprechenden Arbeitsstrukturen, und ich hatte mir deswegen früher in meinem Verantwortungsbereich immer viel zu viel zugemutet. Während dieser Phase lernte ich mit meinen Vorgesetzten zusammenzuarbeiten. Wir hatten hektische Berufe und ich lernte mit dem Hochbetrieb fertigzuwerden. Ich teilte meine Verantwortlichkeit und das Arbeitspensum mit meinem Abteilungsleiter, indem ich ihm klarmachte, unter was für einem Druck ich stand, anstatt wie früher alles im Alleingang zu versuchen. Gemeinsam entschieden wir, welche »allerdringlichste« Angelegenheit zuerst zu bearbeiten sei.

Im Privatleben gingen mir sämtliche Pläne daneben. Wenn ich vorhatte mit meinem Freund zum Essen zu gehen, klappte es sicher bei mir oder bei ihm nicht. Dabei lernte ich mir einen Plan A, B und C zurechtzulegen. Bis zu dieser Zeit hatte es mich völlig aus dem Konzept gebracht, wenn eine Verabredung abgesagt wurde, denn ich konnte mich nicht schnell genug aufraffen, mit meiner Zeit etwas anderes anzufangen. Jedoch ich lernte es.

Zusätzlich ging ich auch noch zur Abendschule und mußte nach der Arbeit immer lernen. Nach dem Lernpensum sollte das Abendessen an der Reihe sein und anschließend der Haushalt. Mein Nachbar beschloß jedoch, daß sechs Uhr abends genau die richtige Zeit für laute Musik und Parties sei, und ich mußte lernen, daß das Studium der Philosophie zum Klang von Kongas keine leichte Sache war. In mir stieg der Ärger hoch, und ich konnte mich natürlich nicht mehr auf mein Studium konzentrieren. Schließlich lernte ich zu studieren wenn er leise war, und Geschirr zu spülen oder Staub zu saugen, wenn es bei ihm hoch herging.

Mein Tagesplan mußte sich den Umständen beugen. Ich begann nachzudenken: »Gut, das kann ich jetzt nicht machen, aber was ist denn sonst noch zu tun?« Plötzlich änderte sich mein Leben. Ich wurde so beweglich, daß es mich manchmal selbst überraschte. Meine Pläne (und meine Wohnung) sind seitdem nie mehr die selben gewesen.

In gleichem Maße wie ich beweglicher wurde, lernte ich neue Leute kennen. Es waren interessante Menschen, die mir neue Türen und neue Kommunikationskanäle öffneten. Sie blieben nicht für immer in meinem Leben, aber sie gaben mir etwas, quasi im Vorbeigehen, und ich hoffe, daß auch sie etwas dafür erhalten haben. Der Transit kann sehr spannend sein, wenn man neue Türen öffnen möchte, wenn man neue Wege entdecken möchte, wenn man etwas Neues erobern möchte.

Viele Klienten haben mit mir über ihre Probleme mit diesem Transit gesprochen. Es ist schwierig, sich zu beugen, und häufig reagiert man auf Veränderungen mit Ablehnung. Ich erzählte ihnen alles über meine Erfahrungen mit dem Uranustransit zur Sonne und wie er mich dazu gebracht hatte, Veränderungen anzunehmen. Ihr Feedback war erfreulich, denn auch sie begannen, Veränderungen mit anderen Augen zu betrachten. Dieser Transit ist besonders für Menschen, die sich zu sehr mit ihrem Beruf identifizieren sehr schwierig. Sobald die Arbeitsbelastung ein Zuviel an Stress und Änderungen verursacht, fühlen sie sich wertlos. Das entspricht nicht Uranus!

Trotzdem gibt es nicht nur Erfolgsgeschichten über Uranustransite. Eine Klientin von mir erlebte den Uranustransit im Quadrat zu ihrer Sonne. Obwohl es für sie an der Zeit war, ihr Leben zu verändern und obwohl sie schon Jahre darüber gesprochen hatte, blieb es bei den Worten und es änderte sich überhaupt nichts. Ihre Ehe hatte sich nicht glücklich entwickelt, und es wurde Zeit für sie, sich daraus zu lösen. Sie wußte es, ihre Freunde wußten es, ihre Kinder wußten es. Sie tat es nicht – und wurde so ernstlich krank, daß sie beinahe daran gestorben wäre. Als sie sich von der Krankheit erholt hatte, merkte sie langsam, daß sie sich selbst aus den schwierigen Umständen lösen mußte. Wir sprachen darüber, wie die Krankheit einzuschätzen sei. Inzwischen war sie der Meinung, daß diese zu vermeiden gewesen wäre, wenn sie auf ihre innere Stimme gehört und von ihrem Mann weggegangen wäre. Ihr Körper mußte so stark rebellieren, damit ihr bewußt wurde, wie dringend ihr Freiheitsbedürfnis war.

Manche Astrologen sagen, daß Uranus plötzliche und schnelle Ereignisse im Leben ankündigt. Die Menschen scheinen unter einem Uranustransit merkwürdig zu reagieren. Da er sich viele Jahre in einem Zeichen aufhält, wirkt unser Verhalten scheinbar sprunghaft und unstetig. Menschen, die einen nicht so gut kennen, mag es überraschen, wenn man schließlich die Energie oder den Mut aufbringt, Dinge zu tun, über die man jahrelang nur gesprochen hat. Die Veränderung unter diesem Transit ist eine innere. In dem Maße, wie unsere innere Überzeugung wächst, wird es auch nach außen sichtbar, und schließlich reisen wir von New York nach Kalifornien oder umgekehrt. Man löst sich aus einer alten Ehe und versucht alleine zu leben. Große Veränderungen finden statt. Für gewöhnlich ist die Veränderung positiv für uns, auch wenn unsere Handlungen auf andere verrückt wirken. Man fühlt sich befreit und frei.

Während dieses Transits ist es wichtig, eine Richtung im Auge zu behalten. Welche Ziele hat man? Versteht man, daß es vor allem ein innerer Wandel ist? Äußere Veränderungen sind nur die physischen Manifestationen der inneren. Eine Schönheitsoperation kann keine kaputte Ehe retten oder eine schlechte Meinung von sich selbst verbessern. Die geistige Sturheit muß verschwinden. Andererseits ist es auch nicht ratsam, das Kind mit dem Bade auszuschütten. Voltaire läßt seinen Dr. Pangloss in ›Candide‹ sagen, daß jede Veränderung zum Besseren sei. Das ist absurd. Eine Veränderung ist nur dann »besser«, wenn man weiß, warum man etwas tut. Das geliftete Gesicht kann eine Vierzigjährige nicht jünger machen. Sie sollte lieber ihren Wert als reife Frau erkennen.

Uranus-Mond Transite

In den zwei Jahren, die dieser Transit dauert, wird jede Unbeweglichkeit in Gefühlsfragen an die Oberfläche kommen. Man lernt neue Wege, seinen Gefühlen Ausdruck zu verleihen. Es mag einen erstaunen, wie differenziert man empfinden kann. Zu unserer Überraschung oder zu unserem Ärger werden wir feststellen, wie wenig wir in der Lage sind, emotionelle Reaktionen zu kontrollieren. In Situationen, die man früher ganz »cool« gemeistert hat, verliert man plötzlich die Kontrolle über sich. Tränen, Ärger, Leidenschaften überraschen einen. Man stürzt sich vorschnell in ein Abenteuer oder setzt sich in Liebesangelegenheiten unter Druck. Man kann nicht mehr so wie früher mit seinem Gefühlshaushalt umgehen. Man reagiert zu abrupt, schroff und emotionell. Wenn Uranus in Konjunktion, Quadrat oder Opposition zum Geburtsmond steht, haben andere oft Schwierigkeiten einen einzuschätzen. Wir handeln so, daß es auch Menschen befremdet, die glauben uns gut zu kennen.

Vorsicht sollte man bei verrückten Liebesaffären walten lassen, denn man kann nicht wissen, wie sie ausgehen. Allerdings gilt das wohl eher

in der Stadt als auf dem Land, denn in ersterer begegnet man dem
»tollen Fremden« viel eher. Es ist ratsam, etwas mehr über die Vergangenheit der neuen Liebe in Erfahrung zu bringen, denn dem hält das
Bild, das man sich gemacht hat, möglicherweise nicht stand. Der
Mensch, dem man jetzt begegnet, kann einen vielleicht etwas Wichtiges
lehren, oder er gewinnt große Bedeutung für einen. Aber es ist nicht
unbedingt gesagt, daß es eine Beziehung für immer und ewig sein wird.
Genauso plötzlich, wie es begann, kann es zu Ende sein.

Der Transit bringt ein großes Maß körperlicher Spannung mit sich.
Der Körper reagiert auf Spannungen jeder Art mit Krämpfen: Die
Muskeln zucken, die Augenlider oder sogar die Oberlippe flattern
nervös. Die Konzentrationsfähigkeit ist geringer und man fühlt sich von
den Menschen schnell gelangweilt.

Der Schlüssel zum Wachstum liegt hier in der Ausweitung des emotionellen Horizonts. Es ist besser, man lernt die eigene Spontanität zu
akzeptieren, als daß man sich unsicher verkriecht, weil man sich den
inneren Veränderungen nicht gewachsen fühlt. Das emotionale Verhalten, das man auf dem Schoß der Mutter gelernt hat, ist möglicherweise
überholt zugunsten einer offeneren Einstellung. Die Veränderung wird
durch das Zeichen, in dem der Mond steht, bestimmt.

Uranus-Merkur Tansite

Die schwierigen Transite von Uranus über Merkur werfen ein Licht auf
verschiedene, nervöse Störungen. Ticks oder Verkrampfungen können
sich auf die Gesichtsmuskeln übertragen, auf die Augenlider oder die
Oberlippe. Die Vorgänge des Hörens oder Sprechens verändern sich,
man bringt teilweise keinen Satz mehr ohne zu stottern über die Lippen.
Der Geist arbeitet schnell, oder anders, als man es gewohnt ist, daß dies
zu Überreizungen oder Spannungen führen kann. Einige meiner Klienten begannen sich Sorgen um ihr geistiges Gleichgewicht zu machen,
denn man neigt zu übertriebenen Reaktionen. In so einem Fall ist es
ratsam, die Energien kreativ einzusetzen.

Klienten, die den Uranus-Merkur Transit nicht mögen, empfinden
ihn als schwierig, weil er das geistige Gleichgewicht verändert. Wenn
Uranus im Geburtshoroskop keinen Aspekt zu Merkur bildet, deutet
der Transit auf innere Unruhe, die ihren Ursprung in den Tiefen des
Geistes hat, in der Sehnsucht nach Gleichgewicht. Diese Angst teilt
man selten seinen Freunden, Mitarbeitern oder dem Arzt mit. Diejenigen, bei denen ein Merkur-Uranus Aspekt im Geburtshoroskop aktiviert wird und die schon früher mit diesem Transit konfrontiert waren,

haben vielleicht bereits Hilfe durch eine Therapie gesucht. Menschen, die diesen Aspekt zum erstenmal erfahren, reagieren intensiver als diejenigen, die damit von Geburt an belastet sind.

Metaphysisch gesehen kann jede schwierige Lebensbedingung geheilt werden, wenn der Problematik bewußt ins Auge gesehen wird. Ich empfinde es sehr stark, daß dieser Transit für eine immense, geistige Energie steht, und nur solange diese nicht gelenkt wird, vermittelt sie einem das Gefühl der Haltlosigkeit. Die Uranusenergie ist sehr frei und befreiend, und im Aspekt zum Geburtsmerkur wirkt sie auf den kommunikativen Austausch befreiend und anregend. Der Geist läuft auf Hochtouren, wie ein Auto ohne Kontrolle. Sobald diese Energie kanalisiert ist, wird sie gezügelt und kann schöpferisch eingesetzt werden.

Es ist nicht weiter von Bedeutung, auf welchem Gebiet man sie einsetzt, Hauptsache, sie wird genutzt und führt zu einer positiven Erfahrung. Jede Art von Hobby, irgendeine Form von Unterricht, Schreiben oder Malen, jedes kreative Bemühen, möglicherweise durch berufliche Notwendigkeit inspiriert, wird eine Hilfe bei der Anwendung dieser Energie sein. Die Belohnung dafür erhalten wir, wenn sich die Stabilität eingestellt hat.

Da der Geist während dieses Transits so schnell arbeitet, macht man vielleicht keinen Punkt, um anderen zuzuhören und drückt sich selbst unklar aus. Mißverständnisse im Beruf sind nicht ausgeschlossen, wenn man nicht ganz bewußt darauf achtet, dem Gegenüber zuzuhören, oder die Menschen bittet, das Gesagte noch einmal zu wiederholen, bevor man seine Schlüsse zieht. Der Transit kann zu krankhafter Geschwätzigkeit führen, man fängt an, irgendeinen Unsinn zu reden und kann damit nicht mehr aufhören! Und wenn man sich schon verrannt hat, sollte man seine Versprecher zugeben und möglichst das Thema wechseln. Versucht man den Fehler gutzumachen, wird es meist nur schlimmer.

Der Transit kann den Geist von Vorurteilen heilen, die in der frühen Kindheit geprägt wurden. Wenn er vorüber ist, entdeckt man an sich eine andere Art der Kommunikation. Auch die Geburtsaspekte von Merkur sind gelöster geworden und andere Hindernisse werden überwunden. Wenn man sich von den Kindheitsprägungen löst, ist es möglich, so zu denken, zu sprechen und zuzuhören, wie man es gerne möchte. Dabei kommt einem die Energie des Zeichens, in dem der Geburtsmerkur steht, zu Hilfe.

Uranus-Venus Transite

Venus steht für die Fähigkeit Gefallen daran zu finden, geliebt zu werden. Sie zeigt an, wie wir geliebt werden wollen, weist auf unsere intellektuelle, kopflastige Vorstellung von Liebe hin, und inwieweit wir fähig sind, dem geliebten Menschen zu geben und mit ihm zu teilen. Wenn Uranus in Konjunktion, Quadrat oder Opposition zu unserer Geburtsvenus steht, kann die Liebesfacette unserer Persönlichkeit von überholten Vorstellungen und Strukturen befreit werden. Möglicherweise stürzt man sich dabei zu leicht in etwas Neues, bereit, eine neue Freiheit auszuprobieren.

Vielen Menschen passiert es, daß sie sich in dieser Situation in einen attraktiven Fremden oder ein hübsches Mädchen verlieben. Manche verlassen Heim und Familie, um der umwerfenden Liebe, die sie gerade entdeckt haben, nachzugehen. Immer jedoch zeigt dieser Transit eine innere Freiheit an, eine Bewußtseinsentwicklung, die einhergeht mit der Änderung innerer Einstellungen. Diese Eigenschaften und Veränderungen müssen nicht notwendig an dem wunderbaren Partner liegen, den man vielleicht findet. Wenn diese neue Liebe dazu führt, Arbeit, Heim oder Verantwortung aufzugeben, dann kann sie, wenn sie echt und tief ist, warten, bis der Transit vorbei ist. Ist die neue Liebe dann immer noch attraktiv, kann man die Veränderungen und Kompromisse der Lebenssituation angehen. Die Liebe, die man während eines Transits empfindet, ist oft nur ein momentanes Gefühl. Es kann eine wertvolle und wichtige Erfahrung sein, muß aber nicht unbedingt andauern.

Frauen bringen sich manchmal in kompromittierende Situationen, wenn sie unter einem starken Aspekt dieses Transits stehen. Diese Frauen fliegen auf den großen, dunklen Fremden und prüfen nie seine Papiere, erkundigen sich nie über die Herkunft des Herrn, und finden sich in einer sehr zweifelhaften Situation wieder. Eine Klientin heiratete einmal einen Mann nach einer dreitägigen Blitzwerbung und fand sich in einem Bordell wieder. Sie war an einen Zuhälter geraten. Drei Monate brauchte sie, um von ihm loszukommen und mehrere Jahre Therapie waren vonnöten, um sie über diesen emotionellen Schock zu bringen.

Nicht alle, unter diesem Aspekt gebildeten Beziehungen, werden so schrecklich sein, aber ich empfehle allen Frauen, den wunderbaren Mann, den sie gerade getroffen haben, besonders zu prüfen. Solche Blitzwerbungen zeichnen sich meistens durch unnötigen Druck seitens des Mannes aus. Möchte er Ihre Eltern kennenlernen? Warum nicht? Hat er eine Arbeit? Haben Sie ihn angerufen? Hat er Ihnen eine Nebenstellennummer gegeben? Warum sollen Sie nicht in der Vermittlung anrufen und nach ihm fragen? Er kann einen angenommenen Namen verwenden, wenn er der einzige ist, der unter der Nummer antwortet. Findet sich die Firma, bei der er beschäftigt ist, im Telefonbuch? Benützt die Vermittlung den Firmennamen? Warum nicht? Hat er zu Hause Telefon? Stimmen Adresse und Telefonnummer überein?

Die Zeit prüft jede Liebe. Wahre Liebe besteht die Prüfung, Heiratsschwindel nicht. Wenn es keine Liebe ist, kommt das alte Lied zur Geltung: »Wenn du nicht mit dem zusammensein kannst, den du liebst, liebe den, mit dem du zusammen bist.« Frauen, die einer Blitzromanze zum Opfer fallen, befinden sich in einer Inflationsperiode, da die Uranusenergie die Wünsche der venusischen Natur bestrahlt. Männer, denen von einer verführerischen Frau der Boden unter den Füßen weggezogen wird, empfinden das gleiche. Druck und Aufregung beherrschen die Stimmung. Dieser Transit trifft Männer und Frauen in einem Alter oder zu einem Zeitpunkt größter Verzweiflung: Eine Frau, die nie verheiratet war und von zu Hause wegkommen möchte, oder eine, die fremd in einer neuen Stadt ist, etc. Ein Mann, der unglücklich verheiratet ist oder der sich auf irgendeine Art vom Leben betrogen fühlt, ein anderer, dessen Ehe nicht das hält, was sie zu versprechen schien, oder einer, dessen Karriereträume unerfüllt geblieben sind – sie alle sind prädestiniert, unter diesem Transit das Opfer einer »Liebe« zu werden.

Wenn sich ein Mann während eines Uranus-Venus Transits verliebt, ist es für gewöhnlich eine wunderbare, sinnliche und verführerische Frau. Sie repräsentiert alle Dinge im Leben, die seine Frau nicht hat. Möglicherweise hat er eine unterentwickelte Anima-Vorstellung. Vielleicht träumt er noch immer von dem Mädchen im Altweibersommer und kommt nicht mit der Wirklichkeit einer sieben Tage Woche zurecht. Oder er ist an eine Arbeit gebunden, die ihn nicht befriedigt und dieses neue Verhältnis regt ihn wieder an. Seine Vorstellung von Liebe ändert sich und es ist schwer, ihm begreiflich zu machen, daß sie sich nicht wegen der neuen Liebe ändert. Möglicherweise hat er sie getroffen, als er gerade in dem Prozeß der Wandlung steckte, aber er wird sein verändertes Bewußtsein auf sie projizieren und den ersten Anstoß dazu als ihren Verdienst anrechnen. Der neuen Liebe wird mehr Gewicht gegeben, als ihr zusteht.

Eine Frau, die dafür anfällig ist, hat wahrscheinlich Probleme mit einem unterentwickelten Seelenbild. Die Geschichte vom Aschenputtel, das ein Prinz aus dem Schicksal befreit, ist ein herrlicher Traum. Der Mann, der ihr zu Füßen liegt und ihr beteuert, wie schön und aufregend sie ist, läßt ihr Selbstwertgefühl steigen. Die Erfahrung ist für sie so amüsant und es geht ihr so gut dabei, daß sie sich den Mann gar nicht näher anschaut.

Auf einer tiefer liegenden Ebene werden sich unsere Vorstellungen über Liebe unter diesem Transit ändern. Als Kinder entwickeln wir eine bestimmte Vorstellung über die Liebe aufgrund des Verhältnisses zu unseren Eltern und deren Beziehung zueinander. Unter diesem Transit ändern sich die alten Bilder – entweder werden sie reifer oder sie ändern sich. Jeder Geburtsaspekt von Venus wird den Transit noch verstärken und muß miteinbezogen werden.

Nicht alle Psychologen stimmen mit mir überein, aber für mich ist Venus Symbol für den psychologischen Einfluß der Mutter auf ihr Kind und dessen Fähigkeit zu lieben. Wenn das Kind einen starken, negativen Einfluß der Mutter in sich trägt (was durch schwierige Aspekte der Geburtsvenus angezeigt wird), kann dieser Transit auch die Chance bieten, sich von den alten, überkommenen Mustern zu befreien.

Uranus-Mars Transite

Mars symbolisiert im Horoskop das aktive Element. Er steht auch für die Sexualität und zeigt an, wie man seine sexuellen Erfahrungen mit dem Partner teilen möchte, und wie man sich sexuell ausdrücken kann. Wenn Uranus in einem Orbis von zehn Grad auf Mars trifft, wird er während seines, ungefähr zwei Jahre dauernden Einflusses, eine befreiende Wirkung sowohl auf das Handlungsprinzip als auch auf die Sexualität haben.

Das Marsprinzip umfaßt Handlungen jeder Art und bestimmt, wie man seine Energie ausstrahlt, sei es im Beruf oder auf gesellschaftlicher Ebene. Wenn Uranus auf Mars trifft, können die Handlungen übertrieben sein oder man fließt nicht richtig auf den momentanen Schwingungen. Richtig gelenkt ist es ein enormes schöpferisches Energiepotential. Ebenso kann es ungestümes Verhalten fördern und einen außer Rand und Band geraten lassen. man stürzt sich ohne nachzudenken, ohne eine Vorstellung, wohin das führen kann, in irgendwelche Aktivitäten.

Der Transit verstärkt das sexuelle Verlangen und intensiviert es noch bei Menschen, die schon vor dem Transit sexuell sehr aktiv waren. Doch Vorsicht! Die Sexualität kann in dieser Zeit so wichtig werden, und emotionelle und sexuelle Beziehungen so beglückend, weil ein Großteil der Anregungen aus einem selbst kommen. Man bringt wirklich starke Energien in jede sexuelle Beziehung, aber diese Intensität wird nicht für ewig sein.

Wenn der Transit vorübergeht, reduziert sich auch das sexuelle Verlangen wieder auf das frühere Maß und der wunderbare, phantastische Partner, den man gefunden zu haben glaubt, stellt sich als ganz durchschnittlicher Liebhaber heraus. Wenn man sich unter diesem Transit verliebt, ist es ratsam, auch andere Gemeinsamkeiten als nur Sex zu betrachten, bevor man sich auf eine feste Bindung einläßt. Eine Ehe oder auch gemeinsame kostspielige Anschaffungen sollte man noch aufschieben auf die Zeit nach dem Transit. Hat man auch in anderen Lebensbereichen gemeinsame Interessen und ist die Liebe zueinander genauso stark wie die sexuelle Anziehung, kann sich daraus eine langandauernde Beziehung entwickeln. Aber wenn es nur ein sexuelles Verhältnis ist, wird es möglicherweise auseinandergehen, wenn der Transit vorüber ist.

Die befreiende Wirkung von Uranus auf Mars zeigt sich sowohl in einer gelösteren Sexualität als auch in der Entwicklung anderer Strukturen und Muster. Handlungen werden sehr kreativ, und man kann mit seinen Energien anders umgehen. Man befreit sich von sexuellen Ängsten und Verhaftungen, die man aus Erfahrungen und Konditionierungen der frühen Kindheit mit in das Erwachsenenleben gebracht hat.

Der Transit wird leichter oder schwieriger und komplizierter entsprechend der Geburtsaspekte von Mars, denn diese werden durch den entsprechenden Uranustransit ebenfalls beeinflußt. Die Fähigkeit, bewußt die Geburtsaspekte zu »fühlen«, wird sich entwickeln, wodurch man auch Hemmungen überwindet und an den Schwierigkeiten arbeitet.

Uranus-Jupiter Transite

Jupiter symbolisiert unsere Fähigkeit, Beziehungen einzugehen, die Bereitschaft, unsere Erfahrungen mit anderen zu teilen, die Wahrnehmung gebotener Chancen.

Wenn Uranus in einen dynamischen Aspekt zu Jupiter tritt, manifestieren sich ungewöhnliche Gelegenheiten. Beziehungen und Vorstellungen über Beziehungen ändern sich, und eine größere Offenheit ist möglich.

Uranus steht für Veränderungen, und diese finden auf scheinbar unorthodoxe und unkonventionelle Art statt. Andere Menschen reagieren möglicherweise befremdend auf einen, denn man verhält sich vielleicht anders als früher. Uranus zeigt Eigenwilligkeit an, eine bestimmte Art von Überspanntheit und auch Hartnäckigkeit. Wenn diese Energie mit Jupiter zusammentrifft, ist man in seinen Beziehungen vielleicht zu eigenwillig oder kurz angebunden. Der Umgang mit den Menschen ist zu abrupt und planlos. Man dehnt seinen Freundeskreis aus und läßt neue Menschen in sein Leben ein wie nie zuvor. Das kann sowohl gut als auch schlecht sein! Vielleicht trifft man wunderbare Menschen, mit denen sich lange und tiefe Freundschaften ergeben, oder man öffnet sich für die falschen Menschen, mit denen man, wenn man sie dann wirklich kennenlernt, wenig gemeinsam hat.

Die wunderbaren Gelegenheiten ergeben sich, wenn man erkennt, daß man viel offener und bereiter für neue Beziehungen ist. Schließlich gelingt es einem, alte Vorstellungen hinter sich zu lassen. Beziehungen können sich entfalten, nicht weil Mami es gesagt hat, oder weil es gesellschaftlich ratsam ist, sondern weil es einem selbst ein Bedürfnis ist.

Es werden sich auch beruflich gute Gelegenheiten ergeben, doch wohl kaum in althergebrachten Schablonen. Die vielen Chancen zwingen einen, herauszufinden, wie man sie am besten nutzen kann. Es ist ratsam, so viele Eisen wie möglich im Feuer zu haben, da letztendlich nicht alle halten können, was sie versprechen.

Wenn Jupiter im Geburtshoroskop schwierig aspektiert ist, werden durch den Transit auch diese Aspekte aktiviert werden. Man bekommt die Chance, sich bewußt darüber zu werden, wie man in Wirklichkeit mit Beziehungen umgeht. Steht Jupiter im Geburtshoroskop z.B. im Quadrat zum Mond, ist man daran gewöhnt, emotionelle Bedürfnisse und Reaktionen als schwierig zu empfinden, denn man spielt meistens seine eigenen momentanen Bedürfnisse zugunsten anderer herunter. Während des Uranustransits kommen die Jupiter-Mond Tendenzen an die Oberfläche und es wird einem siedend heiß klar, wie schwierig es gewesen ist zu lernen, sich auf andere einzulassen. In diesem Fall neigt man zu geradezu unsozialen Reaktionen gegenüber Menschen, die einem gleichgültig sind und berufliche Situationen, die schwierig zu handhaben sind, bekommt man nicht richtig in den Griff. Diese Probleme helfen einem, sich darüber klarzuwerden, wieviel man in der Vergangenheit unterdrückt haben muß, denn vor dem Transit hat man die gleiche Situation ja zugelassen. In dem Maße, wie man bereit ist, tiefe und wirklich offene Beziehungen einzugehen, wird man sich besser fühlen.

Uranus-Saturn Transite

Dies ist ein sehr schöner Transit, denn er verbindet Reife mit Unabhängigkeit und Freiheit. Saturn symbolisiert das, was wir mit Vorsicht betrachten, die sensibelsten Organe, Ängste und Unzulänglichkeiten, die wir empfinden. Saturn kann auch die psychologische Wirkung des Vaters auf die kindliche Psyche bedeuten.

Unsere Eltern haben sowohl physischen als auch psychischen Einfluß auf unsere Entwicklung. Früh im Leben jedes Kindes werden die

Bindungen und Ängste des Vaters, seine Einstellung zu Autorität und sein Selbstwertgefühl auf uns übertragen. Wenn der Vater sich ändert, bietet er auch seinen Kindern ein neues Image, deswegen werden Geschwister auch verschiedene psychologische Wirkungen des Vaterbildes in sich tragen.

Während des Uranus-Saturn Transits können diese Ängste und Bilder in den Wind geschlagen werden. Dies ist ein Prozeß, der Jahre dauern kann, aber jedesmal, wenn Uranus in Konjunktion, Quadrat oder Opposition zu Saturn steht, findet ein weiterer Schritt nach vorne statt und bringt neue Unabhängigkeit mit sich.

Wenn Saturn auch die persönlichen Planeten wie Sonne, Mond, Merkur, Venus oder sogar Mars aspektiert, wird es auch möglich, die Kraft jedes schwierigen Geburtsaspekts zu brechen.

Da man den Einfluß des Uranus-Saturn Transits für die Dauer von zwei Jahren spürt, hat man genügend Gelegenheit diese Veränderungen langsam zu vollziehen, denn sie geschehen nicht von alleine. Die Schlüsselworte sind Unabhängigkeit und Freiheit, denn die Ängste werden verschwinden. Lebensbereiche, die früher zu Besorgnis geführt haben, werden das nicht mehr tun. Die Angst, den Ansprüchen von Autoritäten nicht zu genügen, die man all die Jahre verspürt hat, wird sich ändern und man fängt an, den Situationen ruhig zu begegnen, die in der Vergangenheit viele Bauchschmerzen verursacht haben. Das Haus und das Zeichen, in denen Saturn steht, wird hilfreich für das Verständnis der auftauchenden persönlichen Bedürfnisse sein.

Saturn hat seine Entsprechung in dem kleinsten und anfälligsten Körperorgan. Mit Hilfe seiner Stellung im Horoskop kann man seine Schwächen kennenlernen. Vorbeugende Behandlungsmethoden helfen in diesem zwei-Jahres-Zyklus, gesundheitliche Probleme zu vermeiden. Es ist klar, daß, wenn man seinen Körper jahrelang mißhandelt hat, medizinische Behandlungen kaum zu vermeiden sind, um diesen Mißbrauch wieder wett zu machen. Wenn der Körper gut in Form ist, kann eine allgemeine Vorsorge helfen, Krankheiten vorzubeugen.

Menschen mit Saturn im Stier z. B. haben häufig einen empfindlichen Rachen und Dickdarm. Der Rachen entzündet sich infolge eines trägen Darmes. Ernährungswissenschaftler raten in so einem Fall meist von Milch und rotem Fleisch ab. Ein Besuch bei einem Spezialisten oder einem Arzt für ganzheitliche Medizin regt vielleicht das Vertrauen in eine Ernährungsumstellung an. Es heißt, daß bei dieser Konstellation der Bauch dick wird, wenn die Ernährung nicht stimmt. Ein rundes Bäuchlein kann daher der Schlüssel sein zu erkennen, daß man seine Ernährung umstellen muß. Wie dem auch sei, es muß jede medizinische Diagnose von einem Fachmann überwacht werden.

Der psychologische Einfluß des Vaters ist schwer selbst zu erkennen, denn die Erinnerungen liegen im Unterbewußtsein versteckt und tauchen nur in Form von Ängsten oder Ermahnungen im Wachbewußtsein auf, immer dann, wenn man die Notwendigkeit einer Auseinandersetzung mit der Welt verspürt. Eine starke Saturnstellung kann ein Hindernis für neue Wagnisse und die Entwicklung des Selbstwertgefühls sein. Eine Frau mit einer schwierigen Saturnkonstellation fühlt sich vielleicht als Mensch zweiter Klasse, weil ihr Vater sie und ihre Mutter so behandelt hat. Sie hat das Gefühl, daß sie kein Recht auf die Entwicklung ihrer eigenen Persönlichkeit hat. Ein Mann mit ähnlichen Bedingungen empfindet es so, daß er kein Recht auf berufliches Fortkommen hat oder daß ihm die nötige Kreativität fehlt um erfolgreich zu sein. Er beugt sich jedem Druck von seiten einer Autorität, auch wenn er zu Hause prahlt und poltert.

Diese Phase kann der Schlüssel sein, um sich von Minderwertigkeitskomplexen zu lösen und die Persönlichkeit zu öffnen für ihre größtmögliche Entwicklung.

Uranus-Uranus Transite

Dieser Transit ist in Wirklichkeit ein Zyklus. Jeder erlebt ihn irgendwann einmal. Wenn wir lange genug leben, erfahren wir die vollständige Uranusrevolution. Diese Zyklen behandle ich in dem Buch »Planetenzyklen«. (Erschienen bei Urania Verlag, Sauerlach, 1987.)

Uranus-Neptun Transite

Dies kann ein wichtiger Transit sein, muß es aber nicht sein. Neptun ist Planet einer ganzen Generation. Er zeigt ihre Träume und Sehnsüchte an. Der Transit hat möglicherweise keine bedeutsame Wirkung auf ein Horoskop, außer wir sind in einer besonderen gesellschaftlichen Situation oder Umbruchstimmung geboren. Die Kämpfe unserer Generation unterliegen den Veränderungen, die Uranus durch das Zeichen, in dem Neptun steht, freilegt.

Bei meiner Geburt stand Neptun in der Jungfrau. Als Uranus durch die Jungfrau lief, wurden viele Menschen in diesem Land (d. i. Amerika) von einem starken Jungfrau Ideal bewegt. Die Vorstellungen dieser Generation waren analytisch, technisch, kritisch gegenüber der Gesellschaft in der man lebte, und auch untereinander waren wir davon geprägt. Als Uranus im Transit durch die Jungfrau ging, wurde dieses Land von der Technisierung des Lebens überrollt. Man mußte zur höheren Schule gegangen sein um zu lernen, wie man einen Lastwagen fährt! Plötzlich genügte eine Lehre nicht mehr. Von den Angestellten wurde eine Überqualifikation erwartet, die ihren Stellungen überhaupt nicht entsprach. Der Traum einer Generation begann sich zu manifestieren.

Menschen mit Aspekten zwischen Neptun und persönlichen Planeten im Geburtshoroskop werden während des Uranus-Neptun Transits in Problematiken anderer Art verwickelt, denn die persönlichen Planeten werden aktiviert. Neptun führt Wolken der Täuschung und Illusion mit sich, ebenso aber auch eine anregende Energie. Der Unterschied zwischen Inspiration und Illusion muß erkannt werden. Wenn man damit erfolgreich ist, kann der Transit eine Zwei Jahres Phase anzeigen, in der die Träume erfüllt werden. Der Umschwung im Ziel seiner Träume kann drastisch sein. Ein Mensch, der früher mit einem Weg wie verwachsen war, findet sich angeregt, die Richtung zu ändern.

Uranus im Transit bringt vielleicht auch das bewußte Erkennen des Ziels – er befreit die verträumten Illusionen aus den Tiefen des Geistes und inspiriert einen, die notwendigen Schritte zu unternehmen und seinen Traum zu verwirklichen.

Uranus-Pluto Transite

Pluto ist ebenfalls ein Generationsplanet, denn viele Menschen haben die gleiche Plutokonstellation. Die Häuser können verschieden sein, aber das Zeichen ist das gleiche. Wenn Uranus den Geburtspluto aktiviert, sind die eventuellen Aspekte von Pluto zu den persönlichen Planeten von Bedeutung. Pluto gilt als Symbol des kollektiven Unterbewußtseins. Er steht für unsere unterbewußte Motivation. Wenn er an persönlichen Planeten gebunden ist, kann man daraus erkennen, daß bestimmte Handlungen und Reaktionen nicht völlig von den bewußten Entscheidungen abhängen.

Eine Hervorhebung der Geburtsplaneten durch Uranus bedeutet eine zweijährige Bewußtseinserfahrung. Schöpferische Energie ist oft unbewußt motiviert. Wenn man lernt, sich diese Energie frei zu erschließen, kann man noch mehr erreichen. Man entwickelt ein tieferes Verständnis für das, was um einen herum vorgeht. Doch bevor man über die schöpferische Energie frei verfügen kann, muß man die Neigung, das Leben der Mitmenschen beherrschen zu wollen, ablegen. Die Machtspiele mit denen man lebt, haben viel mit frühen Kindheitsmustern zu tun. Die meisten herrschsüchtigen Menschen sind nicht eigentlich stark. Viel öfter beruhen dieses Verhalten auf Unsicherheit, man hofft, durch die Kontrolle über andere zu überwinden.

Nichts ist jedoch sicher, und die schönsten von Menschen und Mäusen erdachten Pläne gehen manchmal schief.

Während der Arbeit mit dem Uranustransit kann man entdecken, daß alles viel leichter ist und auch mehr Spaß macht ohne die Herrschsucht. Wenn man die Spiele bewußt fortsetzt wird einem klar, was man da eigentlich tut, und man wird fähig, die alten Gewohnheiten abzustreifen. Sie bringen uns sowieso selten das, was wir uns wünschen.

Uranus im Transit über die Hauptachsen

Wenn Uranus die Hauptachsen des Horoskops transitiert, bringt das Veränderungen in unsere Bewegungen, denn das »Kreuz« unserer Persönlichkeit wird davon betroffen. Meiner Meinung nach ist der Transit zum Aszendenten der wichtigste. Da der Aszendent gewöhnlich die Spitzen des vierten, siebten und zehnten Hauses aspektiert, werden die Hauptlebensbereiche in diesen zwei Jahren besonders belebt.

1. Haus. Der Uranustransit über den Aszendenten ist dem über der Sonne ähnlich. Der Aszendent zeigt an, wie wir andere Menschen betrachten, wie andere zu uns stehen, wie wir uns von der besten Seite zeigen, wie wir neue Dinge angehen, kurz, das Wesen, das die Verletzlichkeit von Sonne und Mond bedeckt.

Wenn Uranus innerhalb eines Wirkungskreises von zehn Grad zum Aszendenten steht, beginnt sich unser Erscheinungsbild zu verändern. Menschen, die uns kennen, empfinden uns anders als früher.

Diese Energie kann äußerst nervös machen und man regt sich über alles viel zu schnell auf. Häufiger als sonst reagiert man abrupt und ändert Pläne nach momentanen Eingebungen, was die anderen an unserer Zuverlässigkeit zweifeln läßt. Uranus steht für die Fähigkeit seine Unabhängigkeit zu entwickeln, sich von alten Mustern, alten Gewohnheiten, dem alten Trott zu befreien.

Da der Aszendent etwas mit dem Beruf zu tun hat, fühlt man sich eventuell inspiriert, Veränderungen hinsichtlich der Art von Arbeit, die man macht oder der Richtung, die man geht, zu veranlassen. Man kann, soweit es die Aufstiegsmöglichkeiten und die Stelle, die man innehat, erlauben, riesige Fortschritte machen.

Dieser Transit kann ebenso auf einen Wechsel im Lebensstil, im Beruf oder im Wohnort hinweisen, wie auch Veränderungen in Beziehungen bewirken. Manche Menschen ziehen von einem Ende des Landes an das andere. Sie heiraten oder lassen sich scheiden. Sie beenden Beziehungen, die nicht mehr lebendig sind. Sie öffnen sich für neue Ideen, neue Möglichkeiten, neue Vorstellungen, neue Menschen. Diese Energie ist sehr anregend, wenn man dafür bereit ist. Starre Pläne werden sich nicht verwirklichen lassen und jede strenge Vorstellung darüber, wie etwas zu sein hat, wird nicht mehr so glatt funktionieren wie früher. Der Transit verlangt, daß man sich verändert. Kaum etwas läuft nach »Schema F«, weder im Beruf, noch privat.

Die Erfahrungen, die wir während dieses Transits machen, sind sehr hilfreich. Auch wenn Beziehungen, die sich unter diesem Transit gebildet haben, möglicherweise nicht von lebenslanger Dauer sind, werden sie auf irgendeine Art nutzbringend sein. Jede Möglichkeit, jeder Mensch, der uns Türen öffnet, wird von Wert sein. Der Transit ermöglicht innere Erfahrungen, die uns weiterbringen.

Die negativen Erfahrungen eines Uranus-Aszendent Transits haben für gewöhnlich mit einer Anfälligkeit für Unfälle zu tun, denn man ist bei den täglichen Handgriffen nicht so sorgfältig wie sonst. Es ist ratsam, besonders vorsichtig Auto zu fahren, sich viel Spielraum für Irrtümer zu erlauben, lieber dem anderen die Vorfahrt zu gewähren, denn Uranus scheint etwas mit kaputten Maschinen zu tun zu haben. Während eines schwierigen Transits sollte man vielleicht ein paar ganz besondere Vorsichtsmaßnahmen treffen, solange dies nicht paranoid wird!

Der Transit gibt einem die Möglichkeit, die höheren, konstruktiven Eigenschaften des Aszendenten zu nutzen. Er bietet die Chance, sich von übertriebenen Selbstschutzmechanismen zu befreien. Man lernt, mehr aus sich heraus zu gehen.

4. Haus. Wenn der Uranustransit sich auf die Spitze des vierten Hauses zubewegt, regt er die Angelegenheiten, die diesem Haus zugeschrieben werden, an. Er steht für die Umgebung und Atmosphäre der frühen Kindheit und zeigt wie man als Erwachsener sein Heim gestalten möchte. Uranus über die Spitze des vierten Hauses gibt einem die Chance, besser zu verstehen, wie die frühe Kindheit das Erwachsenenleben geprägt hat. Auch Veränderungen im Lebensraum können stattfinden, sei es, daß man die Wohnung anders einrichtet oder sogar umzieht. Manche Menschen ziehen aus der Stadt aufs Land, und Landbewohner kommen in die Stadt.

Der Uranustransit kann eine gesteigerte Neigung zu Unfällen im Haus bedeuten oder irgendwelche ungewöhnlichen Aktivitäten in Wohnungsangelegenheiten. Es können sich Probleme ergeben, weil die Wohnung irgendwelche ungewöhnlichen oder unkonventionellen Bedingungen oder Lösungen aufweist.

Da Uranus für Befreiung steht, ist für mich das wichtigste mögliche Ereignis dieses Transits, daß man als Erwachsener unabhängig wird von der Macht der Kindheitseindrücke. Dies verlangt auch einen Blick nach Innen, und um positive Ergebnisse zu bekommen, muß man Zeit investieren. Von allein geht es nicht.

7. Haus. Wenn Uranus die Spitze des siebten Hauses überquert, rücken verschiedene Arten von Energie in das Blickfeld. Gleichzeitig mit der Anregung des siebten Hauses steht Uranus in Opposition zum Aszendenten. Man fühlt sich dadurch in neuen Ansatzpunkten behindert. Dieses Gefühl, gehemmt zu werden, ist man geneigt, auf ein Gegenüber zu projizieren.

Das siebte Haus zeigt an, was wir von einem Ehe- oder Geschäftspartner erwarten. Möglicherweise müssen Partnerschaften Wandlungen erfahren. Für gewöhnlich geht man auf ganz ähnliche Art und Weise wie die Eltern eine Ehe ein, ohne daß man sich zu dieser Zeit dessen bewußt ist. Wenn im Elternhaus gesellschaftlicher Verkehr unüblich war, ist es meist für die Kinder schwierig, in einer Beziehung zu leben, in der für den Partner der Umgang mit anderen Menschen selbstverständlich ist. Jedes grundlegende Muster, das man von den Eltern aufgenommen hat, wird irgendwie in das Erwachsenenleben mit eingebracht, auch wenn einem das Problem oder Verhaltensmuster zur Zeit unwichtig erscheint.

Wenn Uranus über die Spitze des siebten Hauses geht hat man die Chance, sich von den Vorstellungen der Eltern zu befreien und sich seine eigenen zu bilden. Vielleicht ändert sich der Partner und bringt einen dazu, neu zu bewerten was man hat oder was man erwartet. Wenn man sich auf diese Energie einläßt, erfährt man in seinem Leben positive Wandlungen. Wenn nicht, wird der Partner vielleicht an eine Trennung denken, damit er oder sie die notwendigen Veränderungen für sein/ihr Wachstum durchführen kann. Die persönliche Unabhängigkeit, die man in dieser Zeit erreichen kann, hat viel mit einer offeneren, vertrauensvolleren und wohltuenden Beziehung zu tun. Oft lernt man in dieser Zeit viel freier mit seinen Mitmenschen zu sprechen.

10. Haus. Wenn Uranus in den Orbis des zehnten Hauses eintritt, führt das zu Spannungen und Bewegung in den Angelegenheiten, die vom zehnten Haus regiert werden. Das Weltbild verändert sich, die Anerkennung, die man sich von der Welt erwartet, unterliegt einer Wandlung. Man erhält unerwartete Chancen, »seine Sache« zu machen. Man erfährt unerwartete Beförderungen. Hat man seine Arbeit nicht mit vollem Einsatz geleistet, kann man ganz plötzlich seine Stelle verlieren.

Das Universum kann uns nichts geben, was wir nicht verdient haben, man kann deshalb keine Voraussagen über diesen Transit machen. Klienten werden einem nicht erzählen, was sie im Beruf verpatzt haben. Oft erwarten sie von einem Astrologen, daß er ihnen mittels seiner

»magischen« Kräfte, einen Blick in die Zukunft gewähren kann. Wir wissen nicht, wie sich ein Transit auswirkt, aber wenn man bis dahin mit seinen Kräften positiv umgegangen ist, dürfte er kein schlimmes Leid bringen, sondern in irgendeiner Form eine Chance.

Da Uranus so ungewöhnlich und unvorhersehbar ist, rate ich meinen Klienten meistens, lieber alle Angebote, die er macht, zu akzeptieren, als sich nur auf eine einzige Möglichkeit festzulegen. Die uranische Energie ist so weit gestreut, daß nicht alle Chancen das halten können, was sie zu versprechen schienen. Aber wenn man alle Angebote annimmt und vorsichtig handhabt, bis sich das Entscheidende zeigt, wird sich sicher irgendetwas ergeben. Wer sich auf nur eine Möglichkeit beschränkt, muß am Ende womöglich feststellen, daß er das Falsche gewählt und das Richtige abgelehnt hat.

Neptuntransite

Wenn Neptun durch die Tierkreiszeichen reist, dann löst er von dem, was wir uns aufgebaut haben, all das auf, was wir nicht mehr benötigen. Er macht uns weicher, durchlässiger; er regt unsere Phantasie an und läßt Illusionen in uns entstehen. Dieser Planet verändert uns auf eine heimliche, kaum wahrnehmbare Art und Weise. Die festgefügten und gradlinigen Charaktere werden sich während dieses Transits sehr unwohl fühlen, denn das Leben gerät an allen Ecken und Kanten etwas aus den Fugen. Solide Bürger könnten sich plötzlich zu Drogen oder Alkohol hingezogen fühlen, und solche Aktivitäten werden die Vorherrschaft der Phantasie weiter verstärken. Wir konfrontieren uns höchst ungern mit der Tatsache, daß in uns Gefühle auftauchen, die wir nicht kontrollieren können.

Verallgemeinert könnte man sagen, daß der Transit des Neptun dafür geschaffen zu sein scheint, uns zum Loslassen von bestimmten Lebensmustern und Werten zu inspirieren, die für uns überflüssig geworden sind. Dieser Transit ist nebulös – es ist schwer, ihn auf den Punkt zu bringen. In ihm liegt die Tendenz, Hoffnungslosigkeit in uns hervorzurufen, Depressionen, oder das Gefühl der Isolation. Auch bleibt unser Energiehaushalt nicht unberührt, und wir werden uns vielleicht schuldig fühlen, weil wir bestimmte Dinge nicht vollenden oder weiterführen können. Der Verlust von Energie zwingt uns dazu, anpassungsfähiger zu werden und nach einfacheren Wegen zu suchen. Dieses Energie-Niveau birgt aber auch ein Kreativpotential; indem wir lernen, alte Verhaltensmuster loszulassen, können wir uns neuer Methoden bewußt werden, um Probleme oder Situationen zu meistern.

Da der Neptuntransit verschiedene Häuser tangiert, macht er uns blind für das, was das jeweilige Haus symbolisiert. Wir verstehen oder sehen die Bedeutung des Symbols nicht so klar, wie wir es zu einem anderen Zeitpunkt tun würden. Während der Spanne eines Lebens wird der Neptuntransit nicht viele Häuser tangieren, und so können wir sehen, welche Bereiche des Lebens durch den Kontakt mit diesem

Planeten belebt oder spiritualisiert werden. In diesem Bereich besteht nicht nur die Notwendigkeit den blinden Fleck zu überwinden, sondern auch Intuition zu entwickeln. Der Einfluß von Neptun ist sowohl inspirierend als auch irreführend. Mit diesem Wissen bewaffnet können wir sehen, bei welchen Gelegenheiten wir am meisten geneigt sind, uns inspirieren zu lassen, und wo wir am meisten geneigt sind, leichtgläubig zu sein. Phantasiegebilde, Illusionen, Hoffnungslosigkeit, Mangel an Energie, die Unfähigkeit sich zu konzentrieren und mangelnde Zielorientierung – all dies wird irgendwie durch Neptun verursacht. Wenn diese Energie richtig verstanden wird, kann sie dazu genutzt werden, Einsicht, die Fähigkeit zu Intuition und inspiriertes Handeln zu entwickeln.

Neptun-Sonne Transite

Wenn der Neptun im Transit die Sonne berührt, werden – wenngleich auf sehr subtile Weise – die Wurzeln der Persönlichkeit erschüttert. Die Sonne symbolisiert das Selbst, das Prinzip des »Ich bin«, die Seele oder den Kern der Persönlichkeit. Sie symbolisiert die Vitalität, den Teil ihrer Persönlichkeit, der es mit Autoritätspersonen aufnimmt. Der harte Aspekt von Neptun wird für eine Anzahl von Jahren seinen Einfluß auf die Sonne ausüben. Alte Konzepte und innere Haltungen verblassen langsam und werden allmählich durch neue ersetzt. Aber bis zu dem Zeitpunkt, da wir uns der neuen Elemente bewußt werden, fühlen wir ein innerliches Schwinden unserer Vitalität und unserer Werte. Dieses Gefühl kann einige Menschen beängstigen und Depressionen und eine ernsthafte Hoffnungslosigkeit zur Folge haben; letztere wird sich bei den verschiedenen Charakteren auch verschieden auswirken.

Um diesen Transit ganz zu verstehen, sind die Geburtsaspekte zur Sonne wichtig, weil auch sie aktiviert werden. Wenn ein Mensch normalerweise eher destruktiv ist, so ist die Wahrscheinlichkeit groß, daß er während des Transits mehr leidet, als ein Mensch, der sich eher konstruktiv ausdrückt. Es kann der Eindruck entstehen, daß das Energiepotential vollkommen erschöpft ist. Jemand mag von sich annehmen, daß er eine Anämie hat, um dann von dem konsultierten Arzt zu hören, daß er völlig gesund ist. Vitamine können vielleicht helfen, daß Gefühl der Niedergeschlagenheit zu kompensieren. Es kann notwendig werden, daß man seine Schlafgewohnheiten verändert, da Schlaflosigkeit während dieses Transits nichts Ungewöhnliches ist. Oft erwacht durch ihn der Wunsch, mitten in der Nacht aufzustehen, oder er macht uns unfähig am Abend einzuschlafen; dafür könnte man den starken

Wunsch verspüren, um 2 Uhr am Nachmittag ein Nickerchen zu halten. Natürlich werden die meisten Arbeitgeber ein Nachmittagsschläfchen ihrer Angestellten kaum begrüßen, aber gegen einen kurzen Erholungsschlaf am Abend oder einen längeren am Wochenende wird kaum jemand etwas einzuwenden haben. Die Familie oder Freunde werden diese Notwendigkeit vielleicht nicht einsehen, aber sie werden sich daran gewöhnen. (Die Beseitigung von unnötigen sozialen Verpflichtungen ist ein Teil des Einflusses des Neptun Transits!)

Die Hoffnungslosigkeit, die im Zusammenhang mit dem Neptun-Sonne Transit entsteht, manifestiert sich, indem sie sich auf unsere Zielstrebigkeit, Karriere, und selbst auf unseren Lebenswillen auf undurchsichtige Weise auswirkt. Menschen mit einem starren Zielbewußtsein tragen den größten Schaden davon. Einige werden von ihrer Karriere enttäuscht sein, oder das Empfinden haben, daß ihre Arbeit in der Gesellschaft nutzlos ist. Es mag nun das Verlangen nach spitituellem Engagement entstehen, aber wenn bei der spirituellen Suche atheistische Ideen betont werden, oder unangenehme Erfahrungen mit eher orthodoxen Religionen zum Tragen kommen, so kann dies das Tor in die Freiheit verschließen. Doch dieses Tor kann durchschritten werden. Religiöse, metaphysische oder mystische Philosophien werden nicht so viele Hindernisse aufweisen, wie sie den Anhängern der Durchschnittsreligionen auferlegt werden.

Dies ist eine Periode, in der man fähig sein wird, die Schleier der Illusion zu durchschauen, und einige der eher unattraktiven Aspekte des Geschäftslebens klar ins Auge zu fassen. Wenn fragwürdige Geschäftspraktiken vorliegen, kann sich die Hoffnungslosigkeit in Verzweiflung verwandeln. Der Transit kann auch Ursache dafür sein, daß normalerweise eher vorsichtige Individuen sich auf neue Geschäfte oder Beziehungen einlassen, die den Geschäftsfreunden oder der Familie höchst unsinnig erscheinen.

Die schwierigen Neptun-Sonne Transite führen uns in unserer persönlichen Entwicklung zu einem schwer wahrnehmbaren Ziel. Um es zu erkennen, müssen wir bewußter werden; bewußter auch im Hinblick auf unsere spirituelle oder seelische Evolution. Die belanglosen Dinge im Leben werden an Bedeutung verlieren, weil einfach nicht genug Energie vorhanden ist, um sich mit ziellosen Aktivitäten die Zeit zu vertreiben. Wir können die Hoffnungslosigkeit überstehen, indem wir uns etwas Neues erhoffen. Aber dieses Neue muß eher etwas Universelles sein. Hier können kreative Energien im Vordergrund stehen. Die Vorstellung eines universalen Bewußtseins hat eher eine Chance sich zu entwickeln, als ein Bewußtsein für zwischenmenschliche Beziehungen.

Wenn Sie versuchen, die schwierigen Aspekte des Neptun-Sonne

Transits vorauszusagen, sollten Sie vorher unbedingt einige Faktoren bedenken, bevor Sie das schlechtmöglichste über den Transit annehmen. Das Alter des Klienten steht dabei an erster Stelle. Fragen Sie sich, ob Sie gerade einen Transit mit einer Depression, die mit einem anderen Ereignis zusammenhängt, in Verbindung bringen. Neptun kann sich für vier oder fünf Jahre in einem Horoskop aufhalten. Wenn die Geburtssonne auch in enger Beziehung zu anderen Planeten des Geburtshoroskops steht, kann sich der Transit über einen längeren Zeitraum hinweg auswirken. Diese Auswirkungen sind eventuell nicht physisch erkennbar und schwer zu diagnostizieren – für den Klienten kann es sogar schwierig sein, überhaupt darüber zu reden. In vielen Fällen – wenn mein Klient kaum Interesse zeigte, etwas über »Hoffnung« zu hören – habe ich nur gesagt, daß es nichts Ungewöhnliches sei, sich hoffnungslos zu fühlen, gerade in Hinsicht auf Ziele in der Arbeitswelt. »Hoffnungslosigkeit, mh?«, war oft die Reaktion. Einige Tage später kam dann ein Anruf mit der Bitte um einen Termin, wo ein klärendes Gespräch über den Einfluß von Neptun auf das Horoskop stattfinden sollte.

Aber nicht alle Leute wollen etwas darüber erfahren. Ich versuche trotzdem, ihnen diesen Aspekt näherzubringen, aber mit Bedacht. Einige Klienten haben das Bedürfnis, etwas über das zu erfahren, was in ihnen vorgeht – sie wollen beruhigt werden. Andere möchten, daß ich ihnen sage, daß es völlig in Ordnung ist, wenn sie sich vom philosophischen Standpunkt aus Gedanken über Leben und Tod machen. Ich finde nichts dabei, wenn ich ihnen erlaube ihr Leben zu untersuchen, indem sie ein Auge dabei auf den Tod richten; zur einen oder anderen Zeit tut das normalerweise jeder von uns.

Wenn wir uns mit unserer Depression auseinandersetzen, beginnen wir meist so: »Warum lebe ich?« oder »Warum muß ich in diesem Universum bleiben? Mein Mann, meine Frau, meine Kinder, die Arbeit, usw. machen mich nicht wirklich glücklich!« Dann versuchen wir herauszufinden, was wir denn brauchen, um glücklich zu sein. Mit etwas Glück kommen wir dann zu dem Punkt, an dem wir unser Spektrum verbreitern und uns fragen, *warum alles am Leben ist* – Bäume, Giraffen, andere Menschen etc. Jetzt sind wir auf einer philosophischen Bahn – auf dem geraden Weg dazu, Vorstellungen über unser spirituelles oder mystisches Selbst zu entwickeln, denn wir führen nun eine private Untersuchung über die Natur der Wirklichkeit durch. Wenn dieses Individuum von platonischen Philosophien oder ihren modernen Äquivalenten beeinflußt wird, wird es sich durch den Transit hindurcharbeiten und als ein stärkerer, selbstsicherer Mensch daraus hervorgehen. Dieser kann seine persönlichen Gefühle bezüglich Spiritualität oder

Religion entfalten, denn dafür ist der Transit da. Wie können wir irgend jemandem etwas von wirklichem Wert bieten, wenn wir nicht über unser Leben oder den Wert unseres Lebens nachdenken? Früher oder später müssen wir alle sterben, oder diejenigen, die wir lieben; wie sollen wir ein solches Trauma überwinden, wenn wir uns nie mit unserer eigenen Spiritualität konfrontiert haben?

Wir können diesen Transit überleben, ohne auch nur ein Fünkchen Spiritualität zu entwickeln. Wir können unsere Jobs wie Hemden wechseln, und uns von einer Karriere oder von einer Romanze in die nächste stürzen. Wir können uns als Opfer fühlen, während wir ziellos umherwandern und uns von dem Schleier der Illusion, den Maya repräsentiert, in die Irre führen lassen. Wir können uns irgendwie durch diesen Transit hindurchschummeln – aber wir versäumen etwas, wenn wir uns so verhalten.

Neptun stand in Opposition zu meiner Sonne und Venus, als ich ein Kind war. Gemessen an meinem jungen Alter und der Tatsache, daß meine Sonne im zwölften Haus steht, war es gar nicht so schlimm. Meine Eltern rissen mich aus meinem sozialen Umfeld. Sie hielten es nicht einmal für nötig, mir zu erklären, warum sie es taten – ich fand mich einfach plötzlich auf Reisen wieder, die den Zweck hatten, Landhäuser zu besichtigen. Ich erinnere mich lebhaft an eine heruntergekommene Farm (ein Opfer der Grundstücksmakler), wo die Kühe und Hühner einfach durch die offenen Türen des eingefallenen Farmhauses, in dem nicht ein einziges Fenster mehr war, ein und aus gingen. Ich zerbrach mir den Kopf darüber, ob meine Eltern dort einziehen wollten. Wir zogen dann in ein völlig abgelegenes kleines Dorf auf dem Lande, daß von Leuten gegründet worden war, die mit der Mayflower herübergekommen waren. Die Einwohner mochten meine Eltern oder mich nicht, ich mußte mich in der Schule mit den anderen Kindern auseinandersetzen, meine Eltern aber nicht. Während es mich einige Anstrengungen kostete, jeden einzelnen Tag in dem kleinen Klassenzimmer hinter mich zu bringen, dachte ich nie daran meinen Eltern zu erzählen, was dort passierte – ich hatte die Illusion, daß sie es wußten! Das fünfjährige Trauma, das durch den Umzug aus einer großstädtischen Umgebung auf das Land verursacht wurde, war an den Neptun Transit gebunden. Als dieser vorüber war, waren auch die Probleme vorbei. Für mich bedeutete der Transit eine Periode, in der ich nicht wußte, wer ich war – ich wurde ein Fremder. Das war äußerst beunruhigend!

Ein Erwachsener kann dieser Energie anders begegnen als ein Kind; und ein Mann wird mit ihr anders umgehen als eine Frau. Das Zentrum unserer Persönlichkeit erfährt einen Wandel, und wir werden vielleicht nicht wissen, wer wir sind.

Einige Astrologen vermuten, daß sich während der großen Transite die furchtbarsten Dinge ereignen können. Für diejenigen, die sich Sorgen um ihre Kinder machen, kann es in dieser Zeit angebracht sein, sich ehrlicher und direkter ihnen gegenüber zu verhalten. Ein gutes Verhältnis zu dem Kind wird in dieser Zeit weitaus mehr helfen, als wenn man sich die ganze Zeit Sorgen macht oder das Schlimmste befürchtet. Dieser Transit ist nicht da, um uns zu zerstören – und als Astrologen geben wir ein besseres Bild ab, wenn wir keine Paranoia in unseren Patienten erzeugen.

Neptun-Mond Transite

Der Geburtsmond symbolisiert die Gefühlsreaktionen in einem Individuum. Aus ihm geht hervor, inwieweit wir das hegen und pflegen, das wir lieben. Er kann uns zeigen, wie wir auf das Mutterbild reagieren, oder was wir aus dem Mutterbild gelernt haben. Er kann auch Aufschluß darüber geben, wie wir auf das Leben um uns herum reagieren.

Dieses Reaktionsfeld kann sich von unseren Gefühlen gegenüber jemandem, den wir lieben, bis hin zu unseren Reaktionen auf Politik oder Poesie erstrecken. Wenn der Neptun während des Transits unseren Weg kreuzt, haben wir vier bis fünf Jahre Zeit, uns zu überlegen, wie – und in welche Richtung – wir unser Reaktionsvermögen ändern. Unsere emotionalen Bedürfnisse werden sich vielleicht ändern, und wir könnten uns verletzlich fühlen.

Die Konjunktion, das Quadrat oder die Opposition sind am schwierigsten, aber auch unter einem Trigon kann man interessante Erfahrungen sammeln. Es kann sein, daß wir etwas verlieren, an dem wir sehr hängen. Im allgemeinen ereignen sich solche Verluste nicht, bevor der Aspekt in einen Wirkungskreis von drei Grad eingetreten ist. Ich meine, daß derartige Krisen vermieden werden können, wenn wir lernen, den Sinn dieses Transits besser zu verstehen, denn der Verlust von Menschen, die wir lieben, ist der einzige Weg, etwas über die Liebe zu lernen.

Während der schwierigen Phase des Transits können sich in einigen Fällen starke emotionale Belastungen einstellen, zum Beispiel in Form eines heimtückischen oder ungewöhnlichen Verlustes. Vielleicht verlieren wir jemanden durch eine Überdosis an Drogen oder durch eine andere, ungewöhnliche Todesart. Oder eine Beziehung zu einem Menschen findet ein seltsames Ende (seltsam oder ungewöhnlich ist hier nicht gleichzusetzen mit den ebenso ungewöhnlichen Auswirkungen, die Uranus hervorrufen kann. In seinem Falle handelt es sich eher um eine Überreaktion auf Drogen, auf ein nicht diagnostizierbares Leiden, eine innerliche Infektion oder ein Vorkommnis, das die Beziehung zwischen zwei Menschen auflöst.) Der Maya-Effekt des Neptun-Transits spielt eine wichtige Rolle; solange er andauert, sind wir ständig mit einer Welt aus Illusionen konfrontiert.

Vom philosophischen Standpunkt aus gesehen, erschaffen wir unsere eigene Welt, und wir werden das bekommen, was wir erwarten. Neptun hüllt uns in eine Wolke aus Unwirklichkeit. Mit anderen Worten: wir sind in keiner Weise geneigt, Mutter Natur zu beachten oder wahrzunehmen – vielmehr erschaffen wir uns unsere eigenen Ideale und vielleicht auch unsere eigene Welt. Dieser innere Zustand läßt sich durch ein paar Hollywood Filme oder durch die Scheinwelt der Werbung leicht verstärken, und schon haben die Leute die Vorstellung, daß die ganze Welt mit einem Schleier aus Samt und Seide, überirdischer Schönheit, oder mit dem Schweiß und Blut der Gewalt überzogen ist. In beiden Fällen fehlt die nötige Balance, und unsere emotionale Natur wird von einer unstabilen Basis beeinflußt.

Der Neptun Transit dient als Werkzeug, um unser Reaktionsverhalten zu verändern. Die Basis für unsere emotionalen Reaktionen wurde geschaffen, als wir Kinder waren, und nun muß sie sich wandeln. Dieser Zeitraum eignet sich hervorragend dafür, Vorstellungen und Eindrücke aus der Kindheit zu verarbeiten. Das mag nicht so einfach sein, denn wir könnten auch an wunderbaren Phantasien oder Zielen festhalten. Wir entwickeln vielleicht starke Beziehungen zu Menschen, deren Absichten für uns undurchsichtig bleiben, weil eine Wolke aus Illusionen zwischen uns und ihnen hängt. Vielleicht fühlen wir uns energie- und ein bißchen orientierungslos. Einige Menschen fühlen sich so aus der Bahn geworfen, daß sie aus der Angst heraus, einen Partner nicht sorgfältig genug auswählen zu können, Beziehungen lieber gänzlich vermeiden. Andere stürzen sich in Partnerschaften, deren Grundlage Luftschlösser und Phantasievorstellungen sind. Wiederum andere finden sich in Beziehungen wieder, die einen sexuellen Aspekt ausklammern, weil sie Sexualität als etwas betrachten, das nicht spirituell genug ist.

Ganz gleich, was wir tun – das Resultat dieses Transits wird sein, daß wir uns verändern. Unsere Vorstellungen und Ideen, unsere Illusionen und blinden Flecken und unsere Einstellung zur zwischenmenschlichen und universellen Liebe werden dabei ans Tageslicht kommen.

Neptun-Merkur Transite

Merkur symbolisiert, auf welche Art und Weise wir kommunizieren, und deshalb wird unsere Art zu sprechen, zu hören, unsere Gedankenmuster, unser Tast- und Geruchssinn während der vier oder fünf Jahre, in denen Neptun den Merkur aktiviert, beeinflußt. Manchmal dauert dieser Transit länger, da andere Aspekte in Bezug auf den Geburtsmerkur ihn am Leben erhalten.

Durch den Einfluß von Neptun tauchen Illusionen, Wahnvorstellungen und Inspirationen im Bereich der mentalen Aktivitäten auf. Die Energie hat ihre Tücken – wir reagieren nicht mit einem »Hurra! Ich habe gerade die Atomenergie entdeckt!« darauf. Neue Ideen und eigenartige Gedanken tauchen in uns auf, und wir werden Dingen nachjagen oder Ziele verfolgen, von denen wir vorher angenommen haben, daß sie uns nie interessieren würden.

Wenn wir aus einer Umgebung kommen, in der wir einige Aspekte des Selbstbewußtseins studiert haben – zum Beispiel aus einer Therapie, die im Sinne von Jung den Prozeß der Individualisierung unterstützt – wird uns dieser Transit kaum berühren. Wenn wir einen religiösen Hintergrund haben oder die mystische Seite des Lebens kennen, wenn wir tief im Einklang mit der Natur sind – dann wird uns der Transit in keiner nennenswerten Weise zu schaffen machen.

Der Transit wird aber dann zu einer unangenehmen Zeit für uns, wenn wir die Vorstellung des inneren Selbst nicht entwickelt haben, wenn wir unzufrieden mit uns, mit unseren Gedanken oder unserem »Anders-sein« sind. Mit Neptun kommen Wahnvorstellungen – und bei einem Teil dieser Wahnvorstellungen könnte es sich um erweiterte Intuition handeln. Wenn jemand nicht weiß, was Intuition ist, oder wenn er mit dem nicht vertraut ist, was allgemein als *ASW* bezeichnet wird, könnte ihn ein seltsames oder unangenehmes Selbstgefühl überfallen. Wenn der Aspekt im Geburtshoroskop eine Bestätigung findet, und wenn die Häuserplazierung von Merkur auf intuitive oder psychische Kräfte hindeutet, dann kann der Transit Anlagen zur Hellsichtigkeit, etwa hellsichtiges Träumen, intensivieren. Es kann sein, daß man Stimmen hört, Visionen hat oder einfach »Dinge weiß«, bevor sie passieren. In diesem Fall kann der Neptuntransit zum Merkur (speziell die schwierigen Aspekte, aber manchmal auch das Trigon) ein Gefühl der Instabilität verursachen.

Während des Transits kamen Klienten mit einem sehr »spießigen« oder engstirnigen religiösen Hintergrund zu Beratungsgesprächen. Sie alle fürchteten sich vor Geisteskrankheiten. Sie hatten Angst darüber zu reden, wie sie sich fühlten. Aber ich habe etwas Harmloses gesagt, wie

»während dieses Zeitraums ist es normal, sich ein wenig geistig instabil zu fühlen«, oder »Sie sollten sich zumindest zugestehen, daß Sie sich Sorgen machen«. Danach wurde es möglich, über intime Ängste vor Wahnsinn, vor völliger Instabilität oder vor Versagen zu sprechen. Neptun bringt aber auch Kreativität mit sich, und den festen Glauben, daß diese Energie kanalisiert und zu guten Zwecken benutzt werden kann. Anstatt sich Sorgen um die eigene Stabilität zu machen, kann die Energie auch dazu benutzt werden, das Gebiet der Parapsychologie zu erforschen, oder jeden anderen, okkulten Bereich, der uns interessiert, die Astrologie eingeschlossen. Sie kann im Bereich der Schriftstellerei, Malerei oder bei der Suche nach kreativen Interessen, die der Klient haben mag, oder für einen kreativen Aspekt innerhalb des Berufs genutzt werden.

Durch Wahnvorstellungen hervorgerufene Träume oder Stimmen, gekoppelt mit einer extremen Vergeßlichkeit, verunsichern im allgemeinen die Leute bezüglich des menschlichen Geistes. Hier hilft Humor, denn wir können uns auf diesen Transit einstellen, wenn wir über uns selbst lachen können. Ich bin in dieser Zeit des öfteren fünfmal zum Supermarkt gegangen, um Kaffee zu kaufen. Jedesmal habe ich alles andere gekauft, nur keinen Kaffee. Letztendlich habe ich in meiner Verzweiflung zu der Kassiererin gesagt: »Lassen Sie mich ja nicht ohne Kaffee aus dem Laden!« Durch einen kurzen Blick in die Ephemeriden fand ich heraus, daß sie die gleiche Erfahrung durchmachte, da Neptun auch ihren Merkur berührte.

Es könnte sein, daß wir von einem Raum in den anderen gehen, und, dort angekommen, nicht mehr wissen, was wir dort wollten. Oder wir wollen einen Freund besuchen und fahren zur Arbeit, oder an einen anderen vertrauten Ort, ohne wahrzunehmen, wo wir sind. All dies kann einen Menschen beunruhigen, der so etwas nicht von sich gewohnt ist. Vielleicht finden wir etwas in unserem Büro nicht, weil wir uns nicht erinnern können, wo wir ein wichtiges Papier abgelegt haben.

Die Kommunikation mit anderen kann sich manchmal völlig verworren gestalten, wenn wir das mißverstehen, was andere uns zu sagen versuchen, oder wenn uns nicht klar ist, was wir anderen eigentlich mitteilen wollen. All das bringt uns dazu, an unseren eigenen Fähigkeiten zu zweifeln. Je unsicherer wir werden, je unwohler wir uns fühlen, umso mehr verstärken wir das Gefühl der Unzulässigkeit. Der Trick ist, daß man lernt, diese konfuse Energie für ein kreatives und meditatives Denken zu nutzen.

Neptun-Venus Transite

Wenn man mit diesem Transit für vier oder fünf Jahre konfrontiert wird, merkt man, wie sich die Vorstellungen über Liebe langsam und auf sehr subtile Weise ändern. Die meisten von uns haben eine »Milch-und-Honig-Vorstellung« von der Liebe – es ist eine wunderbare, illusorische Erfahrung, die zwar berauschend, aber unpraktisch ist. Sogar unter dem Trigon-Aspekt können wir in wunderbare, zuckersüße Schwierigkeiten geraten! Wir verlieben uns in die Liebe oder in ein Ideal, in die spirituelle Ethik, in eine Wolke, oder unter einer. Da Venus unsere intellektuelle Vorstellung über die Liebe symbolisiert und wie wir geliebt werden wollen – und es besteht auch eine Verbindung zu den psychischen Eindrücken frühester Erfahrungen mit unserer Mutter und ihren Werten – sind all diese Aspekte unserer Persönlichkeit dazu verurteilt, sich zu verändern.

Daß man sich in jemanden verliebt, zu dem man für lange Zeit keine wirkliche Beziehung findet, gehört zu den häufigsten Vorkommnissen während des Transits. Männer verlieben sich in attraktive, bezaubernde Frauen, aber das Persönlichkeitsprofil des Mannes paßt so gar nicht zu der Art der Beziehung, in der er sich plötzlich wiederfindet. Zum Beispiel verliebt sich ein Manager in einer hohen Position, der seine Zeit und Freiheit braucht, um seine Geschäftsziele zu verfolgen, in eine unsichere Frau, die wie eine Klette an ihm hängt und ständig Aufmerksamkeit und Führung beansprucht. Und wahrscheinlich wird sie versuchen, ihn dazu zu bringen, sie zu heiraten.

Im anderen Fall verliebt sich eine Frau in ein »es wäre möglich«, sieht aber nicht, wer und was ihr Herzbube in Wirklichkeit ist. Frauen fühlen sich manchmal von kreativen Männern angezogen, die nicht arbeiten, die Verantwortung ablehnen, und die nicht das sind, was sie zu sein scheinen. Im Zeichen des Transits kann sich bei beiden Geschlechtern ein Schuldgefühl manifestieren, denn hier taucht das Bedürfnis oder das Gefühl auf, zu beweisen, wie spirituell oder wie ernsthaft sie lieben. Aus diesem Grund wird die geliebte Person geheiratet, oft schneller als nötig. Mit den Illusionen, die Neptun verursacht, ändern sich auch die spirituellen Bedürfnisse. Bloßer Sex, bloße Befriedigung von Bedürfnissen oder oberflächliche Emotionen sind nicht das, wonach ein Individuum in dieser Phase sucht. Der Einfluß von Neptun inspiriert die große »spirituelle« Liebe, die über der gewöhnlichen, sterblichen steht. Es kann sein, daß einer der Beziehungspartner den anderen zur Heirat drängt, oder eine außergewöhnliche Tat verlangt, die beweist, daß es sich nicht um eine durchschnittliche Beziehung handelt, sondern um eine, die im Himmel geschlossen wurde.

Diesen Transit kennzeichnet die Suche nach etwas, was hinter dem Reich des Gewöhnlichen liegt. Nun ist an der Suche nach einer besonderen Beziehung, die auch ein spirituelles Verbundensein nicht ausschließt, nichts auszusetzen. Aber hier kommen die durch Neptun verursachten Illusionen ins Spiel, und so werden Freundschaften während dieses Transits von unschätzbarem Wert sein, denn die Freunde können vielleicht Dinge sehen, für die man selbst jetzt blind ist. Eltern, Freunde, Nachbarn, oder der Astrologe können einem ebenso helfen wie der Vergleich und die Auswertung von Horoskopen. Vielleicht haben wir keine Lust, diese Hilfe in Anspruch zu nehmen – aber die Möglichkeit, dies zu tun, besteht dann jedenfalls. Wir werden die Liebe, nach der wir suchen, finden, wenn der Transit vorüber ist. Und was ist schon dabei, wenn man in der Zwischenzeit mal die Finanzen seines Allerliebsten überprüft? Vielleicht hat einer der Partner Probleme mit dem Finanzamt oder einen dunklen Fleck in seiner beruflichen Vergangenheit? Und gibt es in dieser Beziehung wirklich einen bodenständigen Aspekt, oder sehen Sie in dem Partner nur eine wundervolle, spirituelle Attraktion? Wir suchen derart intensiv nach einer besonderen Beziehung, daß wir sie, und notfalls in unseren Köpfen, so zurechtbasteln, wie wir sie gerne haben wollen. So wiegen wir uns in dem Glauben, endlich das Richtige gefunden zu haben, wenn genau das Gegenteil der Fall ist.

So mancher Beziehungspartner verliert während dieses Transits all sein Interesse, denn die Vorstellungen und Träume von einer perfekten Beziehung degradieren die alltäglichen Dinge zu äußerst ernüchternden Tatsachen. Einige Menschen, die bisher Angst davor hatten, sich in jemanden zu verlieben, verlassen ihre eingefahrenen Bahnen und nutzen die Chance, die dieser Transit bietet. Die normalerweise vorhandenen Barrieren werden durchbrochen, und unser Begehren oder das Bedürfnis nach Liebe läßt sich leichter ausdrücken als sonst. Natürlich wird so etwas gerade denjenigen passieren, die zum Zeitpunkt ihrer Geburt eine schwierig aspektierte Venus haben, und die sich unter normalen Voraussetzungen nicht sehr leicht zu emotionalen Handlungen hinreißen lassen. Während dieses Transits werden die Kenntnisse über das eigene Horoskop und über die Geburtsaspekte eine Hilfe sein. Auch ein gesunder Menschenverstand wird einem jetzt gute Dienste leisten. Die eher praktischen Überlegungen in Bezug auf eine Partnerschaft können alle Integrationsprobleme lösen. Ein Alkoholiker oder ein arbeitsloser Partner wird einem keine große Hilfe sein, wenn man heiraten und eine Familie gründen möchte, es sei denn, man will leiden. Das Nachdenken über den richtigen Partner wird einem helfen, mit den Füßen auf dem Boden zu bleiben. Bei Gesprächen mit den besten

Freunden wird man leicht heraushören können, was diese an der neuen Liebe auszusetzen haben. Und obwohl wir derartige Dinge ungern von einem Freund hören, sollten wir während dieses Transits die Ohren spitzen. Wie ich bereits erwähnt habe, pflegte meine Mutter zu sagen »Knutsche nicht vor dem Gartentor, denn die Liebe ist zwar blind, aber die Nachbarn sind's nicht!« Sie sprach über die Tatsache, daß andere Leute das sehen, was wir nicht sehen wollen. Wir sollten es uns wert sein, daß wir gründlich über unsere Bedürfnisse nachdenken, bevor wir uns in einer langen Beziehung wiederfinden, die nicht das halten kann, was sie zu versprechen schien. Jeder, der unsere Liebe auf die Probe stellen möchte, kann es aus Gründen tun, die wir im Moment nicht durchschauen.

Neptun-Mars Transite

Mars repräsentiert das Prinzip des Handelns und bestimmt alle Handlungen, in denen wir die Bedürfnisse der Sonne ausdrücken. Er symbolisiert ebenso den sexuellen Trieb, sowohl bei Männern, als auch bei Frauen. Wenn Neptun durch den Transit diesen Punkt berührt, dann ändert sich unsere Vorstellung über das Handeln, und zwar besonders während der schwierigen Aspekte. Es kann sein, daß wir nicht wissen, was wir tun. Die Energie von Neptun ist heimtückisch. Anders ausgedrückt, vermindert er langsam und auf subtile Weise unsere Energie, und dieser Umstand kann uns desorientiert und vergeßlich erscheinen lassen. Auch unser sexuelles Triebverhalten wird sich verändern.

Wenn Mars in einem kraftvollen Zeichen steht, oder wenn er gut aspektiert ist, kann er dieses Triebverhalten auf die eine oder andere Art regulieren. Bei denjenigen, die einen weniger stark ausgebildeten Sexualtrieb haben, könnten die sexuellen Aktivitäten noch weiter zurückgehen, oder vielleicht ganz zum Stillstand kommen. Menschen, deren Sexualverhalten gehemmt ist, neigen in dieser Zeit stärker zu sexuellen Aktivitäten und Phantasien, da Neptun für unsere Phantasien, unsere Träume, unsere Illusionen und Wahnvorstellungen, aber auch für unsere Inspiration steht. Deshalb spielen plötzlich Phantasievorstellungen in Bezug auf unsere Sexualität eine größere Rolle. Einige Menschen möchten ihre Phantasien ausleben, andere fürchten sich davor. Da Mars das Prinzip des Handelns verkörpert, werden andere Zeichen über weniger Energie verfügen. Wir haben es nicht gern, wenn etwas unser Sexualverhalten beeinflußt, denn in diesem Punkt sind wir oft sehr empfindlich. Wenn ein Desinteresse am Sex auftaucht, wenn eine Frau nicht länger den Wunsch verspürt, sich auf dieser Ebene mit dem

Partner zu treffen, oder wenn ein Mann sich impotent fühlt, dann kann das starke Probleme bringen. Das Sexualverhalten ändert sich in Richtung Spiritualität.

Einer meiner männlichen Klienten war ein alleinstehender, junger Mann Anfang dreißig, als sich dieser Transit vollzog. Er fuhr damit fort, jede Möglichkeit beim Schopf zu packen und mit jeder Frau ins Bett zu springen, und war dabei auf der Suche nach etwas Besonderem, was er aber nicht näher benennen konnte. Keines seiner sexuellen Erlebnisse entsprach seinen Erwartungen. Er bekam Potenzprobleme, und als die Spannung ihren Höhepunkt erreichte, wurde Sex für ihn etwas, das ihn mehr und mehr enttäuschte. Er konnte nicht verstehen, daß der Neptuntransit ein innerlicher Vorgang ist. Für ihn war es wichtig, daß er seine Werte in Bezug auf Sexualität veränderte. Er schien große, sexuelle Schuldgefühle zu haben, die durch seine religiöse Erziehung verursacht waren, und dieser Einfluß mußte bewußt aufgearbeitet werden. Sein Bedürfnis nach wahllos stattfindenden, sexuellen Kontakten, und seine Unfähigkeit, eine Beziehung auch nur für einen kurzen Zeitraum aufrechtzuerhalten, waren die Punkte, die näher betrachtet werden mußten. Er suchte in einer Zeit, in der er eigentlich nach innen hätte schauen müssen, nach Antworten in der äußeren Welt. Die Enttäuschung, die er fühlte, hätte eigentlich eine innere Veränderung seiner Haltung gegenüber der Sexualität bewirken müssen.

Wenn im Geburtshoroskop eine Entsprechung vorhanden ist, dann findet während dieses Transits eher ein Rückzug in die Phantasie, als Aktivität in der äußeren Welt statt. Wenn Mars auch einen Aspekt zur Sonne, zum Mond oder sogar zum Aszendenten bildet, dann wird sich das auf unsere individuellen (Aszendent), spirituellen (Sonne) oder emotionalen (Mond) Bedürfnisse auswirken. Die Energie wird dann komplizierter und erfaßt einen größeren Teil der Persönlichkeit. Anzeichen dafür sind Tagträume, Visionen und eine, stark von Phantasien beeinflußte, Meditation. Hier spielen nicht nur sexuelle Phantasien eine Rolle, der Bereich kann sich vielmehr auf den gesamten Prozeß des Lebens erstrecken.

Mars war von alters her der Beherrscher von Skorpion, dem Zeichen des Todes, der Zerstörung und der Erneuerung. Das Sperma oder der »Samen« symbolisiert das Leben, welches ein Teil von uns ist. Dieses Leben wird nicht bewußt von uns erzeugt. Die lebensspendende Kraft, die im Geben des Samens oder im Gebären eines Kindes liegt, wird durch die hinduistische Gottheit »Shiva« symbolisiert. Er ist der Gott des Todes, der Zerstörung und der Erneuerung. Er tanzt den Tanz des Lebens und des Todes, und während er tanzt, fließt unaufhörlich sein Sperma, obwohl sein Oberkörper weiblich ist. Nicht alle Interpretationen der Symbolik Shivas enthalten diesen Aspekt – aber der glorreiche Tanz des Lebens und des Todes gehört zu ihm. Dieser Tanz symbolisiert nicht die destruktive Angst vor dem Tod, sondern die Kontinuität des Lebens, den universellen Fluß, und dies ist für westliche Menschen schwer zu verstehen.

Der Neptun-Mars Transit schließt ein Nachdenken über die Kontinuität des Lebens mit ein – über die Lebenskraft, die früher einmal durch den Mars symbolisiert wurde. Und diese Kontinuität ist ungebrochen, obwohl sich sogar die Symbolik der Astrologie verändert hat, obwohl Skorpion heute einen anderen Regenten hat, und obwohl viele Astrologen in Mars etwas Negatives oder Unheilvolles sehen. Während des Mars-Neptun Transits fragen wir uns, was es mit dem Leben auf sich hat.

Einige Menschen stellen sich diese Frage nicht. Andere sehen sich mit der Unfähigkeit konfrontiert, sexuell zu funktionieren, und erschaffen eine starke Spannung in sich. Wiederum andere glauben, daß man seine sexuellen Phantasien ausleben muß, und betrachten dies als einen Teil ihrer »Freiheit«. Manchmal gelingt es Menschen, ihre sexuellen Hemmungen in dieser Periode zu überwinden, indem die, durch den Saturn bedingte Zurückhaltung und Vorsicht in den Wind geschlagen wird, und die Persönlichkeit erfährt in ihrem Ausdruck einen Wandel. Die nötige Balance muß in jedem Fall hergestellt werden, denn es ist schwierig mit einer Vergangenheit zu leben, in der zuviele Partnerwechsel stattgefunden haben. Aus einem leichtfertigen Umgang mit der Befriedigung unserer Sexualität kann man eine Sache lernen, nämlich daß Sex für uns immer nur das ist, was wir daraus machen. Wir machen, ganz nach unseren eigenen Wünschen, aus unserer Sexualität etwas Banales oder etwas Besonderes.

Bezüglich dieses Transits sollte das Alter des Klienten mit in Betracht gezogen werden. Eine alleinstehende Frau im Alter von 25 Jahren, die weit weg von ihren Eltern in New York lebt, könnte ein paar sexuelle Experimente in dieser Phase durchführen. Eine verheiratete Mitvierzigerin mag vielleicht eine Affäre haben, sie könnte auch die Beziehung zu ihrem Ehemann neu beleben. Inwieweit sich der Transit auf eine eher reife Person auswirkt, wird zum großen Teil davon abhängen, wie diese ihre Vergangenheit beurteilt. Sie könnte einen Seitensprung zulassen – aber sie könnte ebenso bei dem Ehemann bleiben. Ein Mann wird sich ganz ähnlich verhalten – er wird anders auf die Neptun-Energie reagieren, wenn er in eine gesunde Beziehung eingebunden ist, als wenn er ungebunden und frei ist.

Ein Teenager kann nur seinem Alter entsprechend reagieren. Ich erlebte ein Quadrat von Neptun zu meinem Geburtsmars, als ich in den fünfziger Jahren auf das Gymnasium ging. Ich war nicht der Typ, der großartige Dummheiten anstellt, aber ich hatte so wunderbare sexuelle Phantasien, als hätte ich schon einmal praktische Erfahrungen gemacht. Die ersten Küsse waren eine wunderbare Erfahrung, und ich las dutzendweise irgendwelche grotesken Geschichten. Wenn ich später geboren wäre, hätten meine Eltern viel mehr Gründe gehabt, sich Sorgen zu machen, aber meine Generation und meine Umgebung waren für mich sicher.

Eltern von heute haben vielleicht – bedingt durch die gegenwärtige Sozialstruktur – den Wunsch, diesen Transit bewußter wahrzunehmen. Einige Eltern projizieren in jedem Fall zu viel in ihre Kinder und nehmen wenig Notiz davon, wo diese in ihrer Entwicklung stehen. Ein weiblicher Teenager wird sogar nur dann sexuell auf den Neptun-Mars-Transit reagieren, wenn sie reif dafür ist. Viele junge Menschen sind noch gar nicht dazu bereit, sich auf sexuelle Experimente einzulassen, wenn sich die Eltern bereits darum sorgen, daß sie es sein könnten. Eine herzliche und mitfühlende Erziehung ist hier der richtige Schlüssel.

Neptun-Jupiter Transite

Wenn wir nun über den Neptun-Jupiter Transit nachzudenken beginnen, entfernen wir uns langsam von den wirklich persönlichen Planeten. Jupiter symbolisiert unsere erzählerischen Fähigkeiten, unser Vermögen, uns über Ideen und Werte mit anderen auszutauschen. Er zeigt, wie wir uns gegenüber anderen Menschen, neuen Erfahrungen und neuen Ideen öffnen. Der Einfluß von Neptun ist subtil, und unsere Vorstellungen über unsere Ausdehnung und unsere Art zu teilen werden spiritueller... oder nebulöser. Unsere Form der Kommunikation wird von Inspiration, Wahn, Illusion, Phantasie und Ethik geprägt sein. Dieser Transit kann sich wunderbar dazu eignen, uns zu öffnen.

Es wird dann zu Reinfällen kommen, wenn wir uns nicht klar darüber sind, wem wir etwas mitteilen, oder uns, ohne Unterschiede zu machen, jedem völlig öffnen. Wenn wir uns so verhalten, wird letztendlich Saturn alles wieder ins Lot bringen. Wir werden die Irrtümer auf unserem Weg früher oder später erkennen.

Traditionellerweise wurden Tumore und ähnliches mit Jupiter in Verbindung gebracht, manchmal auch Drüseninfektionen. Jedesmal, wenn Neptun einen Planeten im Transit berührt, tendiert er dazu, das zu verhüllen, was daraus hervorgeht, und verdeckt so, was wirklich an der Oberfläche passiert. Unter diesem Transit kann es gut sein, daß man nach einer vorbeugenden Medizin Ausschau hält. Es kann in dieser Zeit schwierig sein, sich zu einem Arztbesuch zu motivieren, denn Jupiter hat etwas mit reichhaltigem Essen und Leckereien zu tun, und so brechen einige Menschen ihre Diät ab, essen zuviel Ungesundes oder trinken zuviel Alkohol. Der Weg nach unten ist süß...

Der Transit ist so wichtig, wie aus dem Geburtshoroskop hervorgeht. Wenn Jupiter schwierige Aspekte in Bezug auf die persönlichen Planeten aufweist, dann wird dies eine Zeit, in der sich Einstellungen ändern. Jegliche Rigidität wird sich auflösen, und alles andere, was im Leben aufgelöst werden muß, wird ebenso verblassen. Der Energiefluß wird nicht so sein, wie er sein sollte, oder so, wie er vorher war. Es könnte sein, daß man seine Art sich mitzuteilen verändern muß, um Müdigkeitsgefühle zu vermindern. Das durch den Transit aktivierte Haus wird wichtiger werden als gewöhnlich.

Dieser Zeitraum eignet sich gut um herauszufinden, ob die persönliche Philosophie wasserdicht ist. Um unser Bewußtsein soweit als möglich zu erweitern, müssen wir den Kern dessen aufdecken, was der Neptun-Jupiter Transit für uns symbolisiert. Neptun löst Träume und Wahnvorstellungen philosophischer Natur auf, und erlaubt uns, diese mit vielleicht besseren zu ersetzen. Wir müssen dabei im Auge behalten, daß wir eine anwendbare Philosophie brauchen – eine, die wir sieben Tage in der Woche leben können. Wenn unsere Philosophie nicht lebbar ist, haben wir keine.

Neptun-Saturn Transite

Neptun Transite haben eine auflösende Wirkung. Im Geburtshoroskop repräsentiert Saturn viele Aspekte der Persönlichkeit, von denen sich jeder einzelne unter dem Neptuntransit wandeln kann. Es gibt Dinge, mit denen wir sehr vorsichtig sind, diese werden durch die Häuserplazierung, das Zeichen in dem Saturn steht, und durch die Aspekte symbolisiert. Vorsicht hat viel mit Ängsten zu tun – seien sie äußerer oder innerer Art. Die Stellung von Saturn setzt da an, wo Schwachstellen im Körperhaushalt sind. Es gibt Astrologen, die sich mit Gesundheitsprognosen beschäftigen. Sie sagen, daß z.B. Saturn im Krebs bedeutet, daß Schwierigkeiten mit der Verdauung zu erwarten sind. Unter diesem Neptuntransit spielt dieses Körperteil verrückt.

Saturn symbolisiert auch den psychologischen Einfluß des Vaters auf die Psyche des Kindes. Diese Prägungen entwickeln sich in der Zeit vor dem dritten Lebensjahr. Die dadurch möglicherweise verursachten Hemmungen gegenüber Autoritätspersonen oder Verzögerungen in der normalen Entwicklung kann man im Geburtshoroskop an den Aspekten erkennen, die Saturn mit anderen Planeten bildet. Der Neptuntransit bringt einiges davon an die Oberfläche und löst es auf. Dies wirkt befreiend, so daß der Mensch seinen eigenen Platz, entsprechend seinen eigenen Vorstellungen, in der Gesellschaft einnehmen kann. Er löst sich von den hemmenden Familieneinflüssen.

Der Neptuntransit wird, egal ob er in Konjunktion, Quadrat oder Opposition zum Geburtssaturn steht, Ängste und Abwehrhaltungen auflösen. Dies erlaubt, daß man seine Persönlichkeitsstrukturen von einer anderen Warte aus betrachtet. Leidet man z. B. unter mangelndem Selbstwertgefühl, wird dieser Transit eine Hilfe sein, ein neues Selbstbewußtsein aufzubauen. Der individuelle Umgang mit dem Selbstwertgefühl macht klar, daß man wichtig und wertvoll ist, auch wenn man zunächst nur sieht, daß man seinen Beruf zur Zufriedenheit aller ausübt. Mit der Zeit wird man erkennen, daß man auch als Freund wertvoll ist, als Steuerzahler, als Angestellter, als Nachbar. Es spielt keine Rolle, an welcher Ecke das Selbstwertgefühl beginnt, sich aufzubauen. Die auflösende Energie von Neptun erlaubt, lange genug die Abgrenzungsmechanismen etwas beiseite zu lassen, so daß man sich selbst als Teil der Gesellschaft erkennen kann.

Ein sehr starkes Vaterbild, das uns fest an den Schoß der Familie kettet, kann unter dem Einfluß dieses Transits dazu führen, daß man sich von der Familie negativ abgrenzen muß. Dies ist als Gegenreaktion auf die Macht des Vaters zu verstehen, als Ausbruch des Kindes aus dem Einflußbereich seiner Persönlichkeit. Auch wenn man Hunderte von Kilometern von zu Hause wegzieht, reisen diese saturnischen Einflüsse tief im Unterbewußtsein mit. Der Vater selbst mag von all dem keine Ahnung haben. Doch das Kind muß sich mit den unterbewußten Einflüssen auseinandersetzen, die besonders schwierig zu verarbeiten sind, wenn sie weder erkannt noch ausgedrückt werden. Ein Neptun-Saturn Transit kann einen jungen, gerade erwachsenen Menschen zu Handlungen verleiten, die später als Form des Widerstands gegen die Familie erkennbar sind. Es ist jedoch ziemlich unwahrscheinlich, daß der junge Mensch den rebellischen Charakter seiner Handlungen begreift.

Trifft einen der Transit wenn man älter ist, wird die Auflehnung subtiler sein. Möglicherweise heiratet man einen Menschen, den die Familie nicht akzeptiert, oder man zieht sich von allem zurück, was durch die Wertnormen des Vaters geprägt wurde. Beruflich möchte man seinen eigenen Weg gehen. Ein scheinbar glücklich verheirateter Mensch verläßt seinen Gatten/seine Gattin und fängt eine Beziehung mit einem Partner an, der ein vollkommen anderer Typ ist. Was auch immer der Vater dem Kind an Werten vermittelt hat wird sich ändern, sobald sich dieses von den Einflüssen der Familie befreit und beginnt, sein eigenes Leben zu führen.

Der Schlüssel für den Umgang mit diesem Transit liegt in den inneren Wandlungen, die man erfährt. Plötzlich findet man sich in Aktivitäten wieder, von denen man nie geglaubt hätte, daß sie einen jemals interessieren könnten. Dinge, die man sich nie zugetraut hätte, werden möglich und Ängste verblassen.

Sobald einmal ein Anfang gemacht ist, läßt sich die Energie dahin lenken, wo man sie haben möchte.

Neptun-Uranus Transite

Diesen Transit kann man nicht mehr individuell betrachten, denn er gilt für alle Menschen, die im Zeitraum von ungefähr einem Jahr geboren wurden. Er ist nicht weiter von Bedeutung, es sei denn, Uranus bildet im Geburtshoroskop Aspekte zu den persönlichen Planeten. Die Veränderungen gelten mehr für eine Generation und nicht so sehr für den Einzelnen.

Uranus symbolisiert im Geburtshoroskop das Verhalten unserer Generation. Neptun wird darauf in irgendeiner Weise verändernd einwirken. Man spürt, daß man mit der Zeit gehen und seine Verhaltens- und Lebensmuster den Erfordernissen der Gegenwart anpassen muß. Sollte man in der Vergangenheit zu ausgesprochen exzentrischen und eigenwilligen Verhaltensweisen geneigt haben, wird Neptun einem ganz hinterlistig klarmachen, daß man dies zugunsten eines weitblickenden Bewußtseins aufgeben sollte.

Alte Lebensweisen entgleiten, es ist nötig, sich neu zu orientieren. Wenn man bisher sehr individualistisch seinen eigenen Weg gegangen ist, kann es nötig sein, sich einer Gruppe anzuschließen und seine Verhaltensmuster zu ändern, um sie den Bedürfnissen anderer anzupassen. Ein Mensch mag es so empfinden, daß irgendeine universelle Kraft ihn »gepackt« hat, ohne daß er es jedoch klarer definieren könnte.

Uranus steht für den Prozeß und die Notwendigkeit der Individuation. Der Neptuntransit kann anzeigen, daß die Zeit für die Entwicklung dieser Interessen gekommen ist. In den folgenden Jahren entdeckt man die Welt der Philosophie, der Religion, der Meditation und der verschiedenen Therapieformen, die helfen, die inneren Potentiale zu entdecken. Vielleicht läßt sich aber auch in dem Horoskop erkennen, daß sich nichts dergleichen ereignen wird.

Wenn Uranus persönliche Planeten aspektiert, wird die Lösung einiger Konflikte unter dem Neptuntransit möglich werden. Ein Uranus-Venus Quadrat im Geburtshoroskop z. B. wird während des Neptuntransits ausgeglichen und die Neigung, voreilige Schlüsse zu ziehen, wird zurücktreten. Gleichzeitig ist der Einfluß des Neptun-Venus Tranits spürbar und auch die Geburtsaspekte werden belebt. Vielleicht gelingt es uns in dieser Zeit, diese Teile der Persönlichkeit geduldiger anzunehmen. Man empfindet seinen Einfluß auf andere und beginnt Verhaltensmuster aufzulösen, die durch unsere Einstellung zur Liebe verursacht sind.

Da sich Neptun sehr langsam bewegt, werden sich auch die betroffenen Persönlichkeitsaspekte ebenso langsam wandeln. Dieser Transit nimmt einen nicht im Laufschritt, sondern ermöglicht die behutsame Aufarbeitung alter Probleme.

Neptun-Neptun Transite

Dabei handelt es sich im Evolutionszyklen der Persönlichkeit, auf die hier nicht eingegangen wird.

Neptun-Pluto Transite

Sowohl Neptun als auch Pluto sind Planeten, die eine ganze Generation betreffen, so daß der individuelle Einfluß des Transits kaum spürbar sein wird. In dem Fall, daß Pluto Aspekte zu den persönlichen Planeten aufweist, könnte der Transit plötzlich von Bedeutung werden, allerdings eher in Bezug auf die anderen betroffenen Planeten. Pluto steht für die unterbewußten Motivationen einer Generation, aber auch eines Menschen, wobei man die Häuserstellung und Aspekte mit beachten muß. Er weist auf unterschwellige Herrschsucht hin und die Neigung, andere zu bestimmen. Ist er im Geburtshoroskop belastet, läßt sich unter diesem Transit erkennen, wie ein Mensch von den Eltern geprägt wurde in seinen Reaktionen auf bestimmte Lebensumstände. Die Aspekte von Pluto zu den anderen Planeten kann man während des Neptuntransits besser interpretieren. Neptun hilft, mit Machtspielchen fertig zu werden. Über den Zeitraum von ein paar Jahren lernt man, sie immer besser zu verstehen und kann sie schließlich ganz aufgeben. Wir wissen, daß man niemanden zwingen kann, einen zu lieben oder zu begehren. Unter diesem Transit hebt sich das geistige Niveau. Es ist notwendig, die Funktion von Pluto im Geburtshoroskop zu verstehen, damit man in den vollen Nutzen des Transits kommt. Dazu möchte ich raten, verschiedene Astrologen aufzusuchen und ihre Arbeit an den Plutokonstellationen zu vergleichen. In meinem Buch »Astrological Insights into Personality«, hrsg. vom Astro-Computing Service 1980, habe ich meine Ansichten dazu erläutert.

Neptun im Transit über die Hauptachsen

Der Neptuntransit wird die Angelegenheiten der Eckhäuser neu beleben. Es kann sein, daß alle Achsen gleichzeitig aktiviert werden. Am wichtigsten scheint mir, wie auch bei den Transiten der anderen Planeten, die Wirkung auf den Aszendenten.

1. Haus. Der schwierigste Transit von Neptun auf den Aszendenten ist die Konjunktion. Das Quadrat und die Opposition haben auch ihre Probleme, das Quadrat wird jedoch das vierte oder das zehnte Haus betonen und die Opposition das siebte Haus einbeziehen. Der Aszendent stellt dar, wie man sich von der besten Seite zeigt. Er symbolisiert unsere Maskeraden und spiegelt wider, wie wir auf andere wirken, ebenso, was wir beruflich zu leisten imstande sind, und wie wir Initiativen ergreifen.

Wenn Neptun in Konjunktion zum Aszendenten steht, weiß man oft nicht mehr, was man eigentlich tut. Auf andere wirkt man geistesabwesend und gedankenverloren, es kann sogar passieren, daß ein Arzt wegen des glasigen Blickes meint, man stünde unter Drogen. Aber man steht nur unter dem Neptuntransit! Oft weiß man nicht mehr, warum man irgendwohin gegangen ist oder wo man etwas hingelegt hat. Vielleicht verliert man sogar Geld, jedenfalls fühlt man sich etwas durcheinander. Neue Aufgaben beginnt man gleichgültig und ohne genau zu überlegen, welche Verantwortungen man auf sich nimmt. Im Beruf läßt man es darauf ankommen.

Der Energiehaushalt gleicht dem unter dem Transit von Neptun über Sonne oder Mond. Entweder ist man ständig müde oder man kann nicht schlafen. Man hat Schuldgefühle, weil man Dinge, die man sich vorgenommen hat, nicht fertigbekommt. Der Transit lehrt einen anderen Umgang mit den Energien, so daß man sich nicht mehr so sehr verzettelt.

Dieser Transit birgt ein schöpferisches Potential, was sich in neuen, andersartigen Vorstellungen, die nicht immer leicht zu vermitteln sein werden, ausdrückt.

Nachdenken über berufliche Dinge steht sicher nicht im Vordergrund, was für einen jungen Menschen, der seine schulischen Fächerverbindungen entscheiden muß, sicher nicht ganz einfach ist. Menschen, die unter diesem Transit heiraten, sind sich oft nicht ganz im klaren, was für einen Schritt sie tun. Andere verfolgen unrealistische Ziele. Letztendlich wird der Transit auch mal wieder vorbeigehen. Einem Klienten diese Vorgänge auseinanderzusetzen, ist nicht immer eine leichte Sache, denn die meisten hören nicht zu. Da Neptun der Regent von Trübungen und

Täuschungen ist, kann sein Einfluß anzeigen, daß man sich mehr um das berufliche Fortkommen kümmern sollte.

Die Hauptthemen eines Neptuntransits sind die Entwicklung der intuitiven Fähigkeiten und der Prozeß der Auflösung. Solange man die Intuition noch entwickeln muß, traut man der inneren Stimme noch nicht. Durch empirische Versuche lernt der scharfsinnige Mensch auf seine innere Stimme zu hören – für gewöhnlich ein harter Weg. Nachdem man sich hinterher oft genug gesagt hat, daß man doch auf die innere Stimme hätte hören sollen, beginnt man langsam, Vertrauen in sie zu fassen.

Der neptunische Auflösungsprozeß bringt Verlusterfahrungen mit sich. Oft sind die körperlichen Energien davon betroffen. Um trotzdem seine Ziele zu erreichen, muß man neue Wege erproben. Man muß die Wünsche der Zivilisation hinter sich lassen, um auf das Eigentliche zu stoßen. Solange man sich mit Belanglosigkeiten abgibt, findet man den Zugang zu den inneren, kreativen Energien nicht. Neue Einblicke und Ausblicke eröffnen sich, wenn man der gesellschaftlichen Spielchen müde geworden ist.

4. Haus. Die meisten von Ihnen werden schon wissen, was ich nun über das vierte Haus zu sagen habe. Für mich symbolisiert es die Einflüsse der frühen Kindheitserfahrungen. Das Zeichen an der Spitze des vierten Hauses gibt Auskunft über die Atmosphäre des Elternhauses. Für denjenigen, der die Erinnerungen aus der frühen Kindheit untersuchen möchte, kann der Neptuntransit sehr nützlich sein, denn er schärft die Intuition und erlaubt, die Muster des erwachsenen Bewußtseins zu durchbrechen, um sich an die Vergangenheit zu erinnern. Es geht nicht darum, den Eltern Vorwürfe zu machen für Verletzungen, die in der Kindheit geschehen sind, sondern darum, sich von den Fesseln der Vergangenheit zu befreien.

Der Transit inspiriert zu neuen Ideen. Für gewöhnlich bildet der Transit ein Quadrat zum Aszendenten, und zwingt uns damit zu veränderter Selbstdarstellung, da uns die Energie zur Aufrechterhaltung alter Muster fehlt.

Man wird vorsichtiger in dem, was man bei sich zu Hause zuläßt, denn man erkennt vielleicht, daß der jetzige Zustand einen sehr leicht in Täuschungen verfallen läßt. Erkennt man intuitiv, daß irgendetwas nicht stimmt, liegt man damit wahrscheinlich ganz richtig. Wenn der sechzehnjährige Sohn etwa Stein und Bein schwört, in seinem Zimmer kein Haschisch geraucht zu haben – na gut.

Aber man sollte wachsam bleiben, denn möglicherweis hatte man doch recht mit seinen Vermutungen.

7. Haus. Dieser Transit ist interessant zu beobachten, zu durchleben vielleicht weniger. In der Partnerschaft bahnen sich Veränderungen an und oft erkennt man unheilverkündende Zeichen nicht. Einige Klienten hatten Beziehungen gehabt, die sich unter diesem Transit auflösten. Sie hatten mit dem Partner einfach nichts mehr anfangen können, und so ist das Ende einer solchen Beziehung nicht schlecht, denn eine Trennung war eigentlich schon seit Jahren angestanden. Eine wirkliche Beziehung bestand schon lange nicht mehr, man war nur noch aus Bequemlichkeit zusammen. Beide Partner gingen ihren eigenen Interessen, auch außerehelichen Liebesbeziehungen nach. Aber in allen Fällen, mit denen ich zu tun gehabt hatte, wollten meine Klienten die Beziehung nicht lösen, ja nicht einmal den Tatsachen ins Auge sehen, daß es wirklich vorbei war. Dies hängt wohl mit der Opposition zum Aszendenten, die der Neptuntransit an der Spitze des siebten Hauses einnimmt, zusammen. Meine Klienten wußten eigentlich nicht, was sie taten. Es ist eine verwirrende Zeit, denn man kann in vielem keinen Sinn erkennen. Wenn man durch einen schwierigen Transit geht, ist es schön, einen sensiblen Partner zu haben, der einem den Kopf wieder zurechtsetzt, denn er hat genauso unter dem Transit zu leiden. Da die Auflösungsprozesse von Neptun so spürbar wirken, möchte ich mir erlauben zu sagen, daß dieser Transit das Ende einer Sache verkündet, damit man dadurch, auf die eine oder andere Art, zu einer neuen Sichtweise gelangt. Ein neuer Lebensabschnitt kann begonnen werden, wenn die Schmerzen vorüber sind. Meiner Erfahrung nach bringt dieser Transit keinen Todesfall, aber er zieht Schlußstriche.

10. Haus. Wenn Neptun in Konjunktion mit der Spitze des zehnten Hauses steht, bringt er Illusionen und Täuschungen über Weltbilder und öffentliches Ansehen. Das ist etwas knifflig zu erklären. Für gewöhnlich empfehle ich meinen Klienten ihrem Traum zu folgen. Neptun bringt Illusion und Täuschung und bezeichnet auch eine Zeit im Leben, in der wir aufhören, die Realität im Auge zu behalten und anfangen, Träumen nachzujagen. Es empfiehlt sich, den Traum zunächst einmal anzuschauen, bevor man mit der kalten Dusche kommt. Man sollte tun, wonach es einem verlangt, es muß ja nicht gerade ein so abenteuerliches Geschäft sein, daß man seine Kinder darüber zu Hause verhungern läßt. Ich hatte Klienten, die haben unter diesem Transit ihr Glück gemacht. Wie dem auch sei, man kann nichts erreichen, wenn man nicht für Opfer bereit ist – man muß das Seine tun und dem Universum mit Freude geben, was ihm zukommt.

Plutotransite

Pluto bewegt sich sehr langsam, obwohl er in den letzten Jahren an Stoßkraft zugenommen hat. Deshalb spüren die Menschen heutzutage die Plutoenergien auch schon in jüngeren Jahren. Im Geburtshoroskop repräsentiert Pluto die unbewußten Motivationen und außerdem den speziellen »Drive« einer ganzen Generation. Aufgrund seiner Konstellation kann man auch ermitteln, wie stark der Drang, sich und andere zu beherrschen und Einfluß zu gewinnen, ist.

Unterschwellig haben Machtspielchen immer etwas mit einem Sicherheitsbedürfnis zu tun. Man kann beobachten, daß Menschen mit einem starken Machtgebaren und Geltungsbedürfnis für gewöhnlich von Kindheit an gelernt haben, daß es notwendig ist, sich eine sichere Umgebung zu schaffen. Manchmal ist dies auf eine starke Bindung an die Bilder des kollektiven Unterbewußtseins, wie Jung sie beschreibt, zurückzuführen. Grundsätzlich entspricht diese Theorie in moderner Form den geistigen und mythischen Bildern der alten Kulturen. Unsere gegenwärtigen Gesellschaftstrukturen haben sich weit davon entfernt, universelle Vorstellungen in das tägliche Leben miteinzubeziehen. Dies führt bei manchen Menschen zu dem starken Drang, äußere Dinge beherrschen und aufhalten zu müssen, um damit auch die inneren, mythischen Ebenen regieren zu können. Zu oft werden Träume unterdrückt. Der Symbolismus unserer Religionen schenkt kein großes Betätigungsfeld. Philosophie, mythische und religiöse Bilder sind von pragmatischen Ansichten überdeckt. Die Menschheit hat das Menschsein fast vergessen. Nach vielen Jahren der Vergessenheit bemühen sich jetzt wieder viele Psychologen und Religionswissenschaftler, auf den Spuren von C.G. Jung, das Interesse an Träumen, Intuition und der Seelenwelt wieder zu beleben.

Einerseits sagt uns unser Verstand, daß wir die Zukunft nicht beherrschen können, trotzdem versuchen wir, die Zukunft zu beeinflussen, indem wir großen Wert auf Sicherheit in den Beziehungen, die wir eingehen, legen. Was für eine Ironie – wir wissen es zwar, aber wir glauben es nicht! Das Gleiche machen diejenigen, die die Astrologie kritisieren, aber sobald sie Probleme bekommen, zum Astrologen laufen. Wir alle müssen vorwärts gehen, aber wir können die Vergangenheit einfach nicht aufgeben.

Plutotransite helfen uns genau darin. Sie helfen, besser gesagt sie zwingen uns, loszulassen. Es scheint so, als würden uns die erst vor kurzem entdeckten Planeten (Uranus, Neptun, Pluto) zu einem universellen Bewußtsein verhelfen. Man könnte glauben, sie hätten nur darauf gewartet, daß sie jetzt, in einer immer vielfältiger werdenden Welt, entdeckt würden.

Spirituelle Astrologen sagen, daß wir an der Schwelle zum Wassermannzeitalter stehen und damit ein tieferes Verständnis und höheres Bewußtsein entwickeln, als je zuvor. Wenn dies der Fall ist, dann ist es wohl die Aufgabe der transitierenden Planeten, die Energie und den Nachdruck zu liefern, die wir hier für unser Zusammenleben auf der Erde benötigen, einer Erde, die aufgrund der modernen Technologien immer kleiner wird. Noch vor ein paar Generationen war es möglich, in derselben kleinen Stadt zu leben und zu sterben, ohne je woanders hingekommen zu sein. Heutzutage ist diese Privatheit nicht mehr möglich, denn durch die Zeitung und das Fernsehen wird einem das Elend von Menschen vor Augen geführt, das man ansonsten nie wahrgenommen hätte. Das verlangt sehr viel Toleranz, man wird mit Menschen konfrontiert, deren Kultur und Lebensgewohnheiten einem sehr fremd sind. Die kulturellen Unterschiede werden geringer und vielleicht werden wir eines Tages alle die gleiche Sprache sprechen. Die Transite der äußeren Planeten wirken auf jeden von uns in unterschiedlicher Art und Weise ein, damit wir uns den Wandlungen öffnen.

Die Veränderungen bedeuten jedoch nicht, daß unsere Welt in den nächsten zwanzig Jahren freundlicher und reifer wird! Aber indem wir lernen, mit unserer Herrschsucht umzugehen und dem inneren, intuitiven Selbst mehr zu vertrauen, haben wir es immer weniger nötig, Schutzmauern um uns zu errichten. Wenn wir nicht aussterben wollen wie die Dinosaurier, müssen wir uns den Wandlungen der Welt anpassen. Wer dies nicht kann oder nicht will, wird zum Überbleibsel einer überwundenen Zeit. Pluto gebietet Veränderungen, die Loslösung von der Vergangenheit. Man muß die nötigen Transformationen akzeptieren. Auch wenn sie nicht universell sind, werden sie von Bedeutung sein.

Pluto-Sonne Transite

Die Sonne symbolisiert das »ich bin« Prinzip in jedem von uns. Was wir in einer Lebensphase über die Merkmale und Eigenschaften unseres Selbst erfahren, wird durch ihr Zeichen ausgedrückt. Die Aspekte der Geburtssonne lassen das Vertrauen und die Hemmungen erkennen, die wir mitgebracht haben, die Häuserstellung hingegen weist auf den Bereich des Lebens, der besonders betont wird. Der Plutotransit zwingt uns, engstirnige Muster und Ausdrucksformen aufzugeben um den transformierenden Individuationsprozeß so weit als möglich zu entwickeln.

Eine Konjunktion, Quadrat oder Opposition von Pluto zur Sonne ist kein einfach zu durchlebender Transit, aber man wird es schaffen. In der letzten Zeit haben vor allem die Kardinalzeichen mit ihm zu tun gehabt, denn Pluto ging vor kurzem in die Waage und bildet damit eine Opposition für eine Anzahl von Graden im Widder. Das gleiche gilt für ein Quadrat zu Krebs und Steinbock. Aber egal in welchem Zeichen die Sonne steht, irgendwann wird der Einfluß von Pluto spürbar, mit all den Bedingungen, die er für den Lernprozeß zu bieten hat.

Ich selbst hatte es mit der Opposition zu tun. Einige Jahre hatte ich gearbeitet, um mir einen Bereich zu schaffen für meine Aufgaben mit Klienten und Schülern. Gleichzeitig hatte ich mich an einen bestimmten Arbeitsrhythmus gewöhnt, bei dem ich das voranbrachte, was ich wollte, ohne mich völlig zu verausgaben.

Zu Beginn des Plutotransits fiel mir auf, daß egal, wie hart ich auch arbeitete, einfach nichts mehr voranging. In den astrologischen Handbüchern findet man keine genauen Angaben über die Art und Weise, wie sich die Energie manifestiert. Ganz allgemein heißt es da nur, daß man den Überblick verlieren kann oder sich ziemlich erschöpft fühlt. Ein Transit, vor dem man sich fürchten könnte. Aber Angst war für mich kein Gesichtspunkt unter dem ich den Transit erleben wollte, denn ich glaube, daß wir nur das zurückbekommen, was wir in den »kosmischen Wald« hineingerufen haben. Damit ist gemeint, wenn man sich auf keine falschen Handlungen eingelassen hat, wird einen der Plutotransit auch nicht aus den Angeln heben. Ich begann mit anderen darüber zu sprechen, die ebenfalls in einem Kardinalzeichen, aber mit einer niedrigeren Gradzahl geboren waren. Mich interessierte eine allgemeine Prognose hinsichtlich der plutonischen Energie.

Pluto regiert Skorpion, das Zeichen des Todes, der Wiedergeburt und der Transformation. Der Plutotransit müßte demnach einige der umwandelnden Skorpioneigenschaften in unser Umfeld bringen. Auch die andere Seite von Pluto, die sich als herrschsüchtige, unkooperative

Energie manifestiert, ist ein Teil von Skorpion auf einer noch schwach entwickelten Ebene: »Mach' das, was ich dir sage, nicht das, was ich tue!« In der Zeit, als Pluto in Opposition zu meiner Sonne stand (bei einem Orbis von zehn Grad) – es waren ungefähr fünf Jahre – und er immer wieder vor- und zurücklief, machte ich einen Prozeß starker persönlicher Umwandlungen durch.

Viele Dinge, an die ich von Kindheit an geglaubt hatte, mußte ich neu abschätzen und bewerten. Langsam löste ich mich sozusagen von meinen Wurzeln, und die Kindheitsbilder über das Leben, Weiblichkeit, Arbeit, Freundschaften, Beziehungen und die damit verknüpften Erwartungen wandelten sich. Oftmals war mir das gar nicht recht. Die Realitäten, denen ich ins Auge blicken mußte, waren unangenehm. Aber ich begann den Unterschied zu lernen, zwischen dem, was ist, und dem, was sein sollte.

Was meine Arbeit betraf, so wurde sie immer frustrierender, je näher Pluto der exakten Konstellation kam. Nicht etwa, daß mir meine Aufgaben nicht zusagten – ganz im Gegenteil. Das Problem lag vielmehr darin, daß es einfach zuviel wurde, die Tage waren zu kurz, um allen Menschen gerecht zu werden, mit denen ich zu tun hatte. Es gab Phasen, in denen ich nur noch hysterisch reagieren konnte angesichts all der Verpflichtungen, denen ich unmöglich nachkommen konnte. So viele Dinge waren zu erledigen, daß ich sehr ärgerlich wurde, wenn die kostbare Zeit mit Banalitäten verschwendet wurde. Unglücklicherweise merken das die wenigsten Menschen, solange sie darin verwickelt sind. Bis ich anfing, zu erkennen, daß andere weder mein Arbeitspensum, noch diesen Transit hatten, gab es einige verletzte Gefühle! Meine Gedanken- und Verhaltensmuster wurden entwickelt, und liebgewonnene Gewohnheiten und Vorstellungen mußten begraben werden. Manchmal brach es mir das Herz bei dem Gedanken, daß die alten Werte, die mir teilweise so kostbar gewesen waren, der Vergangenheit angehörten. Alte Beziehungen zerbröckelten und manche von ihnen schmerzen noch. Es wurde offensichtlich, daß nicht jede Beziehung auf dem Boden der Freundschaft gewachsen war und es ist nicht angenehm, einer solchen Realität ins Auge zu blicken. Offene Gespräche waren mir in Beziehungen sehr wichtig, Auseinandersetzungen, in denen man sich mitteilen kann. Man wird unter dem Einfluß dieses Transits sensibler für das, was sich unter der Oberfläche abspielt, ähnlich wie das ja auch beim Skorpion der Fall ist.

Die Perspektive, mit der man durch das Leben geht, kann sich unglaublich verändern. Nach außen, für die Mitmenschen, ist das kaum sichtbar, da es sich vor allem um einen inneren Prozeß handelt. Wenn man aus ganzen Kräften im Einklang mit der Energie arbeitet und wirklich versucht, einen neuen Weg einzuschlagen, dabei auch die Hinweise beachtet, die man erhält, dann verletzt einen der Transit nicht. Beachtet man die Signale nicht und ist nicht bereit, sich zu ändern, kann man sich damit ganz schön in die Nesseln setzen, oder man findet sich in ausgesprochen unangenehmen Situationen wieder, in die einen Menschen gebracht haben, die man für Freunde oder Verbündete hielt. Doch der Kosmos gibt einem genügend Zeit, die Zeichen zu erkennen, wenn man danach Ausschau hält.

Geschäftsleute verspüren den Drang, die Art und Weise, wie sie ihre Geschäfte handhaben, zu verändern. Alle möglichen aufwühlenden Dinge können geschehen. Wenn andere für einen die Geschäfte führen, fühlt man sich zu Stichproben veranlaßt, um zu sehen, ob die Arbeit läuft oder nicht. Es kann sein, daß die Angestellten sich auflehnen. Die Energie verlangt eine Veränderung, die Entwurzelung des alten Trotts, um Platz für Neues zu schaffen. Manche Firmen eröffnen Zweigstellen, um im Trend der Zeit zu bleiben, und mit den sich wandelnden Bedürfnissen mithalten zu können.

Man kommt sich vor wie die sprichwörtliche Maus in der Tretmühle, man rennt und rennt und kommt niemals zum Ziel. Am Ende eines Tages hat man noch mit den gleichen ungeklärten Situationen zu kämpfen wie am Morgen. Der Druck ist intensiv aber sehr subtil. Mit einem Saturntransit umzugehen, dagegen ist einfach, denn er ist leicht zu erkennen, die Frustrationen sind offensichtlich und konkret. Bei Plutotransiten ist das nicht der Fall, denn sie berühren vornehmlich innere Wandlungen. Man hat das Gefühl durch einen Sumpf zu wandern, ohne trockenes Land unter die Füße zu bekommen, oder vor einem Abgrund zu stehen, über den man mit niemandem sprechen kann. Die Menschen, mit denen man sich unterhält, halten einen für neurotisch oder für einen Angsthasen. In dieser Einsamkeit, ganz auf sich gestellt, finden enorme innere Umwälzungen statt.

Unter diesem Transit verstand ich zum ersten Mal in meinem Leben, was es bedeutet, man solle sich Gott anvertrauen. Dabei spielt es keine Rolle, welcher Gott das ist. Seit Jahren glaube ich daran, daß jeder Mensch einen Teil der ursprünglichen Schöpferkraft, aus der die Welt hervorgegangen ist, in sich trägt und nicht nur jeder Mensch, sondern jedes Ding dieser Welt besitzt, bewußt oder unbewußt, etwas davon, egal ob es genutzt wird oder nicht. Ich spüre, daß in den Tiefen meines Wesens ein Teil dieser Kraft lebt und mich in die Richtung führt, die mir bestimmt ist. Unter dem Transit mußte ich lernen, mich an diesen Teil meines Selbst zu wenden, ihn um Führung und Hilfe bei den Wandlungen meines Lebens zu bitten. Ich wußte, daß sich etwas veränderte, aber ich hatte keine Ahnung, was dabei herauskommen würde.

Wenn man den richtigen Weg für sich einschlägt, wird man den Plutotransit überstehen. Nur für denjenigen, der in die falsche Richtung geht, werden sich große Schwierigkeiten ergeben, und die Welt wird ihm scheinbar unter den Füßen weggezogen.

Alte, wenn auch vormals sehr stabile Beziehungen gehen auseinander, und im Beruf können drastische Umwälzungen auf einen zukommen. Wenn die Richtung stimmt, wird man durchgeschüttelt und auf den weiteren Weg eingestimmt. Unangenehme Ereignisse um einen herum werden einen fordern, doch sie betreffen einen nicht direkt. Jahrelange Muster kann man von sich abstreifen und eine vollkommen neue Lebensweise beginnen. Die ganze Zeit während des Transits ist es ratsam, die Richtung im Auge zu behalten und sich lieber freiweillig als gezwungenermaßen dem Erfolg anzuschließen.

Für die meisten Menschen ist es schwierig, sich von der Vergangenheit zu lösen. Es gibt ein paar Kleinigkeiten, mit denen man den Transit unterstützen kann. Die Keller, Speicher und Kammern unserer Wohnungen sind meist vollgestopft mit Sammlungen alter Dinge. Diese Gegenstände und Erinnerungen müssen aufgeräumt werden. So etwas tut einem sehr gut, es ist, als würde man sich selbst sagen, es doch endlich loszulassen. Es hilft dem Geist, die Bindungen aufzugeben. Manchmal sind auch noch Reparaturen an Rohrleitungen und Installationen nötig. In einer Mietwohnung wird zwar der Eigentümer diese übernehmen, doch seien Sie darauf gefaßt, daß sich Ihre Wohnung plötzlich in einen Springbrunnen verwandelt! Auch beim Auto wird man Probleme mit den Zierleisten und dem Auspuff bekommen. Mir wurden meine Zierleisten gleich zweimal gestohlen. Aber so etwas sind Kleinigkeiten.

Pluto steht in Zusammenhang mit Leitungen und Abwässern; das bezieht sich auch auf das Ausscheidungssystem des Körpers. Und unter einem Pluto-Sonne oder Pluto-Mond Transit sollte man sich besonders vor Darminfektionen schützen. Ich habe Klienten erlebt, die selbst harmlose Grippeinfekte nur schwer wieder los wurden. Pluto scheint alles, was mit ihm in Berührung kommt, »aufzuheizen« und ein Klima zu schaffen, in dem sich Bakterien schneller als gewöhnlich vermehren. Andere Menschen sind in dieser Zeit besonders anfällig für Geschlechtskrankheiten. Sowohl die Sonne- als auch die Mondkonstellationen unter dem Plutotransit sind für diese Empfindlichkeit verantwortlich. Vorsicht ist sogar bei Verbindungen zu Venus oder Mars geboten. Man muß nicht zum Hypochonder werden, aber es ist sicherlich ratsam, sich nicht leichtsinnig solchen Infektionen auszusetzen.

Wenn mehrere Aspekte zusammentreffen, und sich darunter ein starker Plutotransit befindet, ist Vorsicht am Platze. Es wird einem nicht gelingen, die Welt im Sturm zu nehmen. Gefährliche Skiabfahrten, Schwimmrekorde, übersteigerte Dauerleistungen sind in dieser Zeit nicht zu empfehlen.

Mein einziges, gefährliches Erlebnis während dieses Transits hatte ich eines Nachts, ziemlich spät auf der Autobahn. Ich versuchte, so schnell wie möglich nach Hause zu kommen, da am nächsten Tag sehr viel Arbeit auf mich wartete. Ich war bereits in der Nähe meiner Wohnung, als die Elektrik versagte und ich abgeschleppt werden mußte. Auch Mars transitierte gerade über einige ziemlich schwierige Geburtsaspekte, und die Situation mit dem Lastwagenfahrer, den ich um Hilfe gebeten hatte, wurde ziemlich bedrohlich. Es war nur noch eine Viertelstunde bis New York, aber ich brauchte vier Stunden, bis ich endlich zu Hause war. Die Lage war sehr ungemütlich und der Lastwagenfahrer erklärte auch noch, er habe kaum noch Benzin. Als wir schließlich in New York ankamen, fragte ich ihn, ob er denn noch bis nach Hause käme, da stellte sich heraus, daß er noch einen fast vollen Tank hatte. Natürlich, ein Lastwagenfahrer! Als Autofahrer weiß man eigentlich, daß ein Lastwagentank sehr viel faßt. Als dieser Mann dann auch noch durch eine verlassene Gegend von New York mit mir fuhr, fragte ich ihn schließlich, was er eigentlich für ein Spiel treibe. Ich spürte, daß er nichts Gutes im Sinn hatte. Ob er mich ausrauben wollte oder vergewaltigen oder töten, wußte ich nicht und er wohl auch nicht. Vielleicht stand er auch unter Drogen und war völlig unzurechnungsfähig. Nachdem er mich zu Tode erschreckt hatte, verlangte er auch noch fünfzehn Dollar von mir. Ich ließ einen Stoßseufzer zum Himmel. Das war das Ende meiner zwanghaften Hektik. Ich gab auf und entspannte mich. Mehr als ich an einem Tag schaffen konnte, war eben nicht drin; ich gab mein Bestes, mehr konnte ich nicht tun. Aber der Druck war weg und ich verstand, daß ich diese Lektion gelernt hatte.

Pluto-Mond Transite

Der Mond ist Symbolfigur für die Gefühlswelt des Menschen. Er spiegelt die Rolle der Mutter wider und ihren Einfluß auf uns in der sehr empfänglichen Zeit der Kindheit. Aus den Erfahrungen der frühen Mutter-Kind-Beziehungen schöpfen wir für unseren Umgang mit unserer Umwelt. Die Häuserplazierung und das Zeichen, in dem der Mond steht, verraten etwas darüber, wie wir reagieren und für welche Lebensbereiche wir am empfänglichsten sind. Das Mondzeichen bestimmt unsere Vorstellungen über Nähe und Wärme, ebenso auch die innere Bereitschaft für Zärtlichkeit. Ein Plutotransit in Konjunktion, Quadrat oder Opposition zum Mond führt auf irgendeine Art an die Wurzeln unserer Gefühlsnatur. Man wird sich seiner Gefühle und intuitiven Fähigkeiten bewußter.

Die meisten Menschen geraten durch diesen Transit in Bedrängnis, denn das Gefühlsleben ist durcheinandergebracht und man weiß nicht genau, wie man auf die verschiedenen Anreize um einen herum reagieren soll. Es drängen sich Situationen auf, die sich nicht ohne weiteres meistern lassen. Das emotionelle Empfinden und die gesellschaftlichen Normen stimmen nicht überein. Wenn man sich seiner Reaktionen nicht sicher ist, versucht man, die Zügel besonders fest anzuziehen.

Der Plutotransit dauert ungefähr fünf Jahre, in denen er langsam an der Gefühlsnatur arbeitet. Der Zeitraum ist lang genug, um die inneren Veränderungen aufzuarbeiten und anzunehmen.

Bei einem Orbis von fünf Grad intensiviert sich die Energie, und die Geburtsaspekte des Mondes werden in die Vielfalt der Transite miteinbezogen. Je komplexer der Transit ist, desto stärker sind auch die subtilen Spannungen und Ängste, die mit der Transformation einhergehen. Wenn man auf diese Wachstumsprozesse gut vorbereitet ist, wird man sehr viel weniger Probleme damit haben, denn die Notwendigkeit, seine Gefühlsreaktionen unter Kontrolle zu halten, ist lange nicht so groß, und man kann sich den Möglichkeiten innerer Veränderungen viel freier hingeben.

Die Wandlungen sind gefühlsmäßiger, nicht verstandesmäßiger Natur. Der Gefühlshaushalt ist unruhig und aufgewühlt, man versucht tapfer, seine Emotionen unter Kontrolle zu halten. Offensichtlich wird das, wenn man auf jedes Gefühl wie ein Roboter reagiert. Ein Teil der Spannung ist sicher dadurch bedingt, daß man sich ständig zurückhält, was auf Dauer ermüdend ist. Wenn man Angst davor hat, im Büro die Beherrschung zu verlieren, dann wird jedes berufliche Problem zum Trauma, vor dem man sich verstecken möchte. Man hat ein angespanntes Verhältnis zu Chef und Mitarbeitern und macht aus ganz alltäglichen Geschäftssituationen, die man eigentlich mit links handhaben könnte, eine große Sache.

Im Privatleben möchte man wissen, woran man ist und wird sehr vorsichtig mit Beziehungen. Man ist sich über den Partner nicht mehr im klaren und verlangt nach Sicherheit. Wenn man in dieser Zeit Beziehungen beginnt, dann meistens mit Menschen, die man beherrschen kann, die einen brauchen. Der Plutotransit verleitet zu Partnern, die einem nicht ebenbürtig sind, aber dem Sicherheitsbedürfnis entsprechen.

Für ein Kind wird der Pluto-Mond Transit sicher nicht das gleiche bedeuten wie für einen Erwachsenen. Ich hatte als Kind eine Pluto-

Mond Konjunktion, die mit vielen schmerzhaften Erfahrungen verbunden war, sowohl von seiten der Nachbarskinder als auch von Mutter Natur. Meine Eltern konnten die Gefahren de facto nicht kennen, einiges schob man auf mein Sonnenzeichen. In der gleichen Zeit, als Pluto meinen Mond transitierte, stand Neptun in Opposition zu Sonne und Venus. Eltern können ihren Kindern in solchen Phasen durchaus helfen, wenn sie die astrologischen Vorgänge kennen. Wir zogen damals in eine Gegend, in der uns die Leute nicht freundlich gesinnt waren und die Abstammung meiner Eltern nicht akzeptierten. Sicherlich wurde ich in meiner Urteilskraft durch den Neptuntransit gedrückt, aber daß die Kinder dort nichts mit mir zu tun haben wollten, überraschte micht total... oder war es der fremde Akzent meiner Eltern? Eines Tages luden mich ein paar Nachbarskinder zum Spielen ein, und versuchten, mich von einem Scheunendach zu stoßen. Eine Mutter, die genau im richtigen Augenblick aus dem Haus kam, konnte mich retten. Ich hatte einige Unfälle in dieser Zeit, z.B. fuhr ich mit einem Traktor an einen Felsen, oder fiel einmal in einen alten Brunnen. Meine Lieblingstiere starben und konfrontierten mich mit dem Tod.

Tod und Verletzungen sind Teil unseres Heranwachsens, aber sie haben sicher weniger Wirkung auf ein Kind, das nicht noch zusätzlich durch die äußeren Planeten beeinflußt ist.

Teenager in der Stadt sind sicher ungeschützter vor unangenehmen, sexuellen Erfahrungen unter diesem Transit als Jugendliche auf dem Lande. Sie werden wohl Schmerzen erfahren müssen, wenn ihr Geburtsmond schwierig aspektiert ist, aber selbst bei guten Aspekten darf man die Möglichkeiten des Transits nicht aus den Augen lassen. Sicherlich ist der Transit zu überleben, aber es hilft sehr, wenn die Eltern verständnisvoll sind und darüber Bescheid wissen. Wenn die Eltern aufhören zu versuchen, die Realität des Lebens vor ihren Kindern zu verbergen, dann können diese lernen, sich selbst zu schützen.

Junge, unerfahrene Frauen in der Großstadt können Opfer von sehr zweifelhaften Männern werden, oder ein Leben des Alkohol- oder Drogenmißbrauchs führen. Aber auch die intuitiven Kräfte sind unter diesem Aspekt stark entwickelt, so daß ein junger Mensch vielleicht instinktiv spürt, wie er sich schützen muß. Es ist durchaus nicht selten, daß eine unerfahrene und unachtsame Frau unter diesem Transit vergewaltigt oder sexuell mißhandelt wird. Doch werden diese Vergehen häufig nicht angezeigt, weil die Frauen oft das Gefühl haben, an dieser Erfahrung zum Teil selbst Schuld zu sein. Es sind dies Vergewaltigungen die geschehen, weil man jemandem vertraut hat. Ich habe mit vielen jungen Frauen aus der Gegend von New York darüber gesprochen, die gar nicht verstehen konnten, wie ihnen das passieren konnte, sich aber dennoch für schuldig hielten. Und sie hatten nicht nur Angst davor, Anzeige zu erstatten, sondern wollten auch über diese Erfahrung nicht sprechen.

Fünf junge Frauen, die ich kenne, sind alle von dem gleichen Mann vergewaltigt worden! Es waren alles junge Frauen aus der Mittelschicht, denen Vertrauen und Respekt vor älteren Menschen beigebracht worden war. Ein ungefähr vierzigjähriger Mann, der in der gleichen Gegend wohnte wie sie, hatte sich mit ihnen angefreundet, im Supermarkt oder auf der Straße. Er gab sich jovial, freundlich, nett und verheiratet, und behandelte sie wie ein großer Bruder. Man traf sich, unterhielt sich und er gab Ratschläge, wie man in einer Stadt wie New York in Sicherheit leben könnte. Die Mädchen lebten als Freundinnen zusammen, und der Mann kam ab und zu unangemeldet und wie zufällig an einem Samstag oder Sonntag nachmittag zu Besuch. Irgendwann traf er jede einmal alleine an und vergewaltigte sie. Keine traute sich den anderen davon zu erzählen, weil sie ihn in die Wohnung gelassen hatte. Keine der Freundinnen hatte sich einer anderen anvertraut, und der Mann kam weiterhin zu Besuch. Schließlich fühlte sich eines der Mädchen so elend, daß sie bei einer Freundin Trost suchte. Dabei kam heraus, daß er sie alle vergewaltigt hatte. Er aber wußte, daß es ihnen viel zu peinlich war, als daß sie zur Polizei gegangen wären. Und dieser Vorfall ist durchaus nicht so ungewöhnlich. Viel zu häufig passiert arglosen Frauen so etwas. Was für einen Rat gibt man als Astrologe in einem solchen Fall? Die meisten unter uns geben nicht gerne zu, daß so etwas möglich ist. Andere wiederum sehen in jedem Transit nur das Dunkle und Schwere. Irgendwo muß man einen Mittelweg finden.

Der Plutotransit legt ein Schwergewicht auf die physische Ebene, bringt intensive Energien und Schwingungen in den Körper, deutlich spürbar für diejenigen, die darunter zu leiden haben. Manchmal bedeutet der Transit auch Angst vor der Intensität des Lebens. Die Welt der Mythologie ist ein Aspekt des Pluto-Mond Transits, denn sie steht für den Teil unseres Innenlebens, dessen Wert für den Bewußtseinsprozeß noch ermittelt werden muß. In den meisten Büchern ist es der junge, männliche Held, der auszieht, um sich selbst zu erkennen. Er überquert den Abgrund oder durchwandert die Hölle, um für seine Gefühlsidentität zu kämpfen.

Die Frau, die nach ihrer Identität sucht, wird oft als Teil der Hölle dargestellt. Sie ist das wartende Mädchen im Elend, das nach einem Prinzen Ausschau hält, der sie aus ihrer Not befreit. Bis zu einem gewissen Grad ist das richtig, denn junge Frauen suchen oft nach einer Animus-Figur in ihrem Unterbewußtsein, die ihnen zu Erkenntnis verhilft. Aber eine Frau, die älter wird und immer noch nach ihrem Selbst sucht, scheint es in der Literatur nicht zu geben. Die alten Druidenkulte und Versammlungen der Zauberkundigen haben dieses Wissen und die Bücher über innere Vorgänge besessen, aber diese sind für moderne Frauen kaum zugänglich. Wie lernt eine vierzigjährige Frau ihre Identitätskrise zu verstehen, wenn Pluto ihren Mond transitiert?

Ein Pluto-Mond Transit ist eine Chance, mehr über seine Emotionen zu erfahren. Für eine Frau ist dies die Möglichkeit, ihre Rolle mit einem tieferen Verständnis zu betrachten. Sie wird Mädchen in Not spielen, sie wird Mutter und sie wird Geliebte spielen, und schließlich wird sie frei werden, all das zu sein und eine Frau noch dazu. Eine Frau kann auf ihren eigenen Beinen stehen. Sie kann weiblich, sanft und umsorgend sein und trotzdem genügend entwickelt, um den Unterschied zwischen bewußter und unbewußter Liebe zu kennen. »Women's Mysteries«, ein Buch von M. Esther Harching, vermittelt ein Verständnis dafür, welche Veränderungen vorgehen, wenn eine Frau anfängt, ihre Identität zu entdecken.

Für einen Mann wird die Wandlung durch den Plutotransit anders aussehen, denn er erhält die Möglichkeiten zu lernen, wie er die Tiefen seiner Gefühlsnatur erfahren kann. Da ein Mann immer lernt, daß Gefühle und Intuition unmännliche Eigenschaften sind, wird er versuchen auszuweichen und sich vor den Veränderungen zu bewahren. Dabei sind diese Veränderungen für seine Entwicklung als ganzheitlicher Mensch so wichtig. Irgendwann in seinem Leben muß er sich seinen Gefühlen, seinen Vorstellungen von Wärme und Geborgenheit stellen. Er muß sich von den Gefühlsbindungen an seine Mutter lösen und seine eigenständige Gefühlswelt aufbauen. Die meisten Männer haben sich nie wirklich von ihrer Mutter gelöst, denn sie fürchten die tiefen inneren Gefühlsbewegungen und die Erinnerungen an frühe Kindheitserlebnisse, oder sie haben Angst, wenn sie daran rühren, für immer an die Mutter gebunden zu werden. Jeder von uns muß lernen, sich seine Urtriebe bewußt zu machen. Auch ein Mann mit diesem Transit wird dem nicht entkommen. Es ist für beide Geschlechter nicht einfach, denn jeder ist in seinen sozialen Rollen gefangen und fürchtet, die Tiefen seines Bewußtseins zu entdecken.

Der Transit wird sich in vielen Lebensbereichen auswirken. Pluto ist Symbol für das Unterbewußtsein, aber auch für die konstruktiven Transformationsprozesse. Der Transit führt häufig zu emotioneller Erregbarkeit, denn die innerpsychischen Vorgänge werfen uns aus der Bahn. Unsere Gefühle sind uns nicht länger vertraut, wir sehen die Balken in unseren eigenen Augen nicht. Um diese Verwirrungen zu vermeiden, versuchen manche Menschen viel Beherrschung zu zeigen, in der Hoffnung, damit das innere Chaos zu verdecken. Je stärker man versucht seine Gefühle unter Kontrolle zu halten, desto nervöser und angespannter wird man. Der Plutotransit will einem vermitteln, daß man einige seiner Kontrollmechanismen aufgeben und lernen muß, mit den Energien des Kosmos mitzufließen. Das Loslassen ist so, als würde man Schwimmen lernen. Wenn man sich entspannt und nachgibt, trägt einen das Wasser. Lernt man den Plutotransit mit dieser Einstellung anzunehmen, wird uns die Transformation mit Hoffnung erfüllen und uns erlauben, die machtvollen Tiefen menschlicher Emotionen kennenzulernen.

Pluto-Merkur Transite

Merkur symbolisiert die fünf Sinne des Menschen. Für uns ist Merkur vor allem in Hinblick auf die Aktivitäten des Geistes von Bedeutung. Pluto in Konjunktion, Quadrat oder Opposition zu Merkur verändert oder transformiert die geistigen Funktionen. Der Intellekt arbeitet am schöpferischsten, wenn der Transit ein Trigon oder Sextil zu Merkur bildet.

Die schwierigen Transite bedingen, daß diese Denkvorgänge eine Zeitlang aus dem Gleichgewicht geraten. Damit geht ein Gefühl der Unsicherheit einher. Die Gedankenmuster sind einem fremd. Sie gewinnen an Intensität, entsprechend dem Zeichen und der Häuserstellung des Planten und man kann, wenn man die Energien konstruktiv nützt, einige sehr kreative Phasen erleben.

Meine Klienten haben sich nie über das Maß an Kreativität dieses Transits beschwert. Sie fühlen sich jedoch gestreßt, und fragen sich, ob sie vielleicht eine Therapie nötig haben, weil sie sich geistig unausgeglichen empfinden. Sie haben Angst vor tiefen Abgründen. Auch wenn sie diese Angst nicht in Worte fassen, beschäftigt es sie, wie lange der Zustand wohl andauern wird.

Künstler und Literaten beklagen sich sicher nicht, denn für sie bedeutet der Transit eine konzentrierte Schaffensperiode. Schwierig ist es für den Menschen, der zwar über Talente verfügt, aber nie daran gedacht hat, etwas daraus zu machen. Es kommt nicht darauf an, unbedingt ein Buch zu veröffentlichen, aber es ist wichtig, es zu schreiben. Gedichte, Keramik, Romane, Kurzgeschichten, Malerei, die Beschäftigung mit einem neuen intellektuellen Interessengebiet – diese Dinge werden den Schwerpunkt plutonischer Energie ändern. Wir wissen nicht, wohin uns die Energie tragen wird, vielleicht bleibt es eine kurzfristige Unterhaltung. Oder aber es ist der Beginn einer völlig anderen Laufbahn oder eines neuen Interessengebietes.

Die schwierigen Aspekte vermitteln manchmal ein Gefühl der Unsicherheit in sprachlichen Auseinandersetzungen und man neigt dazu, die Kommunikation unter Kontrolle halten zu wollen. Oft äußert sich das darin, daß jemand besonders sorgfältig jedes Wort abwägt oder anderen gerne vorschreiben möchte, was sie zu denken haben! Eine meiner Klientinnen, von Beruf Zeitungsredakteurin, liebte es, unter diesem Transit Manuskripte radikal zu bearbeiten. Sie konnte gar nicht verstehen, warum der Verlag damit nicht einverstanden war. Eigentlich tat sie das nur, um die Kontrolle in den Händen zu halten. Ganz offentsichtlich ist das nicht die beste Art, den Transit zu nutzen. Wenn sie ihre Energien für eine Zusammenarbeit beim Redigieren eingesetzt hätte, wäre das sicherlich positiver gewesen.

Der Zwang, den Geist zu beherrschen und die Kontrolle über die fünf Sinne nicht zu verlieren, verursacht sehr viele Spannungen. Es ist besser, die Energie umzusetzen, z.B. ein Bild zu malen, oder eine Schüssel zu töpfern – wer weiß, vielleicht wird sogar mehr daraus!

Pluto-Venus Transite

Dieser Transit ist meistens ziemlich frustrierend, denn Pluto in Konjunktion, Quadrat oder Opposition zur Venus zwingt einen, seine Wünsche zu ändern. Plutotransite sind wunderbar, denn ihre Kraft wirkt nicht sichtbar, genau wie der Ozean still und ruhig vor uns liegt. Das Meer kann uns töten, wenn wir nicht schwimmen können. Wir müssen seine Regeln und Gesetze lernen, dann wird es uns ein wertvoller Freund sein. Wenn Pluto auf Venus trifft, bedeutet das Veränderungen für uns. Die Geburtsvenus gibt Auskunft über unsere intellektuellen Vorstellungen von Liebe, die wir uns in den Entwicklungsjahren durch den Einfluß der Mutter angeeignet haben. Das Zeichen, in dem Venus steht, zeigt ihre Einstellung. Der Plutotransit ruft einem zu: »Hör auf damit, ändere dich. Gehe deinen eigenen Weg, unabhängig von deiner Mutter.« Und sind wir dafür bereit? Nein!

Was bewundern wir, welche Kunst, Musik, Unterhaltung, Einrichtung, Kleidung, Liebe sagen uns zu? Und wie bekommen wir das, was wir uns wünschen? Von irgend jemand anderem? Nein. Pluto inspiriert uns bei anderen Orientierung zu suchen. Man dringt in den Partner ein und versucht, seine Standpunkte herauszufinden, um, wie man sagt, zu wissen, woran man ist, auch wenn es eigentlich nur um die eigenen Angelegenheiten geht, mit denen der Partner überhaupt nichts zu tun hat. Wenn man nicht weiß, was man will, kann man sich unter diesem Transit auch nicht durch andere finden. Aber wir versuchen es.

Liebe heißt nicht, jemandem nachzulaufen, der einem die nötigen Anstöße gibt, sondern vielmehr, zu wissen, was man ganz bewußt geben möchte. Die Liebe zu einem Menschen, mit dem man nicht harmoniert, ist ein masochistischer Trip. Pluto symbolisiert auch den Wunsch zu herrschen und die Umstände manipulieren zu können. Das kann in Zwanghaftigkeit ausarten, wenn man die Menschen, die man glaubt zu lieben, mit allen Mitteln beherrschen, beeinflussen oder quälen muß. Und meistens führt das alles zu gar nichts. Was wäre, wenn man den Menschen gar nicht kennen würde? Was soll man machen, wenn sich der Mensch, den man liebt, von einem löst und kein Interesse mehr an der Beziehung hat? Wenn man darüber nachdenkt, bringt einen das zu den richtigen Antworten. Pluto sagt:»Überlege dir, was du willst und mach' es dann.« Man kann Liebe nicht erzwingen.

Wenn man unter diesem Transit mit seinem Partner oder einem möglichen Partner Zwistigkeiten bekommt, hat man keine Chancen, als Sieger daraus hervorzugehen. Man nennt es Liebe, aber unbewußt sucht man Sicherheit. Der andere spürt instinktiv, daß etwas nicht stimmt und zieht sich zurück. Die Motive, den anderen nach dem eigenen Willen zu formen, liegen sehr tief im Unterbewußtsein. Darüber vergißt man seine beruflichen Bedürfnisse völlig. Die Liebe zwischen zwei freien und ebenbürtigen Menschen ist etwas vollkommen anderes als der Zwang, einen Menschen an sich zu binden.

Und wie steht es mit dem »gewinnen«? Für die Venus ist es unter einem Plutotransit sehr wichtig zu gewinnen. Man hat vielleicht recht, aber nicht immer und überall. Eine wirklich erfüllende Liebesbeziehung läßt sich nicht darauf begründen, daß man genau weiß, woran man ist. Und was passiert, wenn der andere einen einfach nicht annimmt, wie man ist? Kann das bedeuten, daß man anfängt Regeln und Vorstellungen aufzustellen, wie sich der andere verhalten soll? Und, gesetzt den Fall, man gewinnt, will man diesen Partner überhaupt? Manchmal gewinnt man dadurch, daß man verliert. Das kann einem plötzlich klar werden, wenn man unter dem Einfluß des Plutotransits einen Verlierer gewonnen hat.

Der Transit kann sich auch dahingehend auswirken, daß man eine, wenn auch kleine Infektion, schwer auskurieren kann. Eine hartnäckige Hautreizung z.B. kann plötzlich auftauchen. Am besten ist, man sucht in einem solchen Fall den Arzt auf. Ich hatte mir einige Jahre zuvor meine Ohrläppchen durchstechen lassen, die sich unter dem Transit immer wieder entzündeten. Andere Leute haben Probleme mit der Haut, sie bekommen Pickel oder ähnliches, wodurch das Gefühl, hübsch und begehrenswert zu sein, erheblich beeinträchtigt wird.

Eine Sache sollte man sich während eines Pluto-Venus Transits vergegenwärtigen, nämlich die Möglichkeit, daß man sich zu einem Menschen hingezogen fühlt, der eine zweifelhafte Vergangenheit hat. Es ist eine Zeit, in der man Gefahr läuft, an unehrliche und unangenehme Menschen zu geraten. Bevor man sich auf eine Beziehung einläßt, die den eigenen ethischen Vorstellungen zuwiderläuft, sollte man sich gut überlegen, ob man mit dem Lebensstil des anderen wirklich übereinstimmt. Es ist nicht gesagt, daß man unbedingt an einen Kriminellen gerät, aber es besteht immerhin die Möglichkeit. Ein bißchen Achtsamkeit schützt vor unliebsamem Erwachen. Ganz entscheidend bei dem Transit ist auch, in welchem Alter er einen trifft. Wahrscheinlich haben jüngere Leute größere Probleme damit als ältere. Ihnen ist besondere Vorsicht anzuraten, denn sie sind offener für die niederen Aspekte des Transits. Ein Mensch zwischen dreißig und vierzig wird anders mit dem Transit umgehen, denn für ihn ist es eine Chance, sich von alten Wunschvorstellungen zu lösen. Dieser Transit ist der Anfang einer völlig neuen Einstellung zur Liebe und dem, was eine Liebesbeziehung sein kann. Er markiert einen Wendepunkt in der Persönlichkeitsentwicklung eines Menschen. Der Musikgeschmack wandelt sich, von der Rockmusik wendet man sich der Klassik zu, und ein schönes Abendessen in einem netten Restaurant wird man einer lauten Party vorziehen. In vielen Lebensbereichen wird man sich ganz anderen Dingen zuwenden. Dafür lohnen sich auch all die Kämpfe und Schwierigkeiten, die man während des Transits auf sich nehmen muß.

Pluto-Mars Transite

Dieser Transit verbindet die Kräfte des Unterbewußtseins, das Bedürfnis nach Macht und Einfluß mit dem Handlungsprinzip. Er beeinflußt auch den sexuellen Trieb. Bei den verschiedenen Menschen führt dies zu recht unterschiedlichen Verhaltensweisen. Manche müssen lernen mit dem Ärger anders umzugehen, denn man sieht sich sowohl mit dem Ärgerpotential von Pluto als auch mit dem von Mars konfrontiert. Manche Menschen werden von fixen Ideen verfolgt, andere verlieren sich in Sex oder verfolgen wie besessen ihre beruflichen Ziele.

Die Geburtsaspekte von Mars machen den Transit noch komplizierter, denn sie müssen zur gleichen Zeit ausgearbeitet werden. Dies heißt nicht, daß man nun ständig und andauernd an den Aspekten zu arbeiten hat, sondern daß es eine Chance ist, sich von unbewußten Teilen der Persönlichkeit zu befreien. Es gibt Menschen, die auf die Energie des Pluto-Mars Transits so reagieren, daß sie sich völlig zurückziehen und jeden Ärger unterdrücken. Vor allem Idealisten leiden unter der Intensität ihrer Empfindungen. Sie wissen nicht, was geschieht und ziehen sich jahrelang in ihre eigenen vier Wände zurück. Es ist nicht gut, die Energie so zu internalisieren, denn man muß einen hohen Preis dafür zahlen, einen Preis, der den inneren Spannungen entspricht. Derjenige, der diese Energie in Arbeit umsetzt, kann Großes erreichen, da er vom Handlungsprinzip getragen wird. So jemand nimmt einmal Anlauf und erobert sich innerhalb von zwei Jahren einen Platz in der Finanzwelt.

Auf sexuellem Gebiet ist alles mögliche zu erwarten, denn der Transit legt einen Schwerpunkt auf die Triebkraft mit einer Intensität, die man oft schwer erkennt. Das mag dazu führen, daß man ein Anziehungspunkt für unangenehme und unehrliche Menschen wird. Natürlich kann man trotzdem Verabredungen treffen, aber außergewöhnliche Risiken sollte man nicht eingehen. Wenn man auf einen Transit vorbereitet ist, geht es einzig und allein darum, seine Lebenseinstellung so zu gestalten, daß man für Möglichkeiten und Eventualitäten bereit ist. Geht man z.B. auf eine Party, läßt man sich nicht von einem Fremden nach Hause bringen. Der Transit ist auch nicht gerade dafür geeignet, in einer Bar jemanden kennenzulernen. Doch wenn man diesen Transit über jedes Maß hinaus bewertet und vor allen Lebenserfahrungen zurückschreckt, dann hat die astrologische Beratung ihren Sinn verfehlt. Bei Transiten dieser Art sollte man sich vor allem davon leiten lassen, keine unnötigen Risiken einzugehen.

Wenn man in einer Beziehung lebt, dürfte dieser Transit sexuell höchst anregend sein! Das erotische Empfinden ist sehr viel ausgeprägter und feiner als gewöhnlich, man möchte vielleicht seine sexuellen Energien umwandeln. Damit meine ich jetzt nicht eine zölibatäre Enthaltsamkeit, sondern die Eroberung einer neuen Dimension, seinen Körper und seine Seele mit jemandem zu teilen. Beziehungen, die sich unter diesem Transit bilden, werden sexuell sehr intensiv sein. Doch sollte Sex die einzige Grundlage sein, ist es besser zu warten, bis der Transit vorüber ist, bevor man sich auf eine tiefere Dauerbeziehung einläßt. Mit dem Ausklingen des Transits wird auch der sexuelle Impuls wieder auf ein gewohntes Maß zurücksinken, doch in der Erinnerung bleibt die Intensität erhalten. Auch wird man sich, wenn der Transit vorüber ist, nach der Erfüllung anderer Bereiche der Beziehung sehnen. Man erkennt, daß gute sexuelle Erfahrungen allein nicht genügen um Unstimmigkeiten in anderen Lebensbereichen auszugleichen.

Pluto-Jupiter Transite

Jupiter zeigt die Art und Weise, wie wir unsere Beziehungen zu anderen gestalten. Das Zeichen und das Haus, in denen er im Geburtshoroskop steht, lassen erkennen, wo man im Umgang mit anderen die Akzente setzt. Ein Pluto-Jupiter Transit aktiviert sowohl die Energien des Planeten, als auch seine Geburtsaspekte, wodurch sich der Transit noch verwickelter gestaltet.

Pluto hilft, Gewohnheiten und Vorstellungen durchlässiger zu machen und sie zu transformieren. Auf einem weniger hohen Bewußtseinsniveau neigt man dazu, in seinen Beziehungen sehr zwanghaft zu werden. Man möchte andere nach eigenen Vorstellungen beeinflussen, indem man ihre Spontaneität unterdrückt, alles genauestens vorausplant, etc. Man möchte sich die Dankbarkeit der Menschen erkaufen, indem man ihnen ohne größere Sicherheiten Geld leiht. Oder man beherrscht andere, indem man sie so beschäftigt hält mit Abendessen, Parties und Theater, daß sie gar keine Möglichkeit mehr haben, sich einem zu verweigern. Sie haben keine Chance, uns um etwas zu bitten, weil wir sie so in unsere Pläne einspannen.

In dieser Zeit kann man viel darüber lernen, welche Bedeutung Beziehungen und dem Umgang mit Menschen zukommt, und sich entsprechend der inneren Einsichten weiterentwickeln. Man engagiert sich blindlings in einer Beziehung, ohne eigentlich zu wissen, was man sich erwartet. Man wird aber auch entdecken, daß das Teilen einen ganz wesentlichen Bereich in einer Beziehung ausmacht, und man fängt an, auf andere Art zu geben, und auch andere Vehaltensweisen beim anderen zu erwarten. Es kann sein, daß man sich vollkommen neuen Ideen öffnet, wie z.B. ein Mensch sich ganz plötzlich entschließt, daß EST eine Möglichkeit für ihn darstellt. Das bedeutet eine Revolution für die Beziehungsfähigkeit eines Menschen.

Jeder Mensch wird auf den Transit unterschiedlich reagieren, je nach dem Zeichen, in dem Jupiter steht und den Aspekten, die er bildet. Auch das Bewußtseinsniveau spielt dabei eine Rolle, denn je selbstverantwortlicher man ist, umso mehr kann man durch diesen Transit lernen.

Pluto-Saturn Transite

Die schwierigen Aspekte zwischen Geburtssaturn und Plutotransit bedingen eine Bewußtseinsveränderung. Saturn symbolisiert unser Abgrenzungsverhalten, das, was einen hemmt und wovor man Angst hat, die Eindrücke, die der Vater in unserer kindlichen Psyche hinterlassen hat, und die man tief im Unterbewußtsein mit sich trägt. Pluto hilft diese saturnischen Blockaden zu erleichtern und zu lösen. Saturn bedeutet Verhärtung und Pluto befreit einen von überholten Mustern. Seine Tiefe und Weite zwingt einen durchlässiger zu werden, auf eine Art und Weise, die man nie zuvor gekannt hat.

Der Transit ist umfassender und bedeutsamer, wenn Saturn im Geburtshoroskop Aspekte zu den persönlichen Planeten bildet. In dem Maße, wie Pluto von einem verlangt, die Lebensbereiche zu verstehen, die von dem Haus repräsentiert werden, durch das er gerade geht, werden wir auch empfänglicher für die Angelegenheiten des Saturnhauses. Pluto hilft, die inneren Grenzen, die Saturn aufgrund frühkindlicher Muster gesetzt hat, zu öffnen.

Dies bedeutet eine Chance, alte Befürchtungen und Ängste aufzugeben. Manchen Menschen fällt dies sehr schwer und die Chancen des Plutotransits erschrecken sie. Man hat nur so lange Angst davor, sich selbst gegenüberzustehen, als man glaubt, kein Recht auf die eigene Bewußtseinserweiterung zu haben. Solange man meint, daß nichts Schönes aus einem hervorgehen kann, kämpft man mit seinen Ängsten. Es sind dies Menschen, die stark unter dem Einfluß gesellschaftlicher Normen stehen. Dabei sind diese nicht wirklich zwingend. Man hat die Freiheit, sich sein Leben nach den eigenen Vorstellungen zu gestalten, aber das ist erst möglich, wenn man sich das auch zugesteht.

Die saturnischen Muster, die einen zu übervorsichtigen Erwachsenen haben werden lassen, können umgewandelt werden. Das heißt nicht, daß man alle Befürchtungen in den Wind schlägt, aber man kann sich von überflüssigen Ängsten und Minderwertigkeitsgefühlen befreien und ein neu gegründetes Wissen aufbauen.

Der Transit ist wichtig, da Saturn die Einflüsse des Vaters auf die sich entwickelnde, kindliche Psyche aufzeigt. Die eventuellen schwierigen Aspekte von Saturn verraten etwas über die Belastung von seiten des Vaters, auch wenn ihm der Einfluß auf sein Kind gar nicht bewußt gewesen ist. Ein Kind mit Saturn-Merkur Quadrat z.B. wird sich vor der Anwesenheit des Vaters gefürchtet haben. Die große Angst vor dem Vater oder seinen Strafen gestaltet die Kommunikation mit jeglichen Autoritätspersonen ausgeprochen schwierig. Man weiß nicht, wodurch die Reaktionen des Kindes ausgelöst wurden, man weiß nur, daß sie stattfinden. Doch haben in diesem Fall die daraus folgenden Erfahrungen ihre Spuren in der Persönlichkeitsentwicklung hinterlassen. Dieser spezielle Aspekt, das Merkur-Saturn Quadrat, bringt Probleme, sich verbal zu äußern. Der Umgangston dieser Menschen klingt in den Ohren anderer grob. Sie haben Schwierigkeiten, sich mit Autoritätspersonen zu verständigen – das fängt mit dem Lehrer in der Schule an und betrifft später den Umgang mit Arbeitgebern oder anderen Autoritäten. Auf andere wirken solche Menschen hart und verschlossen, aber sie haben nur Schwierigkeiten sich auszudrücken und die richtigen Worte zu finden. Da ihnen als junger Mensch niemand zugehört hat, sprechen sie als Erwachsene nicht lange über eine Sache. Sie versuchen, so wenig Worte wie nur möglich zu verschwenden und ihre Gedanken weiterzugeben, bevor man sie kritisieren oder ihnen das Wort abschneiden kann. Geburtsaspekte dieser Art können unter dem Plutotransit ausgearbeitet werden, denn man wird sich der Ursachen seiner Befürchtungen und Ängste bewußt. Es ist schwierig, diese tiefen Prozesse mit jemandem zu teilen, der kein Verständnis dafür hat. Auch sind die Erfolge nicht leicht zu erringen. Ein Mensch, der sich in einem derartigen Wandlungsprozeß befindet, braucht ein bestimmtes Maß an Selbsterkenntnis, damit er die Erfahrungen in vollem Umfang nutzen kann.

Pluto-Neptun Transite

Dieser Transit ist nicht besonders schwierig, selbst wenn Pluto einen starken Aspekt zu Neptun bildet. Die Klienten werden einem nicht die Tür einrennen wegen der Probleme, die sie mit diesem Transit haben, es sei denn, Neptun aspektiert einen oder mehrere persönliche Planeten im Geburtshoroskop. Der Grund, warum sie eine Beratung brauchen, liegt an dem Einfluß von Pluto auf die persönlichen Planeten.

Neptun symbolisiert die Träume unserer Generation, unsere hochfliegenden Pläne und wunderbaren, spirituellen Eingebungen. Er steht für unsere Selbsttäuschungen, die Art unserer Illusionen, den Lebensbereich, in dem wir nicht erwachsen werden wollen. Die Phantasie wird auf die Angelegenheiten gerichtet, die dem Haus, in dem sich Neptun befindet, entsprechen. Die Lebensbereiche des Hauses, das durch den Plutotransit bestrahlt wird, müssen eingehend verstanden werden. Wenn Neptun z.B. im fünften Haus steht, wird man sich über die Täuschungen klarwerden müssen, denen man sich in Bezug auf die Angelegenheiten dieses Hauses hingegeben hat.

Steht der Transit im Quadrat oder in Opposition, werden die Entscheidungen und Enthüllungen nicht mehr angenehm sein. Der Transit rüttelt einen aus der Selbstzufriedenheit auf, vor allem, wenn man die Lektion nicht leicht lernt oder zu sehr an die niedrigeren Eigenschaften von Pluto, wie z.B. die Herrschsucht, verhaftet ist.

Der Schlüssel zur Interpretation dieses Transits liegt darin, daß die Träume, Phantasien oder Täuschungen bezüglich einer Sache umgewandelt werden müssen. Möglicherweise heißt das auch nur, diesen bestimmten Lebensbereich bewußter zu erfahren. Das ist an sich schon ein ganz schönes Stück Arbeit.

Auf der Basis eines Wirkungskreises von zehn Grad ist der Transit einige Jahre wirksam. Wenn man ihn im Auge behält und mit ein bißchen Einsicht darangeht, kann man gut damit umgehen, ohne daß er zur Bedrohung wird.

Der Transit wird komplexer, wenn auch persönliche Planeten davon betroffen sind. Sie machen es erforderlich, daß man dem Plutotransit bewußter begegnet. Die persönlichen Planeten verlangen Aufmerksamkeit, so daß es sich schwieriger gestaltet, den neptunischen Traum wahrzunehmen.

Pluto-Uranus Transite

Uranus symbolisiert die Verhaltensmuster einer Generation. Er ist kein persönlicher Planet, sondern symbolisiert jeweils für einen Zeitraum von sieben Jahren menschliche Verhaltensnormen. Seine Charakteristika sind Exzentrik, Eigenwilligkeit, Realitätssinn. Wenn Uranus schwierige Aspekte zu persönlichen Planeten trägt. wird der Transit ausgesprochen wichig.

Um mit dieser Transitphase umgehen zu können, ist es ratsam, die Verbindungen von Uranus zu persönlichen Planeten zu betrachten. Dadurch erhält man den Schlüssel für die Transformation. Verständnis und Wandlung sind die Schlüsselworte.

Da Uranus für Unabhängigkeit steht und Bereiche des Individuationsprozesses anspricht, bedeuten die Jahre unter dem Einfluß seines Transits einen aktiveren Umgang mit diesen Themen. Philosophische Interessen, Meditation und metaphysische Fragen werden in den Vordergrund treten, wenn sie einem geeignet erscheinen, zu einem besseren Selbstverständnis zu führen.

Schwierige Uranusaspekte im Geburtshoroskop zeigen für gewöhnlich an, daß der davon betroffene Teil der Persönlichkeit mit besonderer Heftigkeit behandelt wird. Ein Venus-Uranus Quadrat im Geburtshoroskop z. B. verweist auf die Tendenz, die Dinge, die man gerne hat und liebt, nicht in ihren Zusammenhängen zu sehen. Das plötzliche Ende einer Beziehung oder der ebenso plötzliche Neubeginn einer anderen, ohne daß man seine Empfindungen darüber mit dem anderen austauscht, sind nicht selten.

Während des Plutotransits über das Geburtsquadrat beginnt man, diese Verhaltensweisen zu durchschauen und zu erkennen, daß man damit nur die elterlichen Muster reproduziert. Da man sich der Geburts-aspekte bewußter werden kann, ist es unter dem Einfluß von Pluto möglich, die Energien in konstruktivere Bahnen umzulenken.

Pluto-Pluto Transite

Wenn Pluto im Transit einen schwierigen Aspekt zu seiner eigenen Geburtsstellung einnimmt, bezeichnet man dies als einen Zyklus. Dies wird in dem Buch »Planetenzyklen« behandelt. (Erschienen bei Urania Verlag, Sauerlach, 1987.)

Pluto im Transit über die Hauptachsen

An einen Plutotransit über eines der Eckhäuser wird man sich noch lange erinnern. Manche werden diese, alles andere als einfachen Erfah-rungen, kaum jemals wieder vergessen können. Setzt man einen Orbis von zehn Grad an, wird Pluto nicht zum Problem werden. Man kann sich dadurch in einem Zeitraum von ungefähr fünf Jahren über die notwendigen Veränderungen klar werden und auch darüber, welche Bereiche davon betroffen werden. Menschen, die sich ernsthaft um Selbsterkenntnis bemühen, werden einen großen Nutzen aus diesen bedeutsamen Umwälzungen ihres Lebens ziehen.

1. Haus. Pluto kommt aus dem zwölften Haus, wenn er anfängt, die Spitze des ersten Hases zu bestrahlen. Die zeigt an, daß wir in einem Prozeß stehen, in dem Dinge aus dem Unterbewußtsein (12. Haus) in das Bewußtsein gebracht werden. Der Transit gewinnt an Bedeutung, sofern sich Planeten im zwölften Haus befinden, denn diese stehen für Persönlichkeitsbereiche, die einem nicht so bewußt sind, wie sie es sein sollten. Die universellen kosmischen Gesetze besagen, daß Unwissen-heit keine Entschuldigung ist, deswegen sollte man, wenn man nicht leiden will, selbst die Anstrengung unternehmen, diese Aspekte zu verstehen. Der Transit ist eine Art Wiedergeburt. Der Aszendent steht für einen neuen Anfang, für das Beste, das wir geben können, und im Zusammenhang mit dem Transit bedeutet es, daß völlig neue Formen gefunden werden müssen, wie man seinen Tag beginnt, wie man sich anderen gegenüber darstellt. Veränderungen in der Persönlichkeit wer-den ebenfalls stattfinden. Viele Astrologen verstehen nicht, daß ein starker Plutotransit entweder internalisiert oder externalisiert werden kann. Diejenigen, die mit der Energie innerlich arbeiten, sind nur schwer zu erkennen und es ist keineswegs leicht, sie zu beraten. Ein Astrologe, der Befürchtungen und Angst auf seinen Klienten projiziert, oder ihm Tod und Zerstörung voraussagt, wird am Ende dumm dastehen. Ich habe viele Menschen durch sehr ernste, innere Krisen gehen sehen, die sowohl ihren Beruf, als auch ihr Privatleben betrafen. Beziehungen haben sich drastisch verändert, ebenso berufliche Interessen.

Unter diesem Transit muß man sich verändern. Pluto sagt:»Laß' all diese nutzlosen Dinge von dir abfallen.« Wenn man an einem ganz bestimmten beruflichen Erfolg arbeitet, sollte man besser auf Veränderungen vorbereitet sein. Vorsicht bei Arbeitsmethoden, die zu reinen Gewohnheiten geworden sind! Vorsicht, wenn man erwartet, daß sich bestimmte Dinge ereignen, nur weil man etwas Zeit investiert hat! Dieser Transit verlangt, daß man seine Einstellungen zum Beruf ändert. Man kann nicht mehr die gleichen Erfolge erwarten, die sich vor zwanzig Jahren einstellten. Man kann nicht mehr mit der gewohnten Einstellung auf bestimmte Situationen reagieren.

Der Plutotransit ist hinterlistig, man kann ihn nur schwer erkennen. Das ist ein sehr merkwürdiges Gefühl. Alles, was man weiß, ist, daß, obwohl man arbeitet wie gewohnt, nichts mehr vorangeht. Wenn man glaubt, etwas ereicht zu haben, steht man wieder da, wo man angefangen hat. Mich erinnert dies immer an ein landläufiges Bild. Sind Sie schon einmal auf einer spiegelglatten, vereisten Straße gefahren? Und haben Sie versucht, auf einer ungestreuten oder ungesalzten Fahrbahn eine Steigung zu nehmen? Man nimmt am Fuße Anlauf und versucht hochzukommen, ohne im Straßengraben zu landen, und beinahe schafft man es. Einen Moment steht der Wagen still, während man sich vergeblich bemüht, ihn mit viel Geduld über die Anhöhe zu bringen. Aber man weiß, daß es einem nicht gelingt und man zurück muß, um es noch einmal zu versuchen. Das genau ist ein Plutotransit über den Aszendenten – man arbeitet und arbeitet, aber die Ergebnisse liegen gerade jenseits des Hügelkamms und man erreicht sie nicht.

Bei Menschen, die sich des Plutotransits überhaupt nicht bewußt sind, zeigen sich die Auswirkungen immer offensichtlicher, je mehr sich der Transit der exakten Konjunktion nähert. Junge Leuge haben körperliche Verletzungen erfahren. Es passieren Unfälle und todesnahe Erlebnisse, oder man stirbt tatsächlich. Aber die Menschen, die unter solchen Konsequenzen zu leiden haben, verstehen für gewöhnlich nicht, daß sie unter dem bedrückenden Einfluß von Pluto stehen. Wenn sie die Kontrolle über sich verlieren und nichts mehr erreichen, oder wenn sie von Wut und Ärger überwältigt werden, dann ziehen sie diese verletzenden Situationen förmlich an. So etwas kann, muß aber nicht geschehen. Dies sind Beispiele für einen veräußerlichten Transit.

Im verinnerlichten Prozeß liegt der Weg das Leid zu vermeiden darin, sich ständig Fragen zu stellen. Was muß verändert werden? Wovon muß ich mich lösen? Wie sehr beklage ich mich? Hängen diese Klagen mit den guten alten Zeiten zusammen? Wenn dem so ist, dann muß man von den guten alten Zeiten wohl Abschied nehmen. Warum habe ich diesen Beruf, über den ich mich so viel ärgere? Die ewigen »Jammerlappen« kommen nicht voran. Wie gehen es die Erfolgreichen an? Gut? Bitte antwortet jetzt nicht, daß alle erfolgreichen Leute Betrüger und Diebe sind, oder so etwas ähnliches. *Du* mußt dich ändern.

Im Privatleben werden Menschen und Situationen, die nicht länger gebraucht werden, verschwinden. Menschen sterben, Partner verlassen einen, alte Muster werden zerbrochen. Dies ist ein Teil des Befreiungsprozesses. Wir Menschen stehen Veränderungen nicht sehr offen gegenüber, wir betrauern sie. Das Ende einer Beziehung ist eine Zeit der Trauer. Wir fühlen uns schuldig und leiden, wenn wir mit unvertrauten Situationen konfrontiert werden.

Jüngere Menschen brauchen mehr Beratung als ältere. Sie brauchen Hilfe um zu verstehen, daß es völlig normal ist, das Elternhaus zu verlassen, wenn man erwachsen wird. Sie müssen verstehen lernen, daß die natürlichen Lebensstufen nicht unnormal sind. Man kann Jugendliche in diesen Krisensituationen unterstützen. Ältere Menschen brauchen eine Perspektive. Kein Mensch sollte eine Beratung fürchten. Die Wiedergeburt unserer Lebensweise erhellt uns und wir können die höheren Seiten des Zeichens, das den Aszendenten regiert, anwenden. Um diese Eigenschaften zu erlangen, darf man nicht in sinnlosem Ärger und gedankenlosen Aktionen aufgehen. Wichtig ist, seine Ziele abzustecken.

4. Haus. Wenn Pluto auf das vierte Haus zugeht, hat man fünf Jahre, in denen man seine Einstellungen zu Heim und Familie überdenken und ändern kann. Dies beinhaltet auch die Befreiung von den Eindrücken der frühen Kindheit und die positive Veränderung der Erwartungen, die man an das Leben stellt. Solange man an die Kindheitserfahrungen gefesselt ist, gelingt es nicht, sich ein eigenes, angenehmes Heim zu schaffen. Diese Erfahrungen liegen oft im Unterbewußtsein und drücken sich nur in Ahnungen und Gefühlen aus, die man an die Oberfläche kommen lassen muß, um sinnvoll damit umzugehen. Wer bis zu einem Alter von 35 noch nicht fähig gewesen ist, eine feste Beziehung aufzubauen, wird feststellen, daß dieser Transit eine Hilfe ist, sich von der Vergangenheit zu befreien, über die man nie recht nachgedacht hat. Alte Beziehungen helfen, dies zu erkennen. Das vierte Haus repräsentiert unsere Grundlage, die Teil der Vererbung ist, die ererbte Vergangenheit, und die Vergangenheit, die die Basis für dieses Leben bildet. Der Plutotransit symbolisiert eine Zeit der Veränderungen. Der Kokon zerplatzt, und wir können Teile unseres Erbgutes von uns streifen oder auch behalten, je nachdem was wir wollen. Für mich persönlich bedeutet es eine Zeit der Reinigung unseres Hauses, physisch, geistig und spirituell.

Einige Menschen werden ganz weltliche Nebeneffekte dieses Transits erfahren, die möglicherweise die ganze Zeit über andauern. Das bringt Probleme mit den Installationen, mit Wasser, mit Leitungen, und all die anderen Unannehmlichkeiten, die Pluto zugeschrieben werden. In einem solchen Fall sollte man froh sein, wenn es die ›Innereien‹ des Hauses sind und nicht die eigenen!

7. Haus. In den fünf Jahren, in denen sich Pluto der Spitze des siebten Hauses nähert, hat man die Möglichkeit für partnerschaftliche Veränderungen. Pluto kommt aus dem sechsten Haus, das für unseren Umgang mit dem Alltag und seinen Verantwortlichkeiten zuständig ist. Diese alltäglichen Dinge beinhalten auch unseren Umgang mit Partnern, im Beruf und in der Ehe. Wir treten in eine neue Lebensphase ein und heben die Möglichkeiten, die eine Partnerschaft bereit hält, auf ein anderes Niveau. Dies kann das Ende für eine Beziehung bedeuten, die nicht mehr sinnvoll ist, aber auch den Anfang einer völlig neuen Einstellung zu den potentiellen Möglichkeiten einer Partnerschaft.

Der schwierigste Teil dieses Transits sind die sich ändernden Bedürfnisse. Wir neigen dazu, unseren Partner als Selbstverständlichkeit zu betrachten. Er bekommt für uns eine Funktion, wie sie unsere Eltern während der Kindheit innehatten: wenn man sie braucht, sind sie für einen da. In der Realität ist das nicht immer der Fall und so manche Menschen regen sich sehr auf, wenn sie entdecken, daß sie den Menschen, mit dem sie seit zehn Jahren verheiratet sind, gar nicht kennen. Beziehungen sollten sich ständig dem Wandel der Partner anpassen. Aber sie tun es nicht. Man hört einander nicht zu. Manchmal nehmen wir es dem Partner übel, wenn er sich für etwas Neues interessiert. Der Partner greift die negative Schwingung auf und verschließt sich. Der Plutotransit wird all dies verändern. Wenn wir lernen, uns zu öffnen und zu teilen, werden die Veränderungen einfach sein. Der harte Weg im Lernprozeß geht über das Ende der Beziehung. Der Transit ist so langsam und braucht so viel Zeit, bis er die exakte Konjunktion mit der Spitze des siebten Hauses erreicht hat, daß man ausreichend Spielraum hat, die vielen Signale und Aufforderungen zu Veränderungen zu beachten.

Dieser Transit kann die bisherigen Vorstellungen von Beziehungen völlig wandeln. Während dies geschieht, wird Pluto jedoch auch in Opposition zum Aszendenten stehen. Unter diesem Transit neigen die

Menschen zu dem Gefühl, die Kontrolle über ihr Leben zu verlieren. Es mag den Anschein haben, als würde der Partner uns bestimmen wollen oder uns in der persönlichen Freiheit und im beruflichen Fortkommen hindern. Die Einstellungen bezüglich positiver Zusammenarbeit werden sich unter dem Transit wandeln. Dies wird alle vier Eckhäuser bis zu einem gewissen Grad betreffen. Und aus der Frustration heraus kommt die Wandlung.

10. Haus. Wenn Pluto in einen zehn Grad Orbis zum zehnten Haus tritt, beginnt sich dies auf unser Bild in der Öffentlichkeit, die Anerkennung, nach der wir verlangen, und die Zustimmung zu unseren beruflichen Zielen auszuwirken. In dieser Zeit ist es wichtig, auf Veränderung hinzuarbeiten, um damit das Maximum an Energie aus diesem Transit zu ziehen.

Trotzdem sollte man in beruflichen Dingen behutsam vorgehen. Für abgekürzte Verfahren, Schiebungen und Geschäfte unter der Hand ist die Zeit schlecht. Wenn Pluto die Spitze des zehnten Hauses erreicht, hat man gute Chancen, das zu ernten, was man gesät hat. Veränderungen sollten fest darauf gegründet sein vorwärts zu kommen. Der Kosmos wird uns nicht verletzen, wenn wir es nicht selbst verschuldet haben, deswegen sollte man keine ernsthafte Anstrengung unterlassen.

Eine andere, unterschwellige Seite von Pluto kann verursachen, daß man in dieser Zeit kriminelle Menschen anzieht. Das heißt nicht einfach, daß sich ein unschuldiges Mädchen mit einem Drogenhändler verabredet. Es kann bedeuten, daß ganz ehrsame Geschäftsleute sich mit Menschen konfrontiert sehen, die sich den Zugang zu »sauberen« Geschäften erkaufen wollen, um ihr schmutziges Geld zu waschen. Wenn man in dieser Zeit ein allzu gutes Geschäft angeboten bekommt, sollte man besonders vorsichtig sein und es nachprüfen.

Immer, wenn ein transitierender Planet in Konjunktion zu einem Eckhaus steht, werden mindestens zwei Hauptlebensbereiche in das Spannungsfeld miteinbezogen. Wenn der Aszendent betroffen ist, wird das siebte Haus durch eine Opposition beteiligt. Stehen die vier Eckhäuser im Quadrat zueinander, wird jeder Transit von größter Bedeutung sein, denn in allen vier Bereichen zeigen sich Veränderungen. Man braucht keine Angst davor haben, denn das kardinale Kreuz im natürlichen Tierkreis steht für Veränderung. Veränderungen sind völlig normal und ereignen sich ständig.

Teil 2

Individuelle Fallstudien

Deutung

Als ich anfing mit den Transiten zu arbeiten, trug ich sie mit Bleistift in das Geburtshoroskop ein. Wenn mich jemand um eine Beratung bat, verwendete ich die Transitpositionen des Tages, die ich für die Deutung schnell eingetragen hatte. Dann machte ich mir eine Liste der Planeten im Geburtshoroskop und setzte die Wirkungsdauer der Transite dazu. Bevor nun ein Klient zur Beratung kam, waren die Transite für das nächste Jahr schon ausgearbeitet. Das ganze dauerte nicht sehr lange. Mit ein bißchen Übung sind die Transitberechnungen in einer Viertelstunde fertig.

Das Hauptproblem bei der Deutung der Transite ist die Synthese. Zwei Dinge werden miteinander verknüpft. Zum einen geht es darum, zu erklären, in welchem Verhältnis der Transit zum Geburtshoroskop steht, zum anderen, wie er bestimmte Energien aktiviert. Für gewöhnlich findet mehr als ein wichtiger Transit zur gleichen Zeit statt, was die Lage vielschichtiger gestaltet. Astrologieschüler neigen manchmal dazu, beweisen zu müssen, wieviel sie wissen und vergessen dabei, daß der Klient eine Persönlichkeit hat. Manchmal ist der Astrologieschüler so daran interessiert, die richtigen Voraussagen zu treffen, daß er es versäumt, dem Klienten zuzuhören. Es passiert auch, daß man mehr Informationen gibt, als der Klient bereit ist zu hören. Meistens ist das dann der Fall, wenn man zu sehr versucht zu helfen. Man möchte alles mitteilen, was man weiß, selbst wenn es den Klienten umbringt!

Meistens stehen die Menschen in irgendeiner Lebenskrise, wenn sie eine astrologische Beratung möchten. Der Astrologe muß sich dabei auf zwei Dinge einstellen. Einige Klienten möchten über das Problem nicht sprechen, weil sie es nicht in Worte fassen können, es macht ihnen Angst, darüber zu reden, denn sie haben es bisher noch nie versucht. Oder sie schreiben einem die übersinnliche Fähgikeit zu, in die Zukunft schauen zu können und erwarten, daß man die Problematik errät.

Ich lasse es nicht zu, daß mir meine Klienten Worte in den Mund legen. Manche suchen einen wahrsagenden Astrologen, jemanden der ihre Probleme für sie löst. Sie erwarten, daß man ihre Entscheidungen fällt. Solange man sich jedoch keinen Überblick darüber verschafft hat, wie sie mit ihren Problemen umgehen, kann man in keinster Weise wissen, wie ein bestimmtes Ereignis ausgehen wird. Nimmt man eine Entscheidung für einen Klienten vorweg, kann dieser einem Vorwürfe machen, wenn sie falsch war. Es ist gewiß klüger, sich auf so etwas gar nicht erst einzulassen.

Bei der Deutung der Transite weiß man zunächst auch gar nicht, wie selbstverantwortlich ein Klient sein Leben gestaltet. Ein vorausgehendes Gespräch über das Geburtshoroskop mit seinen Aspekten gibt Aufschluß darüber, wie er mit dem Auf und Ab des Lebens zurechtkommt. Der Transit kann nicht mehr in das Leben eines Menschen hineinbringen, als dieser bereit ist, eigenverantwortlich anzunehmen. Wir alle können z.B. sehr viel aus den Saturntransiten lernen. Aber wenn sich ein Klient entschließt, den Saturntransit negativ zu betrachten, kann man nur wenig tun, um ihm dessen positive Seiten klarzumachen.

Möglicherweise hat man es mit einem Klienten zu tun, der nur über wenig Einsicht, Selbstreflexion und Selbstverantwortung verfügt. Vielleicht ist er zudem sehr extrovertiert. Darunter verstehe ich, daß er Selbstbestätigung in äußeren Dingen sucht. Einen solchen Menschen wirft es völlig um, wenn er z.B. seine Stellung verliert, denn sein Status begründet sein Selbstwertgefühl und ohne diesen ist er ein Niemand. Man muß sehr vorsichtig sein, wenn man einem solchen Menschen eine astrologische Deutung gibt und ihm nicht alles auf einmal erklären, denn seine Persönlichkeitsstruktur läßt es nicht zu, daß er alle Informationen auf einmal verkraftet.

Es ist wichtig, daß man die Fähigkeit eines Klienten, Informationen zu verarbeiten nicht mit seiner Bildung verwechselt. Menschen, die keine höhere Schulbildung haben, können genauso realistisch oder sogar realistischer als die sogenannten Gebildeten sein. Arme Leute leben für gewöhnlich näher an der Wirklichkeit, da es bei ihnen um das reine Überleben geht, als diejenigen, die aufgrund ihres Geldes behütet und beschützt sind. Man muß auf jeden Klienten individuell eingehen. Mit jemand Gebildeteren kann man über andere Dinge sprechen. Wenn jemand mit den Jung'schen Archetypen vertraut ist, kann man dies miteinbeziehen und Worte gebrauchen, die von einem Bauarbeiter, der nie Jung gelesen hat nicht verstanden würden. Aber man kann ihm die gleichen Informationen geben, wenn man einen Zugang zu ihm gefunden hat. Und schließlich und endlich darf man einen Klienten nie nach seiner äußeren Erscheinung beurteilen. Es gibt Menschen, die spielen einem etwas vor, um herauszufinden, wieviel man weiß und über welches Urteilsvermögen man verfügt.

Es kann einem auch passieren, daß man sich vorbereitet hat, um mit einem Klienten die Transite des nächsten Jahres zu besprechen, und es kommt überhaupt nicht dazu. Wir wollen hier anhand einiger Fallstudien aufzeigen, wie man mit den Transiten arbeitet und wie sie mit dem Geburtshoroskop verbunden sind. Bei einer tatsächlichen Sitzung wird man kaum auf so viele Dinge zu sprechen kommen, denn der Klient kann entweder gar nicht so viel aufnehmen, oder er befindet sich in einer Krise und in der Sitzung geht es hauptsächlich darum, ihm ein spezielles Problem verständlich zu machen. Anfänger mag es frustrieren, wenn es nicht möglich ist, das Horoskop umfassend zu deuten. Aber der springende Punkt bei dieser Art von Astrologie liegt darin, jemandem ein besseres Verständnis für sich selbst zu vermitteln. Dazu ist eine detaillierte Horoskopbesprechung nicht unbedingt erforderlich.

Wir beschäftigen uns hier mit einem wichtigen neuen Gebiet innerhalb der Astrologie. Bisher wurde von Astrologen erwartet, daß sie in die Zukunft blicken. Viele haben sich darauf spezialisiert, den geeigneten Zeitpunkt für eine bestimmte Angelegenheit festzustellen. Diese Fragestellungen hatten kaum etwas mit dem Prozeß der Individuation zu tun, sondern bewegten sich auf der Ebene von: »Werde ich diesen Rechtsstreit gewinnen?« oder »Werde ich heiraten?«. Wir versuchen, die Menschen mittels der astrologischen Symbolik in ihren Wachstumsprozessen zu beraten, deren Ziel ein besseres Selbstverständnis ist. Und das bedeutet, daß man das rechte Maß erkennen muß. Man muß lernen, die Körpersprache zu lesen und die Widerstände der Menschen zu erkennnen, und man muß sich ein grundlegendes psychologisches Wissen aneignen, damit man seinen Klienten nicht mehr schadet als nützt. Das Schlüsselwort für das Erlernen dieser Vorgänge heißt »langsam«, denn wenn man sich unsicher ist, bedeutet weniger oft mehr.

Ich kann werdenden Astrologen nur empfehlen, an Seminaren teilzunehmen, deren Thematik sich um die Auseinandersetzung mit Horoskopen von Leuten, die man kennt, dreht. Verschiedene Astrologen bieten solche Seminare an, damit ihre Schüler den richtigen Umgang erlernen können. Uns stehen wunderbare Informationen zur Verfügung, aber wenn wir sie mißbrauchen, sind wir wie Kinder, die versuchen, einen Wagen auf der Autobahn zu steuern. Wir selbst müssen auch die Verantwortung für unser Tun übernehmen. Für mich ist es wichtig, vor einer Sitzung ein Gebet zu sprechen, in dem ich um Führung bitte, das Richtige zu tun und zu lassen. Ich möchte den Menschen helfen, nicht sie richten.

Man kann die Deutung von Horoskopen nur in der Praxis erlernen. Schüler zu sein ist ein Geschenk! Die Menschen, die einen um eine Deutung bitten, brauchen nur mit dem umzugehen, was man ihnen sagen kann. Wenn ich zurückblicke und an einen meiner ersten Klienten denke, wünsche ich manchmal, ich könnte mein Wissen von heute mit ihm teilen. Aber das war es gar nicht, was er wollte. Denn wenn er mehr erwartet hätte, wäre er zu jemand anderen gegangen! Mit jeder Deutung wird man um einige Erfahrungen reicher. Man wird lernen, wie man zu den verschiedenen Menschentypen sprechen muß, man wird lernen, worauf die Menschen am besten reagieren, man wird lernen, wie man seine Informationen am angenehmsten mitteilt. Auch über die Wirkungsweise der Aspekte wird man im Gespräch mit den Menschen mehr erfahren und erkennen, daß es sich oft anders verhält, als man zunächst angenommen hatte. Man lernt die verschiedensten Bewußtseinsebenen kennen. Alle diese Erfahrungen sollten einem helfen bewußter zu werden, wacher gegenüber dem, was in der Welt vor sich geht, was sich mitten unter den Menschen ereignet. Werdet bitte nicht nervös, bleibt bitte offen, bleibt bitte bescheiden, lernt bitte so viel wie möglich. Und lernt die Balance zu halten zwischen einem Klienten, der nichts von dem, was ihr ihm sagt, akzeptieren kann, und dem Zutreffen der Aspekte!

Ich begann mit der Deutung von Horoskopen zunächst bei Freunden. Als ich versuchte, mit ihnen über Aspekte im Geburtshoroskop oder über die Wirkung der Transite auf das Leben zu sprechen, verwarfen sie das, was ich sagte. Ich bekam wenig positives Feedback. Als ich jedoch begann, für Fremde zu lesen, für Menschen, die mich nicht persönlich kannten, war das Feedback völlig anders. Die Klienten schätzten meine Deutungen und mußten ihre Stellung mir gegenüber nicht verteidigen. Da erkannte ich, daß mir diese Arbeit zu nahe steht, als daß ich sie bei meinen Freunden machen kann. Doch aus der Beobachtung seiner Freunde kann man viel lernen.

Selbst bei zahlenden Klienten kann es einem passieren, daß man an einen Menschen gerät, der das, was man ihm sagt, nicht annehmen kann. In so einem Fall ist es besser, die Dinge laufenzulassen. In einigen Fällen habe ich angeboten, umsonst zu deuten oder ganz damit aufzuhören, als wir an einem Punkt angelangt waren, wo es einfach nicht mehr weiterging. Diese Klienten haben mich nach der Sitzung stets bezahlt.

Man wird feststellen, daß sich aus der Wortwahl Probleme mit den Klienten ergeben können. Man sagt etwas und der Klient kann es nicht akzeptieren, da man unterschiedliche Wortdefinitionen benützt. Wartet man lange genug, wird der Klient von selbst anfangen über dieses Thema zu sprechen, und man kann an das Gesagte anschließen. Einmal versuchte ich mit einer Klientin über ihren Groll gegen ihre Mutter zu sprechen, aber sie leugnete derartige Gefühle entschieden ab. Eine

Stunde später griff sie eine Geschichte auf, die sie mir über ihre Mutter erzählt hatte und alles Gift und alle Bitterkeit kamen in ihr hoch. Ich sagte zu ihr:»Erinnern Sie sich, daß ich versucht habe, mit Ihnen darüber zu sprechen? Genau das hatte ich damit gemeint.« Dann kann man anfangen zu erklären, wie der Transit auf die Geburtsaspekte wirkt und wie man die Problematik durchleben kann.

Horoskop A

Um zu erläutern, wie die Transite auf das Geburtshoroskop einwirken, werden wir dieselben zwei Horoskope verwenden wie bereits für die Skizzierung der Marstransite. Diese hatten angezeigt, über welche physischen Energien diese Personen verfügen. Auf den Seiten 38 und 44 kann man ihre Wirkungsweise nachlesen.

Horoskop A gehört einer jungen Frau, Jahrgang 1946. Ich habe die Erlaubnis ihr Horoskop zu verwenden, solange ich Name und Geburtsdatum nicht veröffentliche. Ihr Geburtsdatum ist durch die Geburtsurkunde belegt und das Horoskop wurde vom Astro-Computing-Service erstellt.

Die Transite, mit denen wir uns jetzt beschäftigen werden, beziehen sich auf innere Wachstums- und Wandlungsprozesse. In den Ephemeriden kann man nachlesen, wo die langsameren Planeten am 1. Januar 1980 standen. Sie sollten auf dem Geburtshoroskop an den richtigen Stellen außerhalb des Kreises eingetragen werden, damit man sie nicht mit den Geburtsplaneten durcheinander bringt (vgl. Abb. Horoskop A). Es ist an sich nicht notwendig es so sichtbar zu machen, aber für mich finde ich die Visualisierung der Verbindung von Transiten und Geburtshoroskop sehr anschaulich. Die transitierenden Planeten aktivieren immer die Geburtsaspekte. Deshalb zeichne ich die Geburtsaspekte ebenfalls ein, weil es das Bild abrundet. Manchmal vergißt man in der Situation der Beratung einen Planeten oder Aspekt. Da sind die Einzeichnungen sehr hilfreich, um den Überblick zu behalten.

Das erste, was auffällt ist, daß sich alle bedeutenden transitierenden Planeten zwischen dem sechsten und achten Haus befinden. Die Transite von Sonne, Mond und Merkur lassen wir außer acht, da sie sich zu schnell bewegen. Die langsameren Planeten stehen für die inneren Wandlungen. Da diese Planeten einen bestimmten Bereich des Horoskops berühren, wird die Klientin nächstes Jahr mit Angelegenheiten zu tun haben, die diesen Häusern entsprechen.

Der Schwerpunkt der Transite berührt ihre Arbeit, ihr Verhältnis zu Vorgesetzten, den Umgang mit den Verantwortlichkeiten des Alltags,

Horoskop A

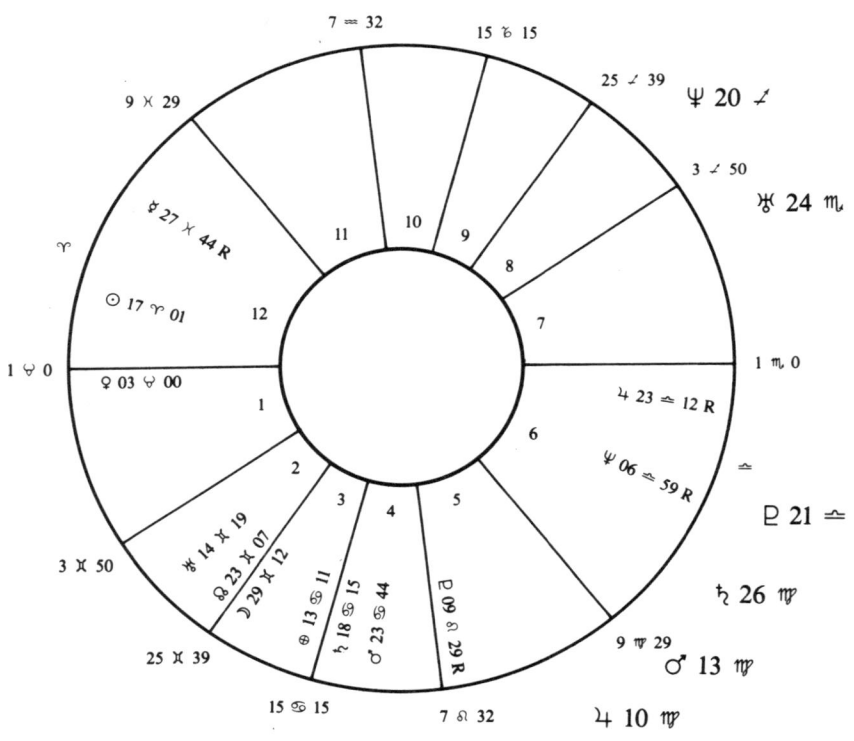

was durch das sechste Haus ausgedrückt wird. Der Einfluß von Uranus im siebten Haus verweist auf Veränderungen sowohl in geschäftlichen als auch in privaten Beziehungen. Neptun im achten Haus betont die finanziellen Verhältnisse des Partners und Rechtsangelegenheiten, Saturn Erbschaften und Verpflichtungen, die damit zusammenhängen und ihren eigenen transformativen Prozeß. Nicht alle diese Gruppen werden gleichzeitig aktiviert und eventuell kommen auch nicht alle diese Möglichkeiten zum Tragen, aber es soll ihr einen Überblick über die Thematiken geben, mit denen sie sich möglicherweise auseinanderzusetzen hat. Es ist unnötig, darüber Vermutungen anzustellen, denn im Gespräch wird sich zeigen, was für sie von Bedeutung ist.

Ich ziehe es vor, mit den Transiten der langsamsten Planeten zu beginnen, denn sie setzen mit ihrer weniger spannungsreichen Energie die Grundstimmung im Horoskop. Ihre Wirkung dauert lange Zeit an, deswegen verteilt sich der Druck und sie kennzeichnen die großen Transformationen, denen sie unterworfen ist. Saturn und Jupiter bewegen sich schneller als Uranus, Neptun und Pluto. Saturn und Jupiter symbolisieren daher stärker den Kristallisationsprozeß der inneren Wandlungen, die aufgrund der Energien von Uranus, Neptun und Pluto stattfinden.

Pluto

Am 1. Januar 1980 steht Pluto in 21 Grad Waage und durch den Transit in ihrem sechsten Haus. Ganz allgemein gesehen verweist Pluto im sechsten Haus auf größere Veränderungen in der Einstellung zu Gesundheit, Arbeit, im Umgang mit dem Alltag und den Arbeitskollegen. Da sich Pluto sehr langsam bewegt, wird er sich vier Jahre in diesem Haus befinden. Daraus ersieht man, daß es sich um einen langsamen Wandlungsprozeß handelt, nicht um etwas, worüber man in Panik gerät oder was man vermeiden sollte, wie das z.B. bei einem Marstransit der Fall sein kann. Folgende Planeten in Kardinalzeichen werden von dem Plutotransit beeinflußt:

Sonne 17 Grad Widder
Saturn 18 Grad Krebs
Mars 23 Grad Krebs
Jupiter 23 Grad Waage

Da Pluto den 17. und 18. Grad des Kardinalzeichens schon hinter sich hat, ist die Wirkung des Transits auf Sonne und Saturn schon am Abflauen. Weil Pluto sich jedoch 23 Grad Waage nähert (noch ist er in

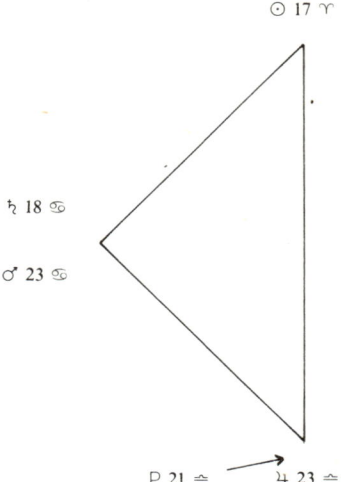

⊙ 17 ♈

♄ 18 ♋

♂ 23 ♋

♇ 21 ♎   ♃ 23 ♎

21 Grad), liegt die Spannung sowohl auf Mars in 23 Grad Krebs, als auch auf Jupiter in 23 Grad Waage. Da alle vier Planeten von einem Doppelquadrat betroffen sind (eine Opposition verbunden mit zwei Quadraten), wird die Spannung anhalten, bis Pluto die 23 Grad überschritten hat. Den Ephemeriden kann man entnehmen, daß Pluto am 11. Dezember 1980 in 27 Grad Waage steht. Damit ist es jedoch nicht erledigt, denn wenn man bis 1981 weiterblättert, sieht man, daß Pluto dann rückläufig ist und erneut über das Doppelquadrat geht. Am 15. März 1981 befindet sich Pluto wieder in 23°44' Waage und bleibt in diesem Wirkungskreis bis zum 4. Oktober 1981. Ist es damit zu Ende? Ja, denn Pluto wird zwar wieder rückläufig, aber nur bis 24 Grad, was keine Rolle mehr spielt. In dem Moment, wo der Transit auf den Grad genau in Konjunktion, Quadrat oder Opposition steht, ist die Spannung vorüber.

Der Plutotransit zu ihrem kardinalen Doppelquadrat setzt einen besonderen Akzent auf das Mars-Jupiter Quadrat im Geburtshoroskop. Dieser Geburtsaspekt zeigt an, daß sie im Laufe ihres Lebens etwas darüber lernen wird, wie sie unter dem Einfluß eines überdehnten Jupiters reagiert (Mars). Mit anderen Worten, sie wird versuchen, zu viel zu machen, und Phasen haben, wo sie sich um nichts schert, denn das Jupiter Quadrat kann sich dahingehend auswirken, daß einem alles egal ist. Das bedeutet, daß sie dazu neigt zu enthusiastisch zu sein, sich zu sehr in ihre Arbeit zu stürzen. Ebenso kann sie in Stimmungen kommen, in denen sie ein starkes sexuelles Verlangen zeigt, denn Mars

154

steht für die Sexualität. Unter dem Plutotransit kann sich dies noch verstärken.

Die Mars-Saturn Konjunktion im Geburtshoroskop läßt sie zu sexuellen Extremen neigen. Mars und Saturn stehen beide im Quadrat zur Sonne und aufgrund dieser Konstellation kann es ihr immer wieder passieren, daß sie gegen (Quadrat) ihre eigenen Interessen (Sonne) handelt (Mars). Auf gut Deutsch heißt das, daß sie bei der Wahl ihrer sexuellen Partner nicht immer auf Männer trifft, die den Bedürfnissen ihrer Sonne entsprechen. Oder ihre sexuellen Bedürfnisse verursachen ihr Schwierigkeiten, wenn sie andere Aspekte ihrer Persönlichkeit entwickeln möchte. Oder ihr Bedürfnis nach einer emotionellen, sexuellen Beziehung verlangt, daß dies auf Kosten ihrer anderen Interessen geht. Zu all dem kommt noch hinzu, daß sie ein grundlegendes Mißtrauen gegen Männer hegt, besonders, wenn sie eine Autorität darstellen (Saturn in Quadrat zur Sonne). Deswegen neigt sie zu Extremen.

Meiner Beobachtung nach hat sie bereits an dem Doppelquadrat gearbeitet, denn sie hat gelernt, sich in den Chefetagen zu bewegen, was bedeutet, daß sie fähig ist mit Menschen kooperativ zusammenzuarbeiten. Sie ist kein Rebell oder aus Prinzip antiautoritär. Die Probleme, die das Doppelquadrat erkennen läßt, liegen in ihrem Hang, sich zu überarbeiten und ich auf Männer einzulassen, die wenig hilfsbereit und unterstützend auf ihre Bedürfnisse als Frau reagieren. Bei einer tatsächlichen astrologischen Beratung könnte dies ein Punkt sein, der zu besprechen ist.

Pluto konzentriert Energie auf dieses doppelte Quadrat und während all der Jahre, seit er in das Zeichen der Waage trat (um 1972), rückte die Notwendigkeit einer Persönlichkeitsentwicklung immer mehr in das Blickfeld. Die Bedeutung des Transits liegt nicht im Schmerz, sondern in der Hilfe bei dem Prozeß der Transformation und Selbsterfahrung. Ihre Geburtssonne ist mit schwierigen Aspekten von Mars, Saturn und Jupiter belagert. Diese vielen Spannungen bringen die arme kleine Sonne dazu, sich zu verstecken, und zu vermeiden, ihren eigenen Plänen nachzugeben. Damit reagiert sie auf den Druck von Mars, Jupiter und Saturn. Pluto sagt ihr, es sei an der Zeit, daß sie diese Energie besser ausgleiche. Die harmonische Energie kommt von der Waage.

Damit der Individuationsprozeß stattfinden kann, muß der Transit Möglichkeiten zur Bewußtseinsentwicklung schaffen. In diesem Zeitraum (zehn Jahre, von 1972-1982) kann der Wandel der Persönlichkeitsstruktur stattfinden. Sie ist noch relativ jung, so daß die Veränderungen in einem Alter stattfinden (so zwischen ihrem 25. und 35. Lebensjahr), in dem sie sich auf ihre Kinder, ihr Liebesleben, ihre Karriere und ihr inneres Selbst auswirken. Die Zeitplanung dieses Plutotransits könnte nicht besser sein. Wandlungen dieser Art sind nutzbringender, solange man noch jung ist, denn sie ist alt genug, um den Sinn der Veränderungen zu verstehen und jung genug, um noch ausreichend Zeit zu haben, das, was sie gelernt hat, anzuwenden und weiterzuentwickeln.

Pluto im Quadrat zu Mars in 23 Grad Krebs lehrt sie neue Handlungsweisen, macht ihr etwas über ihre sexuellen Bedürfnisse klar und über den Umgang mit Ärger. Es ist nicht so, daß alles, was sie bisher gemacht hat, schlecht gewesen wäre, aber es ist für sie notwendig, eine umfassendere Sichtweise zu gewinnen. Mars in Krebs drückt sich gefühlsmäßig aus, mal handelt sie wie ein kleines Mädchen, mal wie die große Mutter. Das weibliche Gleichgewicht, das man Frau nennt, und das zwischen kleinem Mädchen und großer Mutter liegt, wird sich jetzt entwickeln. Pluto läßt Ärger und Machtgefühle hervortreten, und Mars kann auf den Druck von Pluto mit verstärktem Ärger reagieren, so daß dies zu Affekthandlungen oder Unmut über ihre gesteigerten sexuellen Bedürfnisse führen kann. Doch hinter dem Ärger liegen schöpferische Energien und Wärme, wenn sie die Ursachen für den Ärger herausfindet und ihn so überwinden kann.

Die Pluto-Jupiter Konjunktion akzentuiert ihre Beziehungsfähigkeit, ihre Offenheit für ihre Mitmenschen. Mit dieser Schwierigkeit war sie schon immer konfrontiert, denn Jupiter steht in Opposition zur Geburtssonne. Ihr wird die Möglichkeit gegeben, sich zu mehr Offenheit zu entwickeln und gleichzeitig sich selbst (Sonne) miteinzubeziehen. Jupiter in Opposition zur Sonne zeigt die Tendenz, daß man auf die Bedürfnisse anderer eingeht, dabei aber die eigenen zurücksteckt. Das führt zu Ärger, Bitterkeit und Spannungen. Aber Pluto bietet einem auch die Chance der Wandlung, vorausgesetzt man ist bereit, sie zu ergreifen.

Neptun

Neptun ist der Planet, der sich nach Pluto am langsamsten bewegt. Am 1. Januar 1980 steht er im Transit in 20 Grad Schütze und geht durch ihr achtes Haus. Neptun bringt Täuschungen und Illusion für das Haus, durch das er geht. Er zeigt uns unsere weißen Flecken, und im achten Haus bedeutet das, daß sie verstärkt dazu neigt, den finanziellen Verhältnissen ihres Partners gegenüber blind zu sein. Das gleiche gilt für die Möglichkeit ihrer eigenen Transformation und für Angelegenheiten, die mit Erbschaft, Steuern und Geld von anderen Menschen zu tun haben. Möglicherweise ist sie in dieser Zeit besonders leicht zu beeindrucken von den Ideen anderer, da sie sie durch eine idealistische Brille sieht.

Neptun ist auch Symbol für Inspiration. Sie kann von den gleichen Sachverhalten sowohl inspiriert, als auch enttäuscht werden, möglicherweise ist auch beides der Fall. Die Blindheit gegenüber Vernunftgründen, eine ausgesprochen neptunische Eigenschaft, kann die Ursache dafür sein.

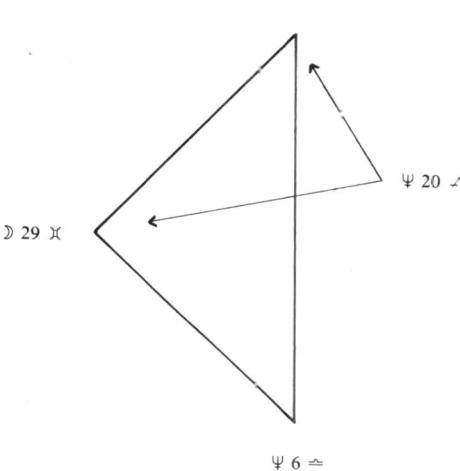

☿ 27 ♓

Ψ 20 ♐

☽ 29 ♓

Ψ 6 ♎

Ich empfinde es so, daß es etwas mit unserem beginnenden Vertrauen in unsere Intuition zu tun hat. In Angelegenheiten des achten Hauses wäre esfür sie gut, auf ihre intuitiven Eindrücke und Gefühle zu achten.

Neptun bestrahlt ihre Mondknotenachse. Allgemein gesagt gibt ihr das die Möglichkeit, sich, solange Neptun die Mondknoten bestrahlt, weiterzuentwickeln. Die Mondknoten werden von Astrologen unterschiedlich bewertet, aber sicher mag man wünschen, persönliche Interessen, die den Mondknotenenergien entsprechen, weiterzuentwickeln. In dem aufsteigenden Mondknoten sehe ich Chancen liegen und wenn man sie nicht richtig nützt, wird der absteigende Mondknoten wichtig. Der Neptuntransit aktiviert die Mondknoten bis zum 3. Januar 1981.

Der transitierende Neptun steht in Opposition zu ihrem Geburtsmond. Der Mond bildet im Geburtshoroskop ein Quadrat zu Merkur in 27 Grad Fische und zu Neptun in 6 Grad Waage. Manche Astrologen würden dies als ein Doppelquadrat bezeichnen, andere akzeptieren den 9 Grad Orbis für eine Opposition zwischen Merkur und Neptun nicht. Wenn man das Doppelquadrat akzeptiert – und ich tue das –, dann wird der Neptuntransit es beleben, bis er 1987 in 6 Grad Steinbock geht.

Der Schwerpunkt liegt jedoch auf der Opposition von Neptun zum Geburtsmond in 29 Grad Zwillinge. Verwendet man einen Wirkungskreis von 10 Grad, dann bleibt der Transit bis zum 28. Dezember 1983 wirksam. Dies gibt ihr genügend Zeit um zu lernen, mit der neptunischen Energie umzugehen. Da Neptun für Täuschung und Illusion steht, wird der Transit einige Täuschungen in ihren emotionellen Reaktionen beleuchten und/oder Illusionen in Bezug auf ihre Gefühle. Das kann heißen, daß sie sich ihrer wirklichen Gefühle nicht bewußt ist. Neptun verkündet Inspiration, die sich während des Transits schöpferisch auswirken kann. Aufgrund der Anregungen können sich ihre emotionellen Reaktionen in eine andere Richtung entwickeln. Neptun steht auch für die unpersönliche, die platonische Liebe. Sie kann auf neue Beziehungssituationen gefühlsmäßig anders zugehen. Ihr sexuelles Empfinden wird sie ins Gleichgewicht bringen können, und ihre Vorstellungen über die Liebe weiten sich.

Neptun im Transit schwächt die Lebenskräfte, deshalb wird sie sich vielleicht müder fühlen oder Schlafstörungen haben, ihre Vitalität läßt etwas nach. Vielleicht braucht sie mehr Schlaf als gewöhnlich, oder sie fühlt sich müder als sonst, und wegen des Energiemangels gelingt es ihr nicht, mit Streßsituationen wie gewohnt fertig zu werden. Ihre Müdigkeit kann so groß sein, daß sie nicht länger mit unnötigen, emotionalen Erschütterungen kämpfen kann, da dies ihre Energien zu sehr abzieht. Der Grund dafür liegt in den Einflüssen, denen ihr Mond ausgesetzt ist. Dies erleichtert eine Veränderung ihrer emotionellen Reaktionsstrukturen.

Neptun kommt im Transit in Quadrat zu ihrem Geburtsmerkur. Damit bekommt sie die Möglichkeit, neue Einsichten in ihre Aufnahmebereitschaft und in die Art und Weise, wie sie ihre Gefühle ausdrücken kann, zu entwickeln. Denn die Schwierigkeiten, die sie damit hat, liegen in dem Geburtsquadrat zwischen Merkur und Mond begründet. Als sie ein Kind war, hatte ihre Mutter Probleme mit ihrem Selbstverständnis als Frau und als Mensch. Es könnte jetzt an der Zeit sein, daß die Tochter, die Frau von Horoskop A, lernt, offener über ihrer Gefühle zu sprechen.

Das Quadrat des transitierenden Neptun zu Merkur steigert auch die Kreativität, was sich in dieser Zeit auf schriftstellerische Arbeiten, Veröffentlichungen und jedwedes kreative Bemühen inspirierend auswirkt. Ihre psychischen und intuitiven Fähigkeiten sind jetzt feiner. Wenn man sich intensiver mit dem Einfluß von Neptun beschäftigen möchte, verweise ich auf das kürzlich erschienene Buch von Patricia Morimando, »The Neptune Effect«.

Obwohl der Aspekt im Moment außerhalb des Wirkungskreises liegt, wird das Geburtsquadrat Mond-Neptun ebenfalls von dem Neptuntransit betroffen. Zwischen 1980 und 1987 wird sie mehr über ihre Einstellung zu ihrer Weiblichkeit lernen. Ihr Geburtshoroskop läßt anhand des Mond-Neptun Quadrats erkennen, daß ihre Mutter sie wahrscheinlich in der Kindheit auf eine Art und Weise beeinflußt hat, die bei ihr zu einer sehr merkwürdigen Vorstellung über das Frausein geführt hat. Entweder hat ihre Mutter in ihrem weiblichen Selbstverständnis gelogen, indem sie ein falsches Bild von sich gab, oder sie vermittelte ihrem Kind ein so idealisiertes Frauenbild, daß die Tochter nun meint, sie müsse so etwas wie eine Heilige sein. In diesem Fall wird sie in den nächsten Jahren anfangen, sich von dem Image zu befreien und aufhören, mit Gewalt ein Bild von sich aufrechtzuerhalten, denn ihr Energielevel wird ihr nicht mehr erlauben alles daran zu setzen, um den Menschen zu gefallen.

Uranus

Am 1. Januar 1980 steht Uranus im Skorpion. Er transitiert ihr siebtes Haus, welches für Ehe und Partnerschaft steht. In diesem Feld befindet er sich schon mehrere Jahre. In der Zeit, in der Uranus durch ihr siebtes Haus wandert, wird sie erkennen, wer sie wirklich mag und wer nicht (denn das siebte Haus regiert auch offene Feindschaften), und sie kann lernen, mit den Menschen, die ihr ablehnend gegenüberstehen, umzugehen. Ihr Image wandelt sich, ebenso ihre Vorstellung über Ehe und Partnerschaft.

Uranus gibt einem die Möglichkeit zur Selbstbefreiung aus den Grenzen oder Beschränkungen der frühen Kindheit. Da Skorpion ihr siebtes Haus regiert, wird sie feste Vorstellungen davon haben, wie sie ihren Partner ändern möchte. Aber jemand, der erst umgeformt werden muß, ist kein geeigneter Partner. Vielleicht wird sie lernen, daß die Rolle einer Frau nicht auf die einer Jane Eyre von Emily Brontë beschränkt ist. Skorpion im siebten Haus hat den selbstverständlichen Wunsch, den Partner umzubilden. Betrachtet man das in Zusammenhang mit dem Mond-Neptun Quadrat, dann läßt sich daraus erkennen, daß sie über eine ganze Reihe vorgefaßter Vorstellungen über die Rolle einer Frau verfügt. Dazu gehört auch die ständige Selbstüberforderung.

Uranus bildet zu keinem der Planeten in ihrem Geburtshoroskop einen schwierigen Aspekt, so daß sein Einfluß auf das siebte Haus sehr bedeutsam ist. Wir haben nun alle transsaturnischen Planeten durchgesprochen und kommen jetzt zu den mehr persönlichen und spontan auftretenden Symptomen, für die Saturn und Jupiter kennzeichnend sind.

Saturn

Am 1. Januar 1980 steht Saturn in 26 Grad Jungfrau. Er transitiert das sechste Haus und fordert damit Klarheit über ihre Einstellung zu Fragen der Gesundheit, Arbeit, Dienst am Nächsten, den Umgang mit Kollegen, Arbeitgebern, dem täglichen Keinkram des Haushalts. Saturntransite zeigen an, was man lernen muß, wo man eine reifere Einstellung entwickeln muß hinsichtlich dessen, was man bis dahin gelernt hat, und wo man seine Prioritäten setzt. Saturn rückt eine realistische Perspektive ins Blickfeld und hilft bei der Klärung von Vorstellungen, die einem schon eine Weile im Kopf herumgegangen sind.

Wir haben bereits über das Doppelquadrat zwischen Mond, Merkur und Neptun gesprochen. Der Saturntransit gibt ihr die Möglichkeit, die Inspirationen von Neptun auf einen Nenner zu bringen. Jedesmal, wenn sie zu kindlichen Verhaltensweisen zurückkehrt, wird Saturn sich ihr in den Weg stellen als der kosmische Polizist, der ihr den Weg in die Zukunft weist und alle Versuche, in alten Geleisen weiterzufahren, unterbindet. Es ist dies ein emotional schwieriger Transit, auf den sie leicht mit Streß und Depressionen reagieren wird. Der Transit kündigt eine Zeit an, die ein Psychiater als Lebenskrise bezeichnen würde. Ich meine damit nicht, daß sie einen Therapeuten aufsuchen muß oder daß sie nicht alleine damit fertigwerden könnte, sondern daß man als Astrologe verstehen sollte, daß sie sich in einer Krise befindet und daß das vollkommen in Ordnung ist. Es ist ein ganz natürlicher Vorgang.

Wir wollen die betroffenen Planeten einen nach dem anderen betrachten. Zunächst ist da der rückläufige Merkur in 27 Grad Fische. Blättert man in den Ephemeriden zurück, kann man nachlesen, wann die Spannung anfing sich aufzubauen. Am 9. September 1979 trat Saturn in 17°44' Junfgrau. An diesem Punkt begann sie ihren Merkur ernstlich zu spüren. Sie fing an, ihre Worte mit Vorsicht zu gebrauchen, sie abzuwägen und auszuwählen, wie sie ihren Vorstellungen am besten entsprachen. Im Verlauf dieses Prozesses veränderte sie sich, wobei ihr das noch nicht einmal bewußt gewesen sein muß. Barsche Worte waren von ihr gar nicht so gemeint. Menschen, die sie kennen, empfanden sie als abweisend und zurückgezogen. Sie selbst empfand sich nicht so, was zu Mißverständnissen mit Mtarbeitern und Angehörigen geführt haben mag. Saturn verursacht auch Konzentrationsschwierigkeiten, so daß ihr Lärm und Unruhe besonders zu schaffen machten. Ihr Gedächtnis ließ nach und sie bekam Probleme mit ihren fünf Sinnen, Schmerzen an den Augen, Ohren, Nase etc. tauchten auf.

Am 27. September 1979 trat Saturn in 19°12' Jungfrau und damit in Quadrat zu ihrem Mond. Während der Zeit die Saturn braucht, um

160

☿ 27 ♓

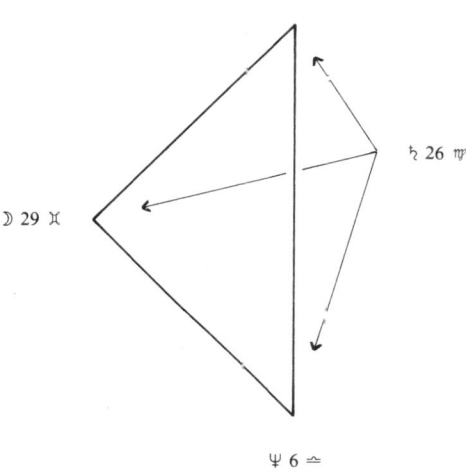

♄ 26 ♍

☽ 29 ♓

♆ 6 ♎

10 Grad zu durchlaufen (ungefähr 1 Jahr), wird sie sehr vorsichtig mit ihrem Körper, ihren emotionalen Bedürfnissen, ihrem Lebensstil, ihrer Familie, Freunden, Mitarbeitetn und beruflichen Notwendigkeiten umgehen, da der Mond ihren gefühlsmäßigen Bezug zu all dem regiert.

Es mag sie bitter und ärgerlich machen, daß ihre Gefühle nicht befriedigt werden. Wenn Saturn einen schwierigen Aspekt zum Mond bildet, kommen alle emotionalen Bedürfnisse nach Geborgenheit und Liebe (nicht Sex, sondern Wärme) an die Oberfläche. Sie werden spürbar, da man nicht bekommt, was man braucht.

Saturn lehrt uns, auf welche Art wir reifer werden können und ebenso, welchen Stellenwert unsere Bedürfnisse haben. Solange alles glatt läuft, macht man keine großen Fortschritte im Wachstumsprozeß, erst wenn man einen Mangel verspürt, entdeckt man seine Bedürfnisse und gibt sich nicht länger mit der zweiten Wahl zufrieden.

In dieser Zeit wird sie ihr Verständnis von Liebe neu überdenken und wird reifere Ansichten über ihre Bedürfnisse gewinnen. Ihre neuen Bedürfnisse entsprechen ihrem Alter und dem, was sie zu entwickeln für nötig hält. Man sollte nicht voraussagen, wie sie sich verändern wird, denn es ist besser, Verständnis für die Prinzipien der Transite zu entwickeln und die Möglichkeiten der Entwicklung offenzulassen.

Ein Satur Transit bedeutet, daß alles, was mit Beziehung zu tun hat, in den Vordergrund rückt. Sie wird genau prüfen, ob Geben und Nehmen im Gleichgewicht stehen. Andernfalls wird sie, vielleicht zu

Recht, aufgebracht sein. Da der Transit so machtvoll ist, wird sie ihre Empfindungen mit ihrem Lebenspartner besprechen. Für eine Beziehung ist dies eine große Entwicklungschance. Ein verständnisvoller Partner wird dies erkennen, ansonsten könnte es das Ende der Beziehung bedeuten. Aber allein durch die Deutung der Horoskope weiß man noch nicht, wie mit dieser Spannung umgegangen wird. Es sollte möglich sein, daß Beziehungen auch während dieses Transits fortbestehen.

Der Saturn-Mond Transit bringt es manchmal mit sich, daß man einen Menschen, der einem sehr nahesteht, verliert. Meistens sind Frauen von solch einem Verlust betroffen. Ich glaube, das hat damit zu tun, daß man lernen muß, Liebe nicht mit Sexualität gleichzusetzen. Meiner Erfahrung nach führt dieser Transit vor allem zur Entfremdung von Freundinnen – vielleicht zieht sie von New York nach Kalifornien, und man empfindet den Verlust ihrer Gesellschaft sehr schmerzlich. Manche Menschen müssen erfahren, daß sich eine vertraute langjährige Freundin ohne Erklärung abwendet. Möglcherweise stirbt eine nahe Verwandte, etwa eine Tante, Großmutter oder die Mutter. Es ist jedoch nicht so, daß unter dem Saturntransit in jedem Fall der Tod einer Verwandten oder der Verlust einer Freundin zu erwarten ist. Nur muß man mit dieser Möglichkeit rechnen.

Wenn ich Menschen über diesen Transit berate, weise ich auf das eventuell zu Erwartende hin. Mit dem Verlust einer nahen Freundschaft, bedingt z.B. durch einen Umzug, wird man lernen müssen umzugehen. Man erkennt vielleicht, was eine solche Erfahrung zu bedeuten hat. Die Krankheit einer älteren Verwandten mag dazu führen, daß man sich in der nächsten Zeit mehr um die Familie kümmert.

Während des Saturntransits kann es für sie notwendig werden neue Freunde zu finden, da die alten nicht mehr da sind, wenn sie sie braucht. Es ist nicht nötig, darauf verärgert zu reagieren, vielmehr sollte man sehen, daß der Rahmen weiter gesteckt wird und sich dadurch emotionelle Abhängigkeiten lösen. Ein einziger Freund macht einen zu abhängig von dessen Anteilnahme. In dieser Zeit ist es möglich, sich neuen Menschen zu öffnen.

Die Konjunktion zwischen Saturn in 26 Grad Jungfrau und dem Geburtsneptun bleibt noch bestehen. Kummer, Depressionen und das Gefühl der Schlaflosigkeit gehen damit einher. Saturn, das Symbol für die Zeit und den Schnitter Tod, wirkt sich klärend auf ihren Geburtsneptun aus. Neptun steht im Geburtshoroskop für die Träume, Inspirationen und Wunschvorstellungen. Der transitierende Saturn nimmt einem die rosarote Brille von den Augen und stößt einen auf die Wirklichkeit.

»Und das soll schon alles sein?« fragen wir uns. Peggy Lee sang es für alle, die durch diesen Transit gehen. Saturn wird sie zwingen, ihre beruflichen Angelegenheiten mit anderen Augen zu betrachten, ebenso auch ihre Träume von der vollkommenen Beziehung. Das bedeutet aber nicht, daß sie ihre Ideale aufgeben muß, nur die Art und Weise, wie sie es angeht, sollte sich ein bißchen ändern.

Zur gleichen Zeit wirkt Saturn auf ihr Geburtsquadrat zwischen Mond und Neptun ein. Ihre Vorstellung von Weiblichkeit wird sie unter diesem Druck neu überdenken müssen. Saturn und Neptun transistieren das Mond-Neptun Quadrat und Uranus geht über das siebte Haus. Dies wird zu großen Veränderungen hinsichtlich ihrer Rolle als Frau, Partnerin und Geliebte führen. Ihre Einstellungen dazu werden sich nach Ablauf der Transite sicher radikal verändert haben.

Die Stimmungslage während eines Saturntransits ist von Gefühlen der Enge und der Hindernisse geprägt. Doch man kann die Schwierigkeiten als Wegweiser entlang der Straße verstehen. Denn es geht nicht darum aufzugeben, sondern die Energien müssen neu gelenkt und auf das Erreichen des Ziels gerichtet werden. Die Vergangenheit mit ihren alten Beschränkungen muß fallengelassen werden, um frei zu sein für das »neue Ich«. Saturn hält sich nicht zurück, aber wenn man seine Botschaften versteht, trifft er einen auch nicht über den eigenen Kopf hinweg. Unter dem Einfluß von Saturn muß man sich verändern und die Teile der Persönlichkeit, die von dem Transit berührt werden, sind einem Kristallisationsprozeß unterworfen. Saturn vermittelt einem, daß es darauf ankommt zu seinen Gefühlen zu stehen. Und man muß realistisch bleiben, Saturn zerstört die Luftschlösser und setzt einen mit beiden Beinen auf den Erdboden. Dabei ist er nicht rücksichtslos, obwohl wir das manchmal so empfinden, wenn wir auf den Umgang mit der Realität nicht vorbereitet sind. Die Wirklichkeit aber kann sehr schön sein.

Der Saturntransit wird solange aktiv bleiben, bis er 6 Grad Waage erreicht. Bis zum 3. September 1980 wird er auf ihrem Merkur stehen, bis zum 15. September bestrahlt er den Mond. In dieser Zeit wird sie eine große Entspannung empfinden, denn der Druck auf zwei persönliche Planeten ist vorüber. Neptun in 6 Grad Waage im Geburtshoroskop sorgt jedoch dafür, daß der Saturntransit bis zum 22. November 1980 spürbar ist. 1981 ist Saturn rückläufig und geht am 20. März 1981 zurück auf den Geburtsneptun. In diesem Wirkungskreis bleibt er bis zum 16. August 1981. Es wird dies eine Zeit großer Veränderungen sein.

Jupiter

Am 1. Januar 1980 steht Jupiter in 10 Grad Jungfrau und beginnt ihr sechstes Haus zu durchlaufen. Das bedeutet, daß noch mehr Betonung auf Beruf, Alltagsbewältigung, Gesundheit und Zusammenarbeit mit anderen Menschen gelegt wird. Aus dem sechsten Haus läuft er am 19. Januar 1980 zurück in das 5. Haus. Dort bleibt er bis zum 21. Juli 1980, für sie bedeutet dies eine Zeit, in der sie es besonders genießt, zu Hause bei Mann und Kind zu sein. Aufgrund des Saturn-Mond Transits wird sie für sich neu bestimmen, welchen Stellenwert Vergnügen für sie haben, welche Bedürfnisse sie in der Liebe hat, und wie sie auf ihr Kind eingehen möchte. Mit der Rückkehr von Jupiter am 22. Juli 1980 in das sechste Haus rücken die entsprechenden Angelegenheiten wieder in den Mittelpunkt.

Ihr Geburtsuranus steht in 14 Grad Zwillinge, d.h. vom 1. Januar 1980 bis zum 3. Mai 1980 und noch einmal vom 20. Juni 1980 bis zum 16. August 1980 wird der Jupitertransit ein Quadrat zum Uranus bilden. Im Geburtshoroskop steht Uranus im Sextil zur Sonne, was bedeutet, daß dieser Transit ihre Fähigkeiten sich selbst auszudrücken anregen wird. Chancen und Beförderungen im Beruf wären möglich. Da Uranus nicht schwierig aspektiert ist, dürfte es mit dem Quadrat keine Probleme geben. Sollte dennoch eins auftauchen, so hat es mit exzentrischen oder eigenwilligen Verhaltensmustern zu tun.

Am 30. August transistiert Jupiter in einem zehn-Grad-Wirkungskreis (17°39' Jungfrau) ihren Geburtsmerkur (27°44' Fische). Damit beginnt eine Intensivierung des Doppelquadrats Merkur, Mond und Neptun. Die Spannung wird durch die Anwesenheit von Saturn noch verstärkt.

Übereilte Worte sind ein Ausdruck der Jupiter-Merkur Opposition – eine Neigung, die man besser zügeln sollte. Das Quadrat zum Mond weist auf emotionale Überempfindlichkeit, und die sich schon ankündigende Konjunktion zu Neptun spricht für eine Verstärkung der Problematiken um Illusion und Täuschung. Dies alles könnte dazu führen, daß sie während dieser Zeit äußerst reizbar ist! Die Spannung dauert an bis Jupiter am 7. Dezember 1980 in 6 Grad Waage tritt. Von August bis Dezember wird sie also mit dem Jupitertransit beschäftigt sein.

Für mich ist Jupiter ein schwieriger Transit, denn er macht mir meine unangenehmen Geburtsaspekte schmerzhaft bewußt, und ich kann mir vorstellen, daß es ihr ähnlich geht. Indem sie sich ganz bewußt auf die Wirkung der Geburtsaspekte in ihrem Innern einstellt, hat sie die Möglichkeit, der Energie positiv zu begegnen. Die Wirkungsweise eines Geburtsaspekts ist so tief in unserer Persönlichkeit verwurzelt, daß man sich dessen oft überhaupt nicht klar ist. Jupiter wird ihr die Augen dafür öffnen und darin liegt die Bedeutung seines Transits. Er verschafft uns Klarheit über das, womit wir zu tun haben.

Wir haben jetzt sehr viel Material besprochen und die Wahrscheinlichkeit, dies alles mit einem Klienten zu teilen, ist sehr gering. Aber die Möglichkeit all dieser Transite und ihrer Bedeutungen sollten für einen Astrologen greifbar sein. Nachdem ich die Auflistung der Transite abgetippt hatte, zeigte ich die Aufzeichnungen meiner Klientin und wir besprachen sie.

Zwei Dinge waren für sie besonders wichtig. Das eine war der Plutotransit, denn sie wollte einige ihrer diesbezüglichen Empfindungen bestätigen. Wir mußten zunächst die Bedeutung der Worte klären. Sie war sich dieses Transits bewußt. Zum anderen kreiste unser Gespräch um den Saturn-Mond Transit und die hier beschriebenen Punkte, die ihn betrafen. Es war ihr ein Bedürfnis, über ihre sich verändernden Ansichten hinsichtlich ihrer Beziehung zu sprechen und über den Wandel in ihrem Gefühlsleben und ihrer Wahrnehmungsfähigkeit. Die Tatsache, daß diese Bedürfnisse nicht befriedigt wurden, und die drohenden Veränderungen in ihrer emotionellen Ausdrucksweise, beschäftigten sie sehr. Bei einer astrologischen Beratung wären diese beiden Transite mit Sicherheit im Mittelpunkt gestanden.

Horoskop B

Die Transite von Horoskop B unterscheiden sich vollkommen von denen in Horoskop A. Obwohl die Planeten am 1. Januar 1980 an gleicher Stelle stehen, wirken sich die Transite auf diesen Menschen ganz anders aus. Ich habe absichtlich zwei Menschen ausgewählt, die beide in einem kardinalen Zeichen geboren waren, damit man sowohl die Ähnlichkeiten der kardinalen Spannung, als auch die Unterschiede in der Wirkungsweise nachvollziehen kann.

Horoskop B ist das eines jungen Mannes von ungefähr dreißig Jahren. Name und Geburtsdatum gebe ich aus Gründen des Datenschutzes nicht bekannt. Das Geburtshoroskop wurde aufgrund der Angaben in seiner Geburtsurkunde vom Astro-Computing-Service ausgerechnet.

Bei der Deutung des Horoskops werde ich auf die Möglichkeiten von Problemlösungen eingehen, anhand der Schwierigkeiten, die in der nächsten Zeit eventuell auf ihn zukommen werden. Es kommen sicher nicht alle potentiellen Möglichkeiten, die in dem Horoskop liegen, zum Tragen, denn wir verfügen über einen freien Willen und suchen uns die Richtung aus, in die wir gehen wollen. Aber es geht darum, auf eine Beratungssitzung gut vorbereitet zu sein, auch wenn man da sicher nicht über alle Eventualitäten sprechen wird, so wie wir es hier tun. Wahrscheinlich würde man sich bestimmte Dinge herausgreifen. Für den Klienten wird der Schwerpunkt der Beratung darin liegen, sich Klarheit über persönliche Probleme zu schaffen, die er lösen möchte.

Horoskop B

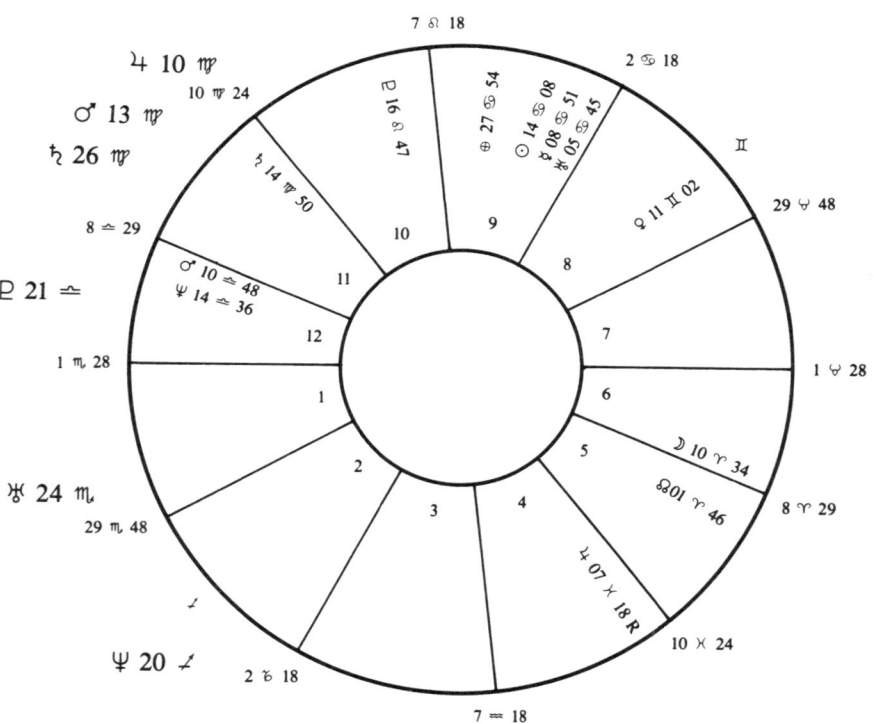

7 ♌ 18

2 ♋ 18

4 10 ♍

10 ♍ 24

♂ 13 ♍

♄ 26 ♍

♇ 16 ♉ 47

⊕ 27 ♋ 54

☉ 14 ♋ 08
☿ 08 ♋ 51
♅ 05 ♋ 45

♊

8 ♎ 29

♄ 14 ♍ 50

♀ 11 ♊ 02

29 ♉ 48

10

9

8

♇ 21 ♎

♂ 10 ♎ 48
♆ 14 ♎ 36

11

12

7

6

1 ♉ 28

1 ♏ 28

1

2

5

☽ 10 ♈ 34

☊ 01 ♈ 46

8 ♈ 29

3

4

♃ 07 ♓ 18 R

♅ 24 ♏

29 ♏ 48

10 ♓ 24

♐

♆ 20 ♐

2 ♑ 18

7 ♒ 18

Pluto

Am 1. Januar 1980 steht Pluto in 21 Grad Waage und geht durch das 12. Haus. In seinem Horoskop stehen sechs Planeten in einem Kardinalzeichen, die jedoch von dem Transit alle nicht berührt werden, da die höchste Gradzahl bei ihnen 14 ist. Dem 12. Haus sind die Angelegenheiten des Unterbewußtseins, der Spiritualität und der innerpsychischen Vorgänge zugeordnet. Man nennt es das Haus der Selbstauflösung. Es regiert auch verborgene Feindschaften (das bezieht sich auf Menschen, die man fälschlicherweise für Freunde hält). Plutos Reise durch das 12. Haus bedeutet für den jungen Mann, daß Gedanken tief aus dem Unterbewußtsein emporsteigen, mit denen er fertig werden muß. Einige seiner Vorstellungen und Motive wird er revidieren müssen. Persönliche Probleme, die er lange nicht überdacht hat, muß er nun angehen.

Sowohl Mars, als auch Neptun befinden sich im Geburtshoroskop im 12. Haus. Mars steht für seine Arbeit, seine Art und Weise zu handeln, und seine Sexualität. Neptun symbolisiert seine Ziele und Träume. Die Konjunktion im Geburtshoroskop zeigt an, daß seine Träume und Ziele eng mit seiner Arbeit und seinen Handlungen verbunden sind. Diese Verbindung ist aufgrund der Konjunktion stärker als gewöhnlich. Pluto transitiert beide Planeten, was berufliche Veränderungen mit sich bringen kann, über die er sich aber zu der Zeit noch nicht klar sein wird. Erst wenn Pluto über den Aszendenten geht, wird er ihn zwingen, aus seinen Träumen zu erwachen.

Der Aszendent steht in 1 Grad Skorpion. Pluto befindet sich in einem Orbis von 10 Grad und macht den Einfluß seiner plutonisch-transformierenden Energie geltend. In der Zeit, in der Pluto auf den Aszendenten einwirkt, wird er anfangen sich zu verändern. Sein Lebensstil, seine Lebensumstände, ebenso jeder neue Anfang und sein beruflicher Einsatz, werden durch den Aszendenten symbolisiert. Am 19. Dezember 1983 steht Pluto in 1 Grad Skoprion, und ein paar Jahre lang läuft er um diesen Punkt vor und zurück. Damit kündigen sich enorme Wandlungen in seinem Lebensstil an.

Er fühlt sich entwurzelt, ohne rechte Kontrolle über die Geschehnisse, in seiner Karriere sieht er alle Felle davonschwimmen. Der feste Boden unter den Füßen ist ihm verlorengegangen und er muß strampeln, um wenigstens auf der Stelle zu bleiben. Dieser Transit ähnelt sehr der Wirkung von Pluto auf die Sonne. Er zerstört alle überflüssigen Elemente in der Lebensweise und löscht sie aus. Große Veränderungen werden unter diesem Transit gemacht. Wenn er den Sinn des Transits versteht, kann er rechtzeitig beginnen, mit ihm zu arbeiten.

Er wird sich ändern müssen, obwohl man natürlich keinen Klienten zwingen kann. Alles was man tun kann ist, ihn von der Notwendigkeit der Veränderung in Kenntnis zu setzen. Seine Entscheidungen muß er selbst fällen. Der Transit verursacht Unsicherheit, da die Energie so subtil und schwer zu erkennen ist. Ich habe das bereits in dem Abschnitt, der von dem Plutotransit über die Hauptachsen handelt, ausgeführt. Es ist notwendig, loszulassen und nicht an der Vergangenheit festzuhalten. Manchmal fällt einem das sehr schwer, aber man kommt nicht darum herum. Wenn er sich nicht freiwillig löst, wird er das verlieren, was für ihn überflüssig geworden ist.

Neptun

An nächster Stelle der langsamen Planeten kommt Neptun. Am 1. Januar 1980 befindet er sich in 20 Grad Schütze, in seinem zweiten Haus. Er hat drei veränderliche Planeten in den Zeichen Jungfrau, Zwillinge und Fische. Keines von ihnen wird zu der Zeit von Neptun beeinflußt, denn sie stehen in keiner höheren Gradzahl als 14. Die Wirkung des transitierenden Neptun besteht also nur in der Belebung der Angelegenheiten des zweiten Hauses.

Es symbolisiert Dinge wie Einkommen, Talente, Ideen und Wertvorstellungen. Neptun berührt alles mit seiner Kraft der Inspiration und Illusion. Für den jungen Mann bedeutet dies, daß er sehr idealistische Träume, Ziele und Phantasien hat, wie er zu Geld kommen kann. Er fühlt sich inspiriert, seine Talente und seine Kreativität zu entwickeln. Es mag auch sein, daß er sich vollkommen falsche Vorstellungen über seine finanziellen Verhältnisse macht. Fragt man ihn nach seinem Einkommen, kann man erkennen, wie der Transit ihn beeinflußt. Und dann kann man ihn sinnvoll beraten.

Das Geld gleitet ihm durch die Finger, sein Einkommen beschäftigt ihn nicht wirklich. Man sollte die Stabilisierung seiner Finanzen mit ihm durchsprechen. Wichtig ist für ihn, daß er seine schöpferischen Talente jetzt entwickelt, da die natürlichen Energien so günstig für ihn stehen, was nach dem Januar 1985 nicht mehr der Fall sein wird. Alles, was er sich jetzt kreativ erarbeitet, wird ihm später von Nutzen sein.

Uranus

Auch dieser Transit wird in seinem Horoskop keine große Rolle spielen. Am 1. Januar 1980 befindet er sich in 24 Grad Skorpion mit einem fixen Planeten in 16 Grad Löwe (Pluto). Der Uranustransit hat diesen Punkt bereits überschritten und befindt sich im ersten Haus. Dies bringt für verschiedene Arbeitsbereiche und berufliche Angelegenheiten eine Fülle von Anregungen auch für neue Anfänge. Trotzdem werden nicht alle Chancen zum Tragen kommen. Blättert man in den Ephemeriden zurück, kann man nachlesen, daß Uranus im Dezember 1976 seinen Aszendenten überschritt. Die Jahre von 1974 bis Ende 1980 sind für seine berufliche Laufbahn sehr bedeutend.

Uranustransite sind schwierig, denn sie halten nicht unbedingt, was sie an Chancen zu versprechen scheinen. Man tut gut daran, sich alle Angebote anzuschauen und in Ruhe zu überlegen, welches die besten Aussichten hat. Nimmt man vorschnell eines an und weist alle anderen zurück, hat man am Schluß gar nichts in der Hand. Ich würde empfehlen in dieser Zeit alles anzunehmen, was sich einem bietet, und sehr vorsichtig damit umzugehen, bis es an der Zeit ist, eine Entscheidung zu fällen.

Sein zweites Haus beginnt in 29 Grad Skorpion. Uranus erreicht es im Januar 1981. Damit können sich neue Einkommensquellen eröffnen. Aber selbst, wenn diese sehr zahlreich scheinen, kann es sein, daß keine wirklich von Wert ist. Es läßt sich nicht vorhersehen. Der Transit rückt das Geschäftliche in den Vordergrund, aber er lehrt auch, daß man nicht alles auf eine Karte setzen sollte.

Für die nächste Zukunft zeigen sich allerdings keine wirklich schwierigen Krisenzeiten. Obwohl der Plutotransit sich dem Aszendenten nähert, empfindet der Klient die Spannung noch nicht. Man könnte sich fragen, warum er überhaupt eine astrologische Beratung gewünscht hat, denn für gewöhnlich kommen die Leute, wenn sie unter starkem Druck stehen. Vielleicht folgte er der Empfehlung eines Freundes, oder er kam, weil ihm die Energie der Transite fehlte, um mit bestimmten Problemen umzugehen.

Saturn

Der Saturntransit zeigt, welche Wachstumsprozesse momentan notwendig sind. Er macht deutlich, welcher Teil der Persönlichkeit oder des Horoskops unsere besondere Aufmerksamkeit verlangen. Am 1. Januar 1980 steht Saturn in 26 Grad Jungfrau. Obwohl er drei Planeten in veränderlichen Zeichen hat, geht keine Gradzahl über 14 hinaus, so daß er auch keinen wirklich starken Druck von Saturn zu erwarten hat.

Saturn transitiert durch das elfte Haus, das Haus der Freundschaft und Ratgeber. Man kann daraus schließen, daß Gedanken über Freunde, Freundschaften und Menschen, von denen er einen Rat annehmen

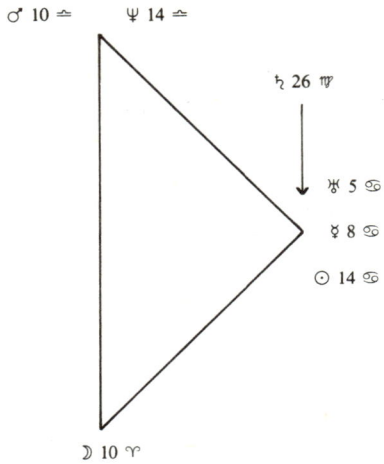

σ 10 ♎   Ψ 14 ♎

♄ 26 ♍

♅ 5 ♋

☿ 8 ♋

☉ 14 ♋

☽ 10 ♈

möchte, ihn beschäftigen. Wahrscheinlich haben sich bei ihm, als seine Unterscheidungskraft stärker wurde, Veränderungen bezüglich seiner Freunde ergeben. Dieser Punkt im Leben kann deprimierend sein, da man ungern Freundschaften beendet. Das gilt für ihn in besonderem Maße, da er als Krebs dazu neigt, an der Vergangenheit zu hängen. Dieser »Säuberungsprozeß« dauert bis zum 11. Dezember 1980.

Für das kommende Jahr werden aufgrund der von Saturn ausgelösten Wachstumsprozesse noch mehrere bedeutende Veränderungen in das Blickfeld rücken. Am 1. Januar 1980 steht Saturn in 26 Grad Jungfrau und beginnt, die Planeten in Kardinalzeichen zu aktivieren. Sein Geburtssaturn steht in 5 Grad Krebs. Saturn nähert sich dem Kardinalzeichen Waage. Am 20. November begibt er sich bei 25 Grad Jungfrau in einen 10 Grad Orbis. Des weiteren wird Saturn die Geburtsaspekte zwischen Merkur, Mars, Mond, Sonne und Neptun beleben. Alle diese Planeten sind durch ein doppeltes Quadrat miteinander verbunden. Die Saturnenergie wird Uranus bis zum 14. Februar 1980 treffen. Dann läuft er für eine Weile zurück, bis er am 17. August 1980 wieder kehrtmacht. Wie in einem Dominospiel wird er die Planeten bis zum 21. Oktober 1981 berühren.

Der Druck wird in Kürze spürbar werden. Mit der Annäherung Saturns an Mond und Sonne wird sich das noch steigern. In dieser Zeit wird er nicht viel zu genießen haben, aber mit Sicherheit geht er mit größerer Kraft und Stärke daraus hervor. Die Chancen zu reifen sind gut, wenn er bereit ist, die Saturnenergie anzunehmen und ihre Lektionen zu erlernen. Da so viele Teile seiner Persönlichkeit von dem einen Transit gleichzeitig bestrahlt werden, wird er zu Beginn nicht sehr erbaut darüber sein.

Man sollte noch einmal die Abschnitte der entsprechenden Transite im ersten Teil nachlesen. Ich will hier einen kurzen Überblick geben. Saturn in Quadrat zum Gebutsuranus heißt, daß ein kindliches, unreifes Verhalten nicht mehr geduldet wird. Uranus im Krebs läßt sich so formulieren: »Ich verhalte mich wie ein kleiner Junge/großer Papa«. Für mich heißt das, daß Eigenschaften, die ein Krebs an den Tag legt, wie z.B. zu gefühlsbetont zu sein, zu besitzergreifend, zu empfindlich, zu kindisch, nicht mehr bestehen können. Saturn kommt und ruft: »Werde erwachsen.« Man braucht nicht darüber nachzugrübeln, woher die Unreife kommt. Mit Sicherheit wird irgend jemand einem das sagen.

Der Saturntransit belebt auch die Konstellation Uranus im Quadrat zu Mond und Mars. Dies kann auf zu stark emotional geprägte oder selbstzerstörerische Handlungen weisen. Da Uranus auch in Konjunktion mit Merkur steht, kann es sein, daß er zuviel redet, zu schnelle Schlüsse zieht und Dinge sagt, die er später bereut. Während dieses Transits wird man ihn auf seine Unreife stoßen. Er muß sich davon lösen.

Saturn wandert weiter und bildet ein Quadrat zu Merkur, Mond und Mars. Diese Planeten liegen so nahe beieinander, daß es unmnöglich ist, sie zu trennen. Unter dem Transit von Saturn über Merkur muß er lernen, seine Art und Weise, wie er kommuniziert, zu ändern. Er wird anfangen, seine Worte vorsichtiger zu wählen, um einen Zugang zu den Menschen zu finden. Und wenn er merkt, daß es ihm nicht gelingt, wird er still sein und sich zurückziehen. Möglich ist, daß seine Konzentrationsfähigkeit abnimmt. Andere werden ihn als grob oder kalt oder zurückgezogen empfinden. Das Problem liegt darin, daß für ihn ein Austausch sinnlos erscheint. Die Begegnung über Worte ist schwierig, doch dieser Transit verlangt sie. Die Geburtsaspekte von Merkur komplizieren den Transit noch mehr. Das Quadrat zu Mars weist darauf hin, daß er Schlüsse zieht, ohne genau hingehört zu haben und die Konjunktion mit Uranus läßt erkennen, daß er sich eine Meinung bildet, ohne die Situation zu kennen. Des weiteren zeigt das Quadrat zum Mond, daß er lieber streitet, als daß er über seine eigenen Gefühle spricht. Er wird durch diesen Transit lernen, einige seiner Kommunikationsgewohnheiten zu ändern. Vielleicht werden die Menschen, mit denen er lebt, seine vorschnellen Entschlüsse nicht mehr hinnehmen. Durch sie wird sich Saturn ausdrücken.

Durch die Konjunktion Saturn-Mars wird er sich in seinen Handlungen gehemmt fühlen. Es kann schwierig für ihn sein, Arbeit zu bekommen, oder aber in der Arbeit selbst liegen die Probleme. Seine beruflichen Angelegenheiten entsprechen nicht seinen Vorstellungen. Auch seine Einstellung zur Sexualität wird sich ändern, er wird mehr Verantwortung zeigen. Sexualität gewinnt eine andere Bedeutung für ihn.

Saturn in Opposition zum Mond weist darauf hin, daß es für ihn eine schwierige Zeit ist, was Frauen betrifft. Seine emotionellen Bedürfnisse wandeln sich, er sucht nach mehr Liebe und Zärtlichkeit. Nicht so sehr das sexuelle Verlangen ist damit gemeint, sondern die Sehnsucht, verstanden zu werden. Krebse brauchen das sowieso, und dieser Transit wird das Bedürfnis verstärken.

Seine Beziehungen zu Frauen ändern sich. Möglicherweise verliert er eine gute Bekannte. Ein Mißverständnis kann zum Ende der Freundschaft führen. Vielleicht beendet er eine Liebesbeziehung oder er entfremdet sich von seiner Mutter oder einer Verwandten. Stirbt jemand, den er kennt und gerne mag, wird dies wahrscheinlich eine Frau sein. Ich empfehle meinen Klienten, während dieses Transits die Verbindung zur Mutter, Lieblingstante oder Großmutter besonders zu pflegen. Sollte eine von ihnen sterben müssen, ist es wichtig, ihnen noch alle nur erdenkliche Zuwendung und Zeit zu geben. Man kann seine Liebe noch mitteilen, denn wenn sie einmal nicht mehr sind, ist es dafür zu spät.

Dieser Transit handelt auch von platonischer Liebe. Er wird durch die Frauen in seinem Leben etwas über Liebe in ihrer unpersönlichsten Form lernen.

Seine emotionalen Bedürfnisse werden nicht befriedigt, was er als Verlust empfindet und darauf mit Depressionen reagiert. Überdenkt man seine Bedürfnisse, wird man mit der Tatsache konfrontiert, daß der Status quo einen nicht glücklich macht, da man nicht das bekommt, was man braucht. Für die Arbeit und für beruflichen Erfolg ist es eine gute Zeit, denn auf anderen Ebenen ereignet sich gar nichts. Es kann sein, daß er sich müder als gewöhnlich fühlt, denn ein Saturn-Mond Transit verlangt, daß man auf sich achtet. Man braucht mehr Schlaf, und die Ausdauer ist auch nicht mehr so wie früher. Sein Geburtsmond steht im sechsten Haus, das weist darauf hin, daß er mehr auf seine Gesundheit achten sollte.

Saturn wird gleichzitg in Konjunktion zu Neptun und in Quadrat zur Sonne stehen. Depression und Hoffnungslosigkeit machen sich breit, wenn Saturn über Neptun geht. Die Energie von Saturn wirkt klärend. Trifft sie mit der von Neptun zusammen, nehmen Träume, Hoffnungen und Ziele feste Formen an. Den meisten Menschen fällt es schwer darüber zu sprechen. Man möchte ungern zuviel Wirklichkeit an die Träume und Ziele heranlassen. Es ist angenehmer in Phantasien zu schwelgen. Vielleicht hat man Angst davor, daß die Wirklichkeit sie zerplatzen läßt. Aber da Saturn ihn zwingt, muß er sich jetzt mit seinen Zielen unter neuen Gesichtspunkten auseinandersetzen.

Pluto geht über den Aszendenten und verlangt Veränderungen in der Lebensweise und im Beruf. Saturn sitzt auf Neptun und hinterfragt die Ziele und Träume. Ist das alles, was du dir erwartest? Willst du in diese Richtung gehen? Die Träume müssen berichtigt werden. Für ihn ist es wichtig neu zu überdenken, was er sein möchte und wonach er sich sehnt.

Das Quadrat Saturn-Sonne stellt die unangenehmsten Seiten des Sonnenzeichens in den Vordergrund. Man muß einiges davon aufgeben, denn man kommt sonst nicht weiter. Als Krebs muß er sich mit den weniger liebenswerten Eigenschaften dieses Zeichens auseinandersetzen, als da sind Besitzgier, Gefühlsduselei, die ständige Rolle des kleinen Jungen oder des großen Papis. Freunde, Familie, Mitarbeiter und Arbeitgeber werden einem das nicht mehr abkaufen und sich weigern, länger mitzuspielen. Manche Krebse neigen dazu, zu schmarotzen, und so kann es sein, daß er sich mit dieser Verhaltensweise auseinandersetzen muß.

Der Saturntransit »verhaut« uns, wenn wir nicht erwachsen genug sind. Damit ist nicht gemeint, daß man bisher alles falsch gemacht hat, aber wenn es an der Zeit ist reifer zu werden, sich von alten Verhaltensmustern zu lösen, dann wird Saturn jedesmal, wenn wir nicht den richtigen Weg gehen, einen Hemmschuh einlegen. Man muß flexibel bleiben. Saturn prüft und treibt einen voran, aber er legt auch Hindernisse in den Weg. Der Umgang mit dem Transit stellt uns auf die Probe. Die Herausforderungen stärken uns, so wie die sagenumwobenen Krieger und Helden der Mythen und Legenden.

In dem Jahr, da Saturn die kardinalen Planeten bestrahlt, wird er oft schmerzhaft empfinden, wieviel in so kurzer Zeit zu lernen ist. Da er über sechs Planeten in einem beginnenden Zeichen verfügt, wird der, von Saturn ausgehende, Druck schwierig sein. Man sollte auf alle Fälle nicht vergessen, daß er dieses Horoskop seit seiner Geburt hat und die Art der Spannungen ihm vertraut ist. Der Transit kann eine neue Lebensweise hervorrufen, einen neuen Beruf, eine neue Richtung in dem alten Beruf. Aber in jedem Fall werden sich Beruf und Privatleben verändern. Wenn er verheiratet ist, oder eine feste Partnerin hat, wird er seine Verhaltensweise in der Beziehung ändern müssen. Er sollte nicht nur über seine neuen, emotionalen Bedürfnisse und Vorstellungen sprechen, sondern auch wirklich reifer werden, ansonsten wird seine Partnerin sein Saturn werden!

Jupiter

Am 1. Januar 1980 steht Jupiter in 10 Grad Jungfrau. Der Jupitertransit schafft Spannungen in Beziehungen und verursacht Veränderungen im Umgang mit den Menschen. Der Klient hat drei Planeten in veränderlichen Zeichen: Geburtsjupiter in 7 Grad Fische, Venus in 11 Grad Zwillinge und Saturn in 14 Grad Jungfrau. Diese drei Planeten bilden ein doppeltes Quadrat. Sie werden alle von dem Jupitertransit aktiviert, denn dieser wirkt immer noch auf den Geburtssaturn ein. Geht man zurück in dem Ephemeriden um zu sehen, wann dieses Problem anfing, findet man am 16. September 1979 Jupiter in 27 Grad Löwe (zehn Grad entfernt von einer Opposition zum Geburtsjupiter in 7 Grad Fische).

Das doppelte Quadrat in seinem Geburtshoroskop weist auf verschiedene Schwierigkeiten, die er dabei hat, diese drei Aspekte seiner Persönlichkeit zusammenzubringen und damit zu einem einheitlichen Gefühl seiner selbst zu kommen. Jupiter in den Fischen erklärt: »Eigentlich bin ich ein Märtyrer, ich verhalte mich zu anderen so spirituell und sensibel und muß doch in meinen Beziehungen ständig leiden.« Venus in Zwillinge meint: »Ich genieße kontroverse und unterschiedliche Dinge, ich bewundere meinen Partner intellektuell.« Dies bedeutet, daß er die Person, die er liebt, zwar in seinem Kopf bewundert, aber Schwierigkeiten hat, ihr seine Gefühle mitzuteilen. Die Zwillinge-Venus verkündet auch, daß er es genießt, in der Beziehung für Wirbel zu sorgen, seine Partnerin aber diese Possen gar nicht so toll findet. Er sucht sich ungewöhnliche Freundinnen oder Mädchen mit einer auffallenden Lebensweise. Saturn in der Jungfrau sagt: »Ich betrachte meinen Intellekt mit Vorsicht.« Da Saturn sich im Geburtshoroskop im 11. Haus befindet, grenzt er seine Freundschaften ein oder wählt Freunde. die ganz und gar nicht hilfbereit sind, oder ihm sogar im Weg stehen.

Das Venus-Jupiter Quadrat im Geburtshoroskop zeigt, daß er zu sehr an dem hängt, was er liebt und kein richtiges Verhältnis dazu finden kann. Seiner Arbeit wird er, vorausgesetzt, daß er sie gerne macht, sporadisch zu viel Zeit widmen. Als Liebhaber schwankt er zwischen zu großer Nähe und Distanz, je nach seiner Stimmungslage. Dies wird verursacht durch die Wirkung von Saturn auf den Geburtsjupiter, da Saturn Rückzug bedeutet und Jupiter das ›Sich öffnen‹. Der schwierige Aspekt zwischen diesen beiden Planeten zueinander läßt einen wie eine Warnblinkanlage reagieren: an-aus, an-aus… Für den Menschen mit diesem Aspekt ist es verwirrend, aber für seine Mitmenschen nicht weniger, denn sie wissen nicht, worauf sie sich einstellen sollen.

Das Geburtsquadrat Saturn-Venus ist ernstzunehmen, denn er wird dazu neigen, venusische Äußerungen pessimistisch aufzunehmen. Ve-

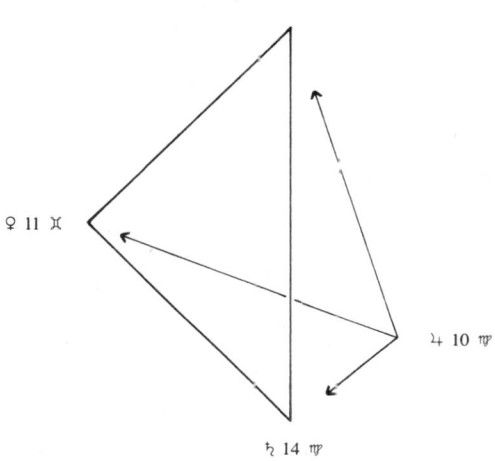

♃ 7 ♓

♀ 11 ♓

♃ 10 ♍

♄ 14 ♍

nus symbolisiert den psychologischen Einfluß der Mutter auf das heran-
wachsende Kind. Das weist darauf hin, daß er als Mann seine Einstellungen zu Weiblichkeit und Frauen ganz allgemein von ihr übernommen
hat. Saturn steht für den psychologischen Einfluß des Vaters. Da diese
beiden Planeten im Quadrat stehen, kann man annehmen, daß die
Bilder, die er als Kind von einer normalen Mann-Frau-Beziehung in sich
aufgenommen hat, nicht viel Anlaß zu einer optimistischen Erwartungshaltung geben. Vielleicht hat er als Kind alles verloren, was ihm wichtig
war, und in seinen Beziehungen als Erwachsener ist er jetzt ungewöhnlich pessimistisch.

Der Jupitertransit aktiviert all diese Seelenbilder. Es wird für ihn eine
schmerzvolle und spannungsreiche Zeit sein. Seine Geburtssonne steht
in Konjunktion mit dem transitierenden Jupiter, was ihm die Chance
gibt, Licht in einige seiner Ängste und Abneigungen zu bringen. Die
Eindrücke von seinem Vater wird er einschätzen lernen, so daß er sich
von dem lösen kann, was er nicht braucht. Dabei muß er vorsichtig sein,
denn wenn er sein Vaterbild losläßt, wirkt sich das auf seine Mutter aus,
und umgekehrt. Es sieht so aus, als hätten ihm seine Eltern viel über
den Aufbau einer gesunden Beziehung vermittelt. Mit der Zeit wird er
lernen, seine eigenen Vorstellungen zu leben.

Da der transitierende Jupiter im Frühling 1980 rückläufig ist, bleibt
der Transit bis zum 17. August 1980 wirksam. Er hat damit eine
wirkliche Chance, Ordnung in seine Gefühle zu bekommen, auch wenn
das sicher nicht immer angenehm ist. Eines der guten Dinge, die ein

Jupitertransit mit sich bringt, ist, daß man wirklich in der Lage ist, sich auf den Geburtsaspekt zu konzentrieren. Die Erfahrung kann ziemlich intensiv sein. Dieser Transit erlaubt einem im Laufe der Selbstanalyse, die Geburtsaspekte so zu fühlen, daß man den inneren Druck, mit dem man von Geburt an leben mußtem ganz bewußt erkennt. Nachdem Jupiter die veränderlichen Planeten verlassen hat, gibt es eine kleine Pause für ihn. Am 4. Oktober 1980 geht Jupiter in 25 Grad Jungfrau und bildet ein Quadrat zu seinem Geburtsuranus. Dieser Transit aktiviert seine kardinalen Doppelquadrate. Im Dominoeffekt trifft er von Uranus auf Merkur, auf Mars, auf den Mond, auf Neptun und auf die Sonne. Der Transit tritt gleichzeitig mit dem Saturntransit auf, dauert jedoch nicht so lange wie dieser.

Jupiter hat immer etwas mit Beziehungen zu tun und seine schwierigen Transite weisen für gewöhnlich auf die Neigung zu übertriebenen Verhaltensweisen hin. Dies ist auch der Fall bei Jupiter-Uranus Konstellationen. Der Klient neigt unter diesem Einfluß wahrscheinlich zu vorschnellen Entscheidungen. Ein Jupiter-Merkur Transit fördert solche Tendenzen, wie zuviel reden, nachlässig zu denken und Dinge zu sagen, über deren Wirkung man sich erst im nachhinein klar wird. Trifft der Jupitertransit auf Mars, führt das zu spontanen Reaktionen, gedankenlosen Handlungen und übereilten Einkäufen. Überempfindlichkeit kennzeichnet einen Jupiter-Mond Transit. Gefühle werden sehr leicht verletzt. Vielleicht wird er gegen seine Mitmenschen ausfallend, um seine Verletzlichkeit zu kompensieren.

Jupiter-Neptun belebt oder verdunkelt seine Träume. Er zieht die Phantasie vielleicht der wirklichen Welt vor. Und ein Jupiter-Sonne Quadrat zeigt an, daß er mit sich nicht eins ist. Er fühlt sich niedergeschlagen und vergißt seine Langzeitinteressen, weil er die Motivation verloren hat. Unter dieser Energie neigt man dazu, sich ins eigene Fleisch zu schneiden. Dies könnte sowohl Beziehungen als auch Geschäftspartner betreffen.

Am 17. September 1981 ist dieser Zyklus beendet. Doch aufgrund der Rückläufigkeit in Jungfrau und Waage hat er es ziemlich lange mit der Jupiterenergie zu tun. Es ist dies ein höchst frustrierender Transit. Die Energie wird große innere Spannungen erzeugen, da sie so lange wirksam ist. Es ist ratsam, mit ihm über die Stärke des Aspektes zu sprechen. Ich habe herausgefunden, daß Jupitertransite immer dann rückläufig sind, wenn man etwas über Beziehungen lernen muß.

In seinem Horoskop hat er zwei große Doppelquadrate. Seine persönlichen Planeten stehen alle in Konflikt miteinander, und dies ist mit sehr starken Spannungen verbunden. Als Krebs ist er sehr viel gefühlsbetonter als die meisten Menschen, was für ihn eine zusätzliche Belastung ist.

Er muß lernen, wie er mit dem inneren Druck fertig werden kann, dann wird er sicher auch produktiver. Doppelquadrate tragen eine enorme potentielle Energie in sich, wenn man erst einmal gelernt hat, mit ihnen umzugehen. Man kann nicht immer als Opfer leben, sondern man muß die Verantwortung übernehmen, damit die Energien fließen können. Er muß seine starke, kardinale Energie annehmen und einen Weg suchen, mit ihr zu leben, denn es geht auf Dauer nicht, einen Teil der Persönlichkeit zugunsten eines anderen Teils zu unterdrücken. Das würde bedeuten, daß man ständig in einem Zustand der Verdrängung und Unterdrückung lebt, wobei Teile der Persönlichkeit von Zeit zu Zeit hervorbrechen würden. Dies führt zu emotionellen Ausbrüchen, die ihn nicht sehr vernünftig erscheinen lassen. Unter dem Jupitertransit kann es ihm gelingen, sich selbst und sein Bedürfnis nach individuellem Ausdruck wirklich zu verstehen.

Auch das Doppelquadrat der veränderlichen Planeten muß seinen Ausdruck finden. Die Eigenschaften von Fisch, Jungfrau und Zwillinge müssen miteinbezogen werden, damit sie gut zusammenwirken können. Ich verweise für ein besseres Verständnis auf mein Buch »Astrological Insights into Personality«, hrsg. vom Astro-Computing Service.

Über die Jahre hinweg habe ich beobachtet, daß die ausgedehnten Jupiter- oder Marstransite ein wirkliches Trauma verursachen können, wenn einer der Planeten längere Zeit rückläufig ist. Für die Klienten ist der Umgang damit sehr schwierig. Der Jupitertransit kann sich von einer zweimonatigen auf eine zehnmonatige Spannung ausweiten. Der Marstransit kann sich zu einer Angelegenheit ausdehnen, die anstatt zwei Wochen fünf Monate dauert, und dies schafft mehr Probleme als ein Saturn- oder Plutotransit.

Mars- und Jupiterenergien sind sehr kraftvoll. Die Marsenergie symbolisiert unkontrollierten Ärger und Jupitertransite weisen auf unkontrollierte Beziehungsenergien. Wenn Jupiter nicht positiv umgesetzt wird, kann das in völlige Gleichgültigkeit ausarten. Diese negative Einstellung bringt Menschen zu Handlungen, die wirklich zerstörerisch sein können. Einem Klienten, auf den eine derartige Krise zukommt, lasse ich alle Möglichkeiten offen und biete ihm an wiederzukommen, wenn er Probleme bekommt. Es liegt mir fern, Klienten einzufangen, damit sie wiederkommen und mir ihr Geld bringen, aber ich bin für ihn da und bereit zuzuhören, wenn er versuchen möchte, mit seinen Gefühlen klarzukommen.

Nachdem ich diesen Teil getippt hatte, zeigte ich ihn meinem Klienten und wir besprachen das Dargestellte. Den Jupitertransit berührten wir nur leicht, aber wir sprachen über den Saturntransit und die Wirkung von Pluto auf den Aszendenten. Momentan steckt er mitten in der

Krise. Jahrelang war er im Musikgeschäft tätig gewesen und hatte sich einiges Ansehen verschafft, aber er war mit seiner finanziellen Situation nicht zufrieden.

Sein Vater machte ihm ein Angebot, in das Familiengeschäft einzusteigen. Dies würde ihm finanzielle Sicherheit und eine geregelte Arbeitszeit bieten. Als Musiker hatte er beides nicht. Er hatte eine musikalische Ausbildung, denn Musik war bis zu diesem Zeitpunkt sein Lebensinhalt gewesen. Bereits mit fünf Jahren hatte er mit den ersten Instrumenten angefangen, und jetzt war er dreißig. Das Dilemma war sehr schmerzhaft. Wir redeten und redeten, erwogen Pro und Contra eines Musikerlebens als Hungerkünstler, ständig auf Reisen, leben in Hotelzimmern, immer wieder Trennungen, etc. Wir sprachen über die Sicherheit einer regelmäßigen Arbeit, eines Berufs, auf den man zählen kann. Der Kampf tobte zwischen seiner Liebe zur Musik, seiner Liebe, Musik zu machen, und seiner Sehnsucht nach Stabilität. Es war ein Kampf einer Krebssonne, die sich Sicherheit wünscht, eine Sicherheit, die einem eine enge Beziehung und ein regelmäßiges Einkommen verschaffen. Aber er möchte (Zwillinge) auch ein Star sein mit einem großen Publikum, das ihn kennt und bewundert. Das könnte ihm das Geschäft seines Vaters wohl nicht bieten.

Bis Ende 1980 muß er eine Entscheidung fällen, da sein Vater nicht länger warten kann. Seine Transite lassen erkennen, daß er vor 1983 noch kaum wissen wird, was er wirklich möchte. Diese Entscheidung kann ihm niemand abnehmen. Hätte er andere Transite, könnte er vielleicht eher damit rechnen, sich Klarheit zu verschaffen. Aber Pluto nähert sich dem Aszendenten, Saturn ist noch nicht über Neptun und auch noch nicht über der Sonne. Deswegen sitzt er in diesem Dilemma.

Die Entscheidung wird durch den Jupitertransit noch erschwert. Obwohl der Transit von Jupiter über Saturn einige seiner Ängste und Abgrenzungen erleichtern wird, hat er es auch mit einem neuen Autoritätsbild zu tun, daß sich in ihm entwickelt. Und die Zusammenarbeit mit seinem Vater, der Autoritätsperson, würde sich nicht leicht gestalten, da er etwas von einem Rebellen an sich hat. Er kämpft damit, entweder sein rebellisches Verhalten aufzugeben, und sich auf die Welt der Traditionen und Autoritäten einzulassen, oder mit seiner rebellischen Musik den Schritt in die traditionelle Geschäftswelt zu tun. Er könnte beides machen, denn aus seinem Horoskop ist zu entnehmen, daß er sehr tüchtig ist, bei allem, was er anpackt. Aber er muß sich entscheiden.

Wir sprachen auch seinen Saturntransit und seine pessimistische Einstellung zu Beziehungen durch. Diese ist bedingt durch das Saturn-Venus Quadrat im Geburtshoroskop, kann aber durch den Transit gelöst werden. Er hat das Gefühl, wenn er die falsche Entscheidung treffen würde, wäre es mit seiner Ehe zu Ende. Seine Frau setzte ihn nicht unter Druck, er sollte seine Entscheidung frei fällen. Trotzdem glaubte er sie zu verlieren, wenn er sich gegen die traditionelle Richtung entschied. Als wir darüber sprachen, wie er diesen Teil seines Lebens ausarbeiten könnte, ohne sie zu verlieren – auch wenn er unschlüssig war, wollte er sie immer verfügbar haben – fing er an zu lächeln. Er sagte: »Ich habe eine Phantasievorstellung über meine Beziehung. Und zwar ist sie zu Ende. Ich packe meinen Koffer und gehe. Ohne alles. Nur mit einem kleinen Koffer. Und ich sage zu ihr, ›du kannst meine Instrumente behalten und sie verkaufen oder was auch immer du willst‹. Und dann gehe ich auf die Straße – alleine.«

Als wir über das Saturn-Venus Quadrat im Geburtshoroskop sprachen, ging es auch darum, daß er das, was er liebt, überhaupt nicht verlieren muß. Er muß nichts aufgeben. Der Jupitertransit zu diesem Quadrat zeigt an, daß er über seinen Pessimismus nachdenken und ihn, wenn möglich, aufgeben sollte. Er muß in Beziehungen kein Verlierer sein. Er muß die Beziehung seiner Eltern nicht reproduzieren. Was auch immer er will, er kann es sich schaffen – aber er wird sich dafür einsetzen müssen. Er muß lernen mit dem geliebten Menschen zu sprechen. Als Kind hat er das nicht gelernt, wie sein Merkur-Mond Quadrat erkennen läßt. Nie hat er gesehen, daß seine Mutter ihre Gefühle seinem Vater wirklich vermittelt hätte. Aber man kann es lernen, wenn man es wirklich will.

Wiederum sieht man, daß ein Klient gar nicht daran interessiert ist, alle Transite durchzusprechen. Die augenblickliche Situation steht an erster Stelle. Ich wußte nicht, daß er unter einem solchen Druck stand. Aber als er anfing mir davon zu erzählen, wurde es mir klar, da ich ja seine Transite kannte. Er fühlte die Veränderungen, die auf ihn zukommen. Seine Befürchtungen lagen vor allem darin, daß er etwas empfand, was er sich nicht erklären konnte.

Weitere Titel aus dem Urania Verlag

Der Schlüssel zum Horoskop   Ernst-Günter Paris
Band 1. **Das Grundhoroskop,** Berechnung und Deutung
253 Seiten, DM 24,−, Best.-Nr. 01 001

Der Autor, ein bekannter Verfechter der klassischen Astrologie, stellt hier in einmaliger Art und Weise eine Einführung in die Astrologie für den gebildeten Laien vor. Hier werden nicht dogmatisch astrologische Grundregeln festgelegt, sondern aus einer lebendigen und geisteswissenschaftlichen Naturbeobachtung heraus erarbeitet. So wird der Lehrende Schritt für Schritt von ihm bekannten Lebenserfahrungen zu den Abstraktionen der astrologischen Symbolik geführt. Diese so erarbeiteten Grundkenntnisse werden dann am Horoskopbild. Wernher von Braun's auf ihre praktische Anwendbarkeit überprüft.

Der Schlüssel zur Prognose   Ernst-Günter Paris
280 Seiten, DM 28,−, Best.-Nr. 01 002

Dieses Buch ist die folgerichtige Fortsetzung vom Band I „Der Schlüssel zum Horoskop", in dem der Leser mit der Technik der Berechnung und der Deutung eines Grundhoroskopes vertraut gemacht wurde. In diesem Band II geht es um die Ereignisberechnung und Ereignisdeutung. Auch auf dem Gebiet der Prognose gibt es eine verwirrende Anzahl von Methoden und Systemen, auf die in diesem Buch bewußt verzichtet wurde. Erprobtes und Bewährtes wird an den Leser weitergegeben. Er kann sich eine gute Grundlage schaffen, alle erforderlichen Berechnungen mühelos und schnell vorzunehmen. Es ist dieses kein Rezeptbuch, aus dem die Ereignisdeutungen einfach abgeschrieben werden können. Das Buch vermittelt die Technik der Deutung. Die Kunst der Deutung beginnt beim eigenschöpferischen Vorgang im Leser. Das Buch gibt hierzu Anstöße und Hinweise. So will der 2. Band verstanden sein. Keine weitschweifigen Erklärungen, dafür aphoristische Kürze, die die eigene Kombinationsgabe anregt und fördert. Das ist der Weg, den wir auch in diesem Buch gemeinsam gehen wollen.

Der Schlüssel zur Partnerschaftsastrologie   Ernst-Günter Paris
256 Seiten, DM 28,−, Best.-Nr. 01 012

Vergleiche von Partnerhoroskopen geben Klarheit in der Beurteilung unserer Mitmenschen. Wir erkennen treffsicher ihre Vorzüge und ihre Fehler. Jeder Freund der Astrologie kann die Zusammenhänge menschlicher Bindungen mit tiefenpsychologischer Genauigkeit erfassen, sei es in Liebe und Ehe, sei es in Freundschaft oder Geschäftspartnerschaft. Das Buch vermittelt ganz neue Kenntnisse und Erkenntnisse, die zum besseren Verständnis unserer Umwelt beitragen.

Symbolische Direktionen   Charles O. Carter
79 Seiten, DM 18,−, Best.-Nr. 01 003

Der Nachdruck dieses astrologischen Klassikers ermöglicht nun vielen astrologisch Arbeitenden das Studium einfacher, dabei erstaunlich genauer Direktionsmethoden nach den verschiedenen numerischen Schlüsseln. Durch die detaillierten Fallbeispiele zeigt der Autor, wie genau und zeitlich abgegrenzt sich die Ereignisse durch diese Direktionsmethoden festlegen lassen.
Aus dem Inhalt:
AR-System · Das Eingrad-System · Die Naronische Zeitgleichung · Das Zwölfer-System · Das Neuner-System · Das Siebener-System · Das Bruch-System · Erklärung der Direktionen · Die Parallelen · Vorhersagen über Ehe · Der Tod · Ein Beispiel von Direktionsberechnung · Die Frage der Genauigkeit.

Weitere Titel aus dem Urania Verlag

Lehrbuch der Altindischen Astrologie Varaha Mihira
199 Seiten mit Tabellen und zwei Farbtafeln im Anhang, DM 28,–, Best.-Nr. 01 004

Dieses Lehrbuch, genannt Brihat Jataka von Vahara Mihira, wird von Kennern als das vorzüglichste Werk und als die älteste Überlieferung dieser ehrwürdigen Wissenschaft angesehen. Es ist das „große Buch der Nativitätslehre" in 28 Kapiteln, umfaßt die Definition der astrologischen Ausdrücke und Elemente, Tier- und Pflanzenhoroskopie, die Natur des Geborenen gemäß der Empfängnis. Bestimmung der Lebenslänge, die den Menschen entsprechenden Yogas oder spirituellen Disziplinen, frühere und spätere Inkarnationsabfolgen und vieles Andere mehr. Dieser seit über 50 Jahren nicht mehr erhältliche Nachdruck wird ein unentbehrliches Studien- und Quellenwerk für jeden ernsthaft Arbeitenden in der astrologischen Lehre sein.

Das Horoskop der Menschheit Ernst-Günter Paris
240 Seiten, DM 29,80, Best.-Nr. 01 005

Unser Weg aus urfernen Zeiten in die Zukunft. Der bekannte Autor klassischer Astrologie schildert unfassend das Schicksal der Erde von Beginn der Bindung der Menschheit an diesen Planeten bis zu unserer Situation im gegenwärtigen Weltenmonat und den daraus resultierenden Zukunftsaussichten. Er rückt längst vergessene Erdteile wie Hyperborea, Lemurien und Atlantis wieder vor unser geistiges Auge. Er deutet aus kosmischer Sicht Sinn und Aufgabe der führenden Gestalten, die den Weg der Menschheit prägten. Seine Deutung des Horoskops der Erde öffnet uns tiefe Einblicke in vergangene Weltenjahre. Wer die Vergangenheiten kennt, begreift die Gegenwart und öffnet das Tor in die Zukunft.

Das große Jahr Hans Künkel
72 Seiten, DM 12,–, Best.-Nr. 01 006

Hier liegt das Werk eines bedeutenden Astrologen vor, der in den letzten Jahrzehnten zu Unrecht von der esoterischen Verlagswelt vernachlässigt wurde. In visionärer und dabei verblüffend einfacher, auf innerem Verstehen beruhender, Art und Weise wird der Schlüssel zum Großen Atem der Weltzeitalter, dem »Großen Jahr«, enthüllt. Vor allem seine inspirierte Betrachtung des kommenden Zeitalters des Wassermann, in dessen Aufbruch wir uns schon befinden, bestätigt seine Seherschaft.

Die Sonnenbahn Hans Künkel
220 Seiten, DM 28,–, Best.-Nr. 01 007

In diesem Werk stellt der große deutsche Klassiker der Astrologie die Lebensalter des Menschen aus esoterischer Sicht dar. Damit wird hier ein Einweihungsweg beschrieben, den der einzelne fähig ist, ja beauftragt ist, zu gehen, und mit Hilfe des Buches kann er für sich selbst entscheiden, wie weit ihm das bis jetzt gelungen ist. Die Zeitangaben darin sind nicht mißzuverstehen als tatsächliche Lebensalter; vor allem in der heutigen Zeit gibt es junge Leute, welche bereits in einer Jupiter- oder Saturnphase leben und ältere Generationen, die sich noch in der Merkur- oder Venusphase befinden. Hier findet der Leser die Anleitung zur Entwicklung seiner einzelnen Wesensglieder bis hin zum höheren Selbst.

Erkennen und Heilen von Pluto-Problemen   Donna Cunningham
200 Seiten, DM 28,–, Best.-Nr. 01 019

Donna Cunninghams Interesse gilt nicht nur der Diagnose von Plutoproblemen, sondern sie weist auch Mittel und Wege zu deren Heilung – wie z. B. Affirmationen, Blütentherapie, Übungen zur Arbeit mit den Chakras – und zeigt, wie Plutotransite für Wachstum und Entwicklung genutzt werden können. Von besonderer Aktualität für den Astrologen und Ganzheitstherapeuten, sollte dieses Buch nicht nur einmal gelesen und dann zur Seite gelegt, sondern immer wieder zur Hand genommen werden, denn nur dadurch kann eine bewußte Aktivierung der Plutoaspekte stattfinden.

Planetenzyklen   Betty Lundsted
Die Gezeiten des Lebens
200 Seiten, DM 28,–, Best.-Nr. 01 017

Dieses Buch zeigt, in welcher Weise Planetenzyklen auf den Prozeß der persönlichen Entwicklung Einfluß nehmen. Die zyklische Natur all unserer Erfahrungen wird mit der Astrologie deutlich – sie macht die Anzeichen für Krisen und Veränderungen im Leben sichtbar. Jeder Planet (jeder Aspekt unserer Persönlichkeit) hat seinen eigenen Zyklus, durchläuft alle Aspekte zu seiner Geburtsposition und kehrt schließlich dorthin zurück. Mit jedem Aspekt, bzw. Zyklus, wird eine neue Facette des Bewußtseins geschlossen, die dem Menschen zum Wachstum und in eine neue Phase des Lebensplanes drängt. Die zyklische Bewegung kann als Indikator für Zeiten des Streß und des Wachstums benutzt werden, sie hilft Astrologen bei der Beratung ihrer Klienten und hilft Studierenden, die persönliche Motivation bei Veränderungsprozessen zu verstehen.

Das Buch gibt einen Überblick auf die Zyklen der Selbstverwirklichung, Reifung, Transformation und Individualisation und zeigt, wie diese Prozesse durch die Planetenzyklen beeinflußt werden.

Dann behandelt es die Stadien der persönlichen Entwicklung mit besonderem Gewicht auf kritische Jahre in den Planetenzyklen. Man wird ermuntert, diese Krisen als Gelegenheiten zur Entwicklung und Transformation zu begreifen. Schließlich werden Beispiel-Horoskope vorgestellt – als Hilfe für die Berücksichtigung der Zyklen in der astrologischen Beratung.

Transite   Betty Lundsted
Die Gezeiten des Lebens
184 Seiten, DM 28,–, Best.-Nr. 01 018

Das Geburtshoroskop und dessen Deutung ist die eine Seite der Astrologie, nämlich die Struktur der Persönlichkeit, die immerwährend – ein Leben lang – Bestand hat, etwas ganz einzigartiges darstellt. Transite dagegen sind die Positionen aktueller und zukünftiger Planetenstände in bezug auf das Geburtshoroskop.

Betty Lundsted schrieb diese sehr innovative Betrachtung zur Nutzung der Transite für das persönliche Wachstum zur Ausschöpfung von Entwicklungsperioden und – was am wichtigsten ist – um jedem Einzelnen durch die periodisch wiederkehrenden Krisen des Lebens hindurchzuhelfen.

Das Außergewöhnliche an diesem System: Es funktioniert, ganz gleich ob man den Klienten kennt oder nicht. Mittels der Transite kann man Prognosen für Höhen und Tiefen, Entscheidungshilfen etc. für die Zukunft geben.

Wer seine Transite kennt, kann dem rechten Teil seiner Persönlichkeit zum richtigen Zeitpunkt zum Ausdruck verhelfen, sich im Rahmen seiner vorgegebenen Wesensmerkmale optimal zu entwickeln.

Weitere Titel aus dem Urania Verlag

REIHE KARMISCHE ASTROLOGIE

Martin Schulman

Karmische Astrologie Band I
Die Mondknoten und Reinkarnation
DM 21,−, Best.-Nr. 01 008

Nach den einleitenden Kapiteln über *Reinkarnation und Karma* und *Die Astrologie der Reinkarnation* gibt das Buch *Die Mondknoten und Reinkarnation* eine vollständige Beschreibung der Mondknoten in ihren Zeichen und Häusern; ferner ein Kapitel über die Aspekte der Mondknoten, Beispiel-Horoskope und einen Anhang mit den Mondknoten-Positionen von 1850 bis 2000.

Karmische Astrologie Band II
Rückläufigkeit und Reinkarnation
DM 28,−, Best.-Nr. 01 009

Hier stellt M. Schulman eine der radikalsten und höchst unorthodoxen Deutungen der rückläufigen Planeten vor, die jemals veröffentlicht wurden. Unabhängig von der traditionellen „Gut"- und „Böse"- Auslegung liefert er statt dessen ein System, das die drei vibrierenden Stimmungen erklärt, in denen diese Planeten zum Ausdruck gebracht werden können. Jeder Planet wird ausführlich in allen Zeichen und Häusern erklärt. Ferner untersucht er die esoterischen und karmischen Symbole, womit er schon in seinem Bestseller „Karmische Astrologie Band I: *Die Mondknoten und Reinkarnation*" begonnen hat.

Karmische Astrologie Band III
Freude und der Glückspunkt
DM 18,−, Best.-Nr. 01 010

Von allen arabischen Überlieferungen wird nur der Glückspunkt von allen Astrologen angewendet, aber niemand konnte bisher die Prinzipien erklären, die für seine erfolgreiche Erfüllung maßgeblich sind. Dieses Buch umfaßt die Stellungen des Glückspunktes in den zwölf Zeichen und Häusern, und Beispiel-Horoskope bekannter Persönlichkeiten. Überall beziehen sich die Gesetze des Karmas auf diesen überaus geheimnisvollen und vitalen Punkt im Horoskop.

Karmische Astrologie Band IV
Das Karma im Jetzt
DM 21,−, Best.-Nr. 01 011

Dieser letzte Band der Serie *Karmische Astrologie* beschreibt das Verschmelzen der Astrologie mit der Realität, so wie sie wirklich ist. Dies basiert auf der Erkenntnis, daß die Vergangenheit und die Zukunft nur existieren, weil ein Mensch denkt, während die Gegenwart unabhängig davon existiert, wie jemand denkt. M. Schulman behandelt die Planeten in ihren Zeichen und zeigt auf, wie die planetarischen Energien gehandhabt werden können, um ein Festhalten an der Vergangenheit oder unrealistische Erwartungen an die Zukunft zu vermeiden.